छत्रपति
शिवाजी महाराज

शिवाजी महाराज पर केंद्रित अन्य पुस्तकें

छत्रपति शिवाजी महाराज

डेनिस किनकेड

प्र
प्रभात प्रकाशन

प्रकाशक
प्रभात प्रकाशन प्रा. लि.
4/19 आसफ अली रोड, नई दिल्ली–110002
फोन : 011–23289777 • हेल्पलाइन नं. : 7827007777
इ–मेल : prabhatbooks@gmail.com ❖ वेब ठिकाना : www.prabhatbooks.com

संस्करण
2025

अनुवाद
राजेंद्र कुमार राज

पेपरबैक मूल्य
पाँच सौ रुपए

मुद्रक
आर–टेक ऑफसेट प्रिंटर्स, दिल्ली

---★---

CHHATRAPATI SHIVAJI MAHARAJ
by Dennis Kincaid
(Hindi translation of SHIVAJI: THE GRAND REBEL)

Published by **PRABHAT PRAKASHAN PVT. LTD.**
4/19 Asaf Ali Road, New Delhi-110002

ISBN 978-93-90900-80-0

₹ 500.00 (PB)

भूमिका

अधिकतर अंग्रेजों ने मुगलों के बारे में यही सुना है कि ब्रिटिश शासन से पहले वे ही भारत के परंपरागत शासक थे, लेकिन उन्हें इस बात की भी उलझन है कि भारत में अंग्रेजी शासन के प्रारंभिक दौर के शूरवीर योद्धाओं ने कभी किसी मुगल शासक का विरोध क्यों नहीं किया, जबकि मराठों से उन्हें लगातार मुश्किलों का सामना करना पड़ता था? संभवत: उन्हें स्कूल में पढ़े रोमन इतिहास की याद आई होगी, जब रोमन शासकों के स्थायी शासन के दौरान पार्थइस, मिथरीडेट्स अथवा जुगुर्था जैसे लुटेरे एक-एक कर उभरे और क्षणिक उठापटक मचाकर समय के अंतराल में लुप्त हो गए। उभरने से पहले वे छिपकर क्या कर रहे थे, उनकी मंशा क्या थी, इसका उत्तर इतिहास के पन्नों में गुम हो गया। ठीक इसी प्रकार भारत के इतिहास में विभिन्न जातियाँ अथवा रियासतें मराठों का तमगा लेकर अपने को दम-खम से मजबूत बनाकर पहली बार उभरीं। उनके मुखिया भी अभागे ही रहे, क्योंकि ब्रिटिश शासकों द्वारा उनके विरोध की आमतौर पर 'बलवा' कहकर-भर्त्सना कर दी गई। उनके नाम, जिन्हें सही लिखने के लिए अंग्रेज इतिहासकारों ने अथक, किंतु असफल प्रयास किए, आज वही गुएडेल्ला जैसे बाजारू इतिहासकारों के लिए लिखने का आसान विषय बन गए हैं। इन इतिहासकारों की दिलचस्पी के लिए गैर-अंग्रेजी नामों की ध्वनि ही पर्याप्त है, लेकिन जैसे कि स्कूल के विद्यार्थियों में रोमनों से ज्यादा उत्सुकता उनके असफल विरोधियों के लिए होती थी, वैसे ही अनेक लोगों ने इन मराठों के बारे में भी सोचा होगा; जिनकी बढ़ती ताकत भारत में अंग्रेजी शासन के समानांतर दिखाई देने लगी थी और जिन्होंने मुगल साम्राज्य को तहस-नहस

कर दिया तथा भारत के भू-भाग पर अपनी दावेदारी को लेकर अंग्रेजों और फ्रांसीसियों तक से भिड़ गए। इन्हीं मराठों ने न केवल विद्रोह के दौरान नाना साहब और झाँसी की रानी जैसे कुशल और साहसी क्रांतिकारियों का साथ दिया, बल्कि इंदौर की प्रसिद्ध शासक अहिल्या बाई तथा आज के गायकवाड़ और बड़ौदा के साथ-साथ ग्वालियर तथा कोल्हापुर जैसे ब्रिटिश शासन के आज्ञाकारी राजवंश भी इन्हीं मराठों की देन हैं। यह पुस्तक मराठा राज्य के संस्थापक को समर्पित है, जिसकी स्मृति ने आधुनिक हिंदू राष्ट्रीयता को प्रोत्साहित किया है और जिसके लिए अधिकांश हिंदुओं में वही सम्मान है, जो सम्मान जर्मन लोगों में फ्रेडरिक-द्वितीय के लिए तथा इटालियनों में गैरीबाल्डी के लिए है और मराठा जनपद जिसे आज मानव से भी ऊँचा दरजा प्रदान करता है।

प्रस्तावना

मराठों का उद्गम भारत के उस विशाल त्रिभुज प्रदेश से हुआ, जो आज 'महाराष्ट्र' के नाम से जाना जाता है। इस त्रिभुज के आधार में दमन से लेकर कारवाड़ तक समुद्रतटीय प्रदेश है, जिसका सिरा नागपुर के पठारी इलाके तक जाता है। यह समूचा प्रदेश उत्तर से दक्षिण तक एक पर्वतमाला से विभाजित है, जो 'पश्चिमी घाट' के नाम से जाना जाता है। इस पर्वतमाला के पश्चिमी क्षेत्र की धरती निचली होने के कारण नम है, इसलिए उपजाऊ है, जबकि पूर्व में शुष्क तथा व्यापक रूप से बंजर है। जहाँ-तहाँ पथरीली होने के साथ-साथ यह धरती कहीं-कहीं केवल चट्टानी इलाके में तब्दील हो जाती है। मराठों के इस वंश का असली घर पश्चिमी घाट के पूर्वी इलाके की सँकरी घाटियाँ हैं, जो चारों ओर विशाल पर्वतों से घिरी हुई हैं। इसी वंश ने मराठों को शक्तिशाली रणबाँकुरों का रूप दिया।

शिवाजी के जन्म से पूर्व कोई मराठा राज्य नहीं था और न ही किसी प्रकार की मराठा राष्ट्रीयता थी। आरंभिक और मध्य युग के दौरान केंद्रीय और पश्चिमी भारत के राजे-रजवाड़ों के प्रमुख नगर मराठों के क्षेत्र में ही थे और हमारे युग की पहली तीन शताब्दियों तक मराठा क्षेत्र के प्रवासी पश्चिमी भारत की भरपूर खुशहाली में हिस्सा बँटाते थे। यूरोपीय देशों से व्यापार बड़े पैमाने पर होता था। समुद्र-तट पर स्थित सभी नगरों में यूनानी व्यापारियों के अड्डे थे और स्थानीय राजे-रजवाड़ों के राजदरबारों में यूनानी भड़ैत सैनिकों का बोलबाला था। पाँचवीं और छठी शताब्दियों के दौरान इन राजाओं के दरबारों में फारस जैसे देशों से राजदूतों का आदान-प्रदान हुआ करता था। इन समृद्ध राजाओं ने ही चट्टानों को

काटकर अजंता जैसे अद्‌भुत मंदिरों का निर्माण किया।

लेकिन राजदरबारों की शान-ओ-शौकत तथा व्यापारिक केंद्रों से दूर मराठों का उस जमाने का चरित्र वैसा ही रहा, जैसा कि आज है या कि जैसा शिवाजी के समय में था। सातवीं शताब्दी में आए एक चीनी यात्री ने मराठों की व्याख्या इस प्रकार की है—

'ये सीधे-सादे लोग निष्कपट और ईमानदार हैं। स्वाभिमानी हैं पर साथ-साथ संकोची भी हैं। यदि कोई उनसे अच्छा व्यवहार करता है तो बदले में वे उतने ही कृतज्ञ हो जाते हैं, किंतु कोई उनको क्लेश या नुकसान पहुँचाए तो वे बदला लेने में पीछे नहीं रहते। वे अपनी आन के लिए जान की बाजी लगाने से नहीं चूकते। यदि कोई परेशानी में सहायता की गुहार करे तो वे बिना कुछ सोचे-समझे उसकी सहायता के लिए तैयार हो जाते हैं। यदि किसी ने उनका अपमान किया है तो बदला लेने से पहले वे उसे आगाह करना कभी नहीं भूलते। छोटी-मोटी लड़ाई अथवा युद्ध में यदि वे किसी का पीछा कर रहे हों तो वे उन लोगों को माफ कर देते हैं, जो उनके सामने हथियार डाल देते हैं ...ये लोग अध्ययनशील हैं। इनमें अनेक विख्यात साधु-संत और संन्यासी हुए हैं।'

चीनी यात्री के लौटने के बाद इराक का एक सुल्तान सेना लेकर सिंधु नदी तक आ पहुँचा और सन् 720 में उसने सिंधु नदी के निचले भू-प्रदेश पर कब्जा करके उसे बगदाद के खलीफा के राज्य में मिला लिया। मुसलिम शासकों का यह पहला हमला था। इस प्रकार उत्तर भारत के हिंदू राज्य एक-एक करके गिरते गए। इसका पहला कारण यह था कि भारत का भू-भाग इतना विशाल था कि हिंदू राजाओं का मुसलिम आक्रमण के विरुद्ध एकजुट हो पाना यूरोपीय देशों के पायस द्वितीय के शासन में एकजुट होने से कहीं ज्यादा कठिन था। दूसरा कारण था भारत में हिंदू धर्म का पुनर्जागरण। इससे पूर्व बौद्ध जैसे सर्वदेशीय धर्म का दमन हो चुका था। उसके अंतरराष्ट्रीय संबंध भी मृतप्राय हो चुके थे। ऐसे में हिंदू धर्म एक राष्ट्रीय धर्म के रूप में उभरने के कारण उत्तर और दक्षिण भारत के बीच सांस्कृतिक संबंधों का विच्छेद हो गया। मुसलिम आक्रमणकारियों ने उत्तर और दक्षिण भारत के व्यापारिक संपर्कों को भी तोड़ दिया। मराठा प्रदेश में स्थित राज्यों में तड़क-भड़क लुप्त हो गई। वे अब आर्थिक तथा क्षेत्रीय विषयों पर

ध्यान देने लगे। मराठी भाषा आसपास की बोलियों के स्थान पर वर्चस्व दिखाने लगी। सन् 1290 में पहली बार मराठी भाषा में गीता का अनुवाद प्रकाशित हुआ। इसके ठीक चार वर्ष बाद मराठा प्रदेश पर अफगान आक्रमणों की शुरुआत हुई। सन् 1313 तक ये हमले चलते रहे। इसके बाद मराठों को साढ़े तीन शताब्दियों तक इंतजार करना पड़ा, जब शिवाजी ने उन्हें पुन: आजादी दिलाई।

एक ओर जहाँ मुसलिम आक्रमणों ने मराठों को एक शक्तिशाली राज्य के रूप में उभरने के मार्ग को अवरुद्ध किया, वहीं दूसरी ओर उन्होंने मराठों में अपने धर्म के प्रति अनुराग को बढ़ाया और धर्मनिष्ठ हो गए। श्रद्धा बढ़ने लगी। कृष्ण भक्ति के साथ-साथ धर्मनिष्ठ रहकर अनुशासन और बलिदान से मोक्ष-प्राप्ति के उपदेशकों के प्रति उनका समर्पण भाव बढ़ता गया। मराठों के धर्म का भारत के कई प्रदेशों में प्रचलित मूर्ति को लेकर कर्मकांड, आडंबर जैसे गूढ़ धर्म से नाम का ही रिश्ता था, जिसको लेकर विदेशी आलोचकों ने बेमानी, क्रोध एवं घृणा की फिजूलखर्ची की है और न ही उसका संबंध हिंदू धर्म के उन मौलिक सिद्धांतों से था, जो आकलन में उतने प्रासंगिक हैं, जितने कि यूनानी अपने प्राचीन मंदिरों अथवा धर्म को लेकर थे। हिंदू धर्म उस प्राचीन संस्कृति के महान् धर्म की अंतिम जीवित शाखा है, जो पश्चिमी सुमेरिया, मिस्र और क्रेट जैसी पश्चिमी सभ्यताओं की पूर्वज थी। पश्चिमी जगत् में आर्यों के बर्बर आक्रमणों ने वन और गुफाओं के देवताओं को आकाशीय और युद्धवीर देवताओं के नाम पर दमन करके प्राचीन धर्म के संतुलन को बिगाड़ दिया, जबकि भारत में आर्यों का प्रभाव क्षणिक रहा। यदि भारतीय महाकाव्यों और धर्मग्रंथों की दुनिया होमर की दुनिया से मिलती-जुलती है तो भारत के गाँव इसके ज्वलंत प्रमाण हैं, जहाँ की आबादी आज भी वही है, जो प्राचीन भारतीय सभ्यता के नगरों की थी। वहाँ अब भी गाँव की आत्मा गूँजती है, प्रकृति आज भी सजीव है। वन देवी तथा उसमें सहचर जीव-जंतु आज भी पूजे जाते हैं। उर्वरा भूमि के लिए ग्रामीणों में वही लगाव आज भी मौजूद है। शांतिमय जीवन और भाग्यवाद पर आस्था के साथ-साथ यहाँ महिला का सम्मान सर्वोच्च शिखर पर है। यहाँ यह याद रखनेवाली बात है कि राजपूतों ने अपनी शूरवीरता की पृष्ठभूमि के मोह में अथवा आर्यों के प्रभाव में आकर या फिर कह लीजिए कि यूरोप और एशिया के दक्षिण-पूर्वी मैदानों के

नवधनाढ्य कबीलों की देखा-देखी अपने समृद्ध राजदरबारों का छलावा भले ही किया हो, किंतु सच यह है कि भारत के हिंदू ग्रामों में शांत, निश्चल और गहन जीवन हड़प्पा के गाँवों जैसा आज भी विद्यमान है। यह परंपरा लगातार अक्षुण्ण बनी रही है। कालांतर में मंगोल, अरब और तुर्कों के दमनकारी शासकों से तंग आकर भारत के मराठे एक सैन्य-शक्ति के रूप में उभरकर खड़े हो गए। इसके पीछे उनकी गूढ़ तथा अथक परंपराओं सहित चारित्रिक एकजुटता का बल था, जो आश्चर्यजनक रूप से ज्यों-का-त्यों अक्षुण्ण था। आज यदि अंग्रेज यात्री आएँ और उनका वर्णन करें तो उसकी व्याख्या वही होगी, जो सातवीं शताब्दी में चीनी यात्री की थी।[1]

इसमें संदेह नहीं कि अंग्रेज और मराठे अकसर आपस में बड़े पैमाने पर एक-दूसरे के प्रति सहानुभूति पाते नजर आते हैं। अठारहवीं सदी के अंत से लेकर उन्नीसवीं सदी की शुरुआत तक भारत पर नियंत्रण के लिए मुख्यत: इन्हीं दोनों के बीच लड़ाई होती रही। मराठा शक्ति को तोड़ने के लिए अंग्रेजों को तीन युद्ध लड़ने पड़े और अन्य लोगों के मुकाबले में मराठों में अंग्रेज विजेताओं के प्रति वैमनस्य और कटुता की भावना कम पाई जाती है। इसके प्रमाण में विश्व युद्ध में मराठा राजाओं और मराठा सैनिकों की सेवाओं का उदाहरण दिया जा सकता है। मराठा प्रदेश के पर्वतों पर चले जाइए। घूमते समय आपको एक छोटे से गाँव में शिलालेख मिल जाएगा, जिसे पढ़ने पर आपको पता चलेगा कि इस छोटे से गाँव से ग्यारह सैनिक लड़ने के लिए इराक गए थे। आपको ताज्जुब इस बात का होगा कि इस छोटे से गाँव में शरीर से तंदुरुस्त इतने व्यक्ति थे, जो युद्ध में जाने के लिए तैयार हो गए। इन गाँवों के अनेक युवक युद्ध सैनिक बनकर संसार के सर्वाधिक कठिन युद्ध स्थल पर जा पहुँचे। बहुत कम सैनिक युद्धबंदी बनकर लौट सके। अनेक लापता हो गए। तुर्क फौजों ने बहुत ही कम लोगों को बख्शा।

मराठे आमतौर काँसे की चमक मिश्रित साँवले रंग के होते हैं। उनकी कद-काठी चौड़ी और मजबूत होती है। गाँव में वे आज भी वही वस्त्र पहनते हैं,

---

1. बांबे गजेटियर 'वे मेहनती, शांत, अतिथियों का सत्कार करनेवाले, साहसी, अपने बच्चों से प्यार करनेवाले और आगंतुक के प्रति दयालु हैं।'

जो पहली या दूसरी शताब्दी में उनके पुरखे पहना करते थे। घुटनों तक लाँगवाली धोती, सीने पर अँगरखा, जो रंगीन नाड़े से दोनों ओर से बँधा होता है। सिर पर चपटा साफा, जो आमतौर पर लाल रंग का होता है। पाँव में लेसदार चप्पल अथवा लाल जूते, जो गंदे हो जाने के डर से अधिकतर उनके हाथों में ही रहते हैं। बरसात के दिनों में शरीर ढकने के लिए काला कोटनुमा लबादा। आदतों से ये स्वच्छ हैं और घर-बाहर की स्वच्छता की पूरी व्यवस्था रखते हैं। घर-आँगन हरदम स्वच्छता का प्रतीक बना रहता है। दीवारों पर नया-नया प्लास्टर, रसोई में चमचमाते पीतल के बरतनों की कतार उनकी स्वच्छ रुचि की पहचान है। वे अपनी गरीबी दिखाने में शर्म महसूस करते हैं। एक मराठे के घर में यदि एक रुपया भी रह गया हो, तो भी वह उससे मक्खन खरीदकर उँगलियों में लगा लेगा और फिर घर के बाहर दरवाजे पर बैठकर अपना हाथ साफ करके पड़ोसी को यह दिखाएगा कि भरपेट खाने के बाद वह हाथ धो रहा है।[1]

उनकी स्त्रियाँ वाक्पटु और निस्संकोच बोलने के लिए प्रसिद्ध हैं। परदा प्रथा उनके यहाँ नहीं है। मराठा स्त्रियाँ अपनी सहनशीलता के लिए जानी जाती हैं। बेहिचक हँसी-ठट्ठा उनकी विशेषता है। वे किसी आगंतुक या विदेशी से निस्संकोच बातचीत कर सकती हैं और मौका पड़ने पर उससे मजाक भी कर सकती हैं। ऐसे में पुरुष वर्ग आसपास खड़े रहकर उनके मजाक का आनंद लेकर हँसते रहते हैं और जब कभी कोई उलटकर उन पर मजाक करे तो नाराज होने के बजाय ये उसमें भी मजा लेती हैं। मराठों में शायद ही कोई स्त्री सुंदर मिले, किंतु उनकी कद-काठी में एक प्रकार की परिष्कृत सज्जा एवं निश्चल सौंदर्य का आकर्षण होता है। उनकी परंपरागत एहतियात से बाँधी गई साड़ी में वही आकर्षण देखने को मिलता है, जो यूनान के प्राचीन नगर टनाग्रा की स्त्रियों की पोशाक में पाया जाता था।

मराठा गाँव पुराने, किंतु सुसज्जित मंदिर के चारों ओर बसे होते हैं। मंदिर पर छाया देने के लिए विशाल पीपल का वृक्ष होता है। गाँवों के मकान आमतौर पर एकमंजिला होते हैं, जिनकी छतें या तो छप्पर की होती हैं अथवा लाल खपरैल की होती हैं। खिड़कियों, बालकनी और दरवाजों पर लकड़ी का काम

---

1. बांबे प्रेसीडेंसी की जनजातियाँ तथा अन्य जातियाँ (बांबे गवर्नमेंट प्रेस)।

होता है, जिसे नक्काशी से सुसज्जित किया जाता है। धनी व्यक्ति के घर की दीवारों पर चित्रकारी देखने को मिलेगी। इसमें एक पीले रंग का सर्प, हलके नीले रंग का हाथी अथवा बालकृष्ण को वंशी बजाते हुए दिखाया गया होगा।

दिन के अधिकांश भाग में पुरुष वर्ग खेतों के काम करता है। शाम को वे मंदिर के प्रमुख आगार में एकत्र होकर हुक्का पीते हैं और इलायची के दाने आसपास में वितरित करते हैं। गाँव के मुखिया उन दिनों को याद करते हैं, जब फसल अच्छी होती थी और पानी खूब बरसता था। स्कूल का अध्यापक पुराने अखबार को जोर-जोर से पढ़कर सुनाता है और जैसे-जैसे शाम गहराती है, गाँव के विदूषक एवं गायक राष्ट्रीय नायक वीर शिवाजी की गाथा बड़े चाव से सुनाते हैं।

अनुक्रम

भूमिका 5

प्रस्तावना 7

भाग–1

बचपन और जवानी

पहला अध्याय 17

दूसरा अध्याय 22

तीसरा अध्याय 30

चौथा अध्याय 43

भाग–2

शानदार 'विद्रोही'

पाँचवाँ अध्याय 53

छठा अध्याय 61

सातवाँ अध्याय 70

आठवाँ अध्याय 75

नवाँ अध्याय 90

भाग–3

सरदार

दसवाँ अध्याय 105
ग्यारहवाँ अध्याय 114
बारहवाँ अध्याय 126
तेरहवाँ अध्याय 136
चौदहवाँ अध्याय 144
पंद्रहवाँ अध्याय 162
सोलहवाँ अध्याय 188
सत्रहवाँ अध्याय 201
अठारहवाँ अध्याय 207

भाग-4
राजा

उन्नीसवाँ अध्याय 215
बीसवाँ अध्याय 223
इक्कीसवाँ अध्याय 242
प्राधिकार 253

भाग–1

बचपन और जवानी

पहला अध्याय

शिवाजी का परिवार अपना उद्गम दो वंशों से मानता है। पहला राजा पोरस और दूसरा उदयपुर का राणा वंश। पोरस वही राजा था, जिसने सिकंदर के भारत आक्रमण पर उससे युद्ध किया था। शिवाजी के वंशज यह दावा उसी गर्व से करते हैं, जिस प्रकार जूलियस सीजर के जमाने में यूनानियों के आक्रमण पर ट्रॉय के नगरवासियों ने किया था। सिकंदर के मन में भारतवासियों की कल्पना में हमेशा से एक विचित्र आकर्षण था। बलूचिस्तान में तुर्की सुल्तानों जैसे साफे पहने हुए कबीलों के सरदार आज भी मिल जाएँगे, जो कसम खाकर कहेंगे कि सिकंदर पिछली शताब्दी में उनके ही गाँव से गुजरा था और फिर याद करने की मुद्रा में आश्वस्त करने के लिए कहेंगे कि मुझे ठीक से याद नहीं, क्योंकि मैं उस समय बहुत छोटा था। बहरहाल, चूँकि उचित प्रमाण का अभाव है, इसलिए इतिहासकार ओर्मे की निर्णायक घोषणा को स्वीकार करने के अलावा हमारे पास कोई और उपाय नहीं है, जिसमें उसने 'चित्तौड़ के राजा को पोरस का वंशज बतानेवाले दावों को कपोल-कल्पित कहा है, यद्यपि यूरोपीय यात्रियों ने इस दावे की पुष्टि भी की है, तथापि ऐतिहासिक रूप से यह स्थापित नहीं माना जा सकता।'

इसके विपरीत, मराठों के उदयपुर के राजपरिवार से संबंध को शिवाजी के शत्रुओं को छोड़कर सभी इतिहासकारों ने बिना किसी अड़चन के स्वीकार किया है। इसे दावे के अनुसार मराठा परिवार का 'भोंसले' नाम उदयपुर के ठिकाने 'भोसावर' से लिया गया है, जहाँ का राजा साजन सिंह मुसलिम आक्रमण के दौरान एक सैनिक के रूप में अपना भाग्य तलाशने दक्षिण भारत की ओर पलायन कर गया था।

भोंसले परिवार भाड़े के सैनिकों के रूप में मराठा प्रदेश में बस गया, जहाँ उन्होंने मुसलिम शासकों के यहाँ भड़ैत सैनिकों के रूप में काम करना शुरू किया।

भारत में जितने भी मुसलिम शासक थे, वे सभी अपने को सिद्धांत: दिल्ली के मुसलिम शासकों के अधीन मानते थे। दिल्ली की सल्तनत समय-समय पर बदलती रही। रोम साम्राज्य की तरह वहाँ विभिन्न कौमों की रियासतें आती-जाती रहीं, लेकिन बाद में चलकर मेरे हिसाब से मुहम्मद तुगलक ही पहला शहंशाह आया, जिसने दिल्ली को कायदे से स्वयंभू साम्राज्य का रूप प्रदान किया। उसने बगदाद के खलीफा से 'स्वयंभू' का तमगा हासिल किया और भारत का एकमात्र शहंशाह बन गया; किंतु वास्तविकता यह भी रही कि दिल्ली साम्राज्य के सीमांत प्रदेश दिल्ली से दूर होने का फायदा उठाकर जब-तब स्वतंत्र बने रहने का प्रयास करते थे और जब मुहम्मद तुगलक का दमनकारी शासन यूरोप के जार पॉल-प्रथम जैसा हो गया तो दक्षिण भारत में व्यापक रूप से विद्रोह फैल गया। वहाँ बहमनी राज्य के नाम से एक नए वंश की स्थापना हो गई। बहमनी राज्य और दिल्ली साम्राज्य के संबंध वैसे ही थे, जैसे कि इटली में रोमनों के दमन के बाद पूर्वी और पश्चिमी यूरोप के थे। बैसीलस पश्चिमी यूरोप में ओस्ट्रोगोथ और विसीगोथ जैसे नगरों पर कब्जा करके क्षणभर के लिए प्रसन्न हो जाता था, लेकिन जस्टीनियन पुन: आजादी के लिए अवसर ढूँढ़ते रहते थे और जब भी मौका लगता, वे न सिर्फ उन इलाकों पर फिर से कब्जा कर लेते थे, बल्कि उनकी कोशिश होती थी कि वे पूरे राज्य को हथिया लें। दिल्ली की गद्दी दो शताब्दियों तक कमजोर शासकों के अधीन रही और इस दौरान अराजकता का बोलबाला था। यही वह समय था, जब तैमूर ने भारत में आकर नरसंहार किया था।

ऐसी परिस्थिति में बहमनी राज्य ने यूरोप में इटली के सम्राट् ऐनसटेशियस ने जो प्रस्ताव बाल्कन राज्यों को दिया था, ठीक उसके विपरीत उदाहरण प्रस्तुत किया और जिस प्रकार प्राचीन जर्मन राज्य एक-एक करके ढहते गए, वहीं बाइजेंटाइन साम्राज्य नए और शक्तिशाली वंशों के तहत फलने-फूलने लगा। ठीक उसके विपरीत बहमनी राज्य टूटकर पाँच कमजोर प्रदेशों—गोलकुंडा,

बीजापुर, अहमदनगर, बरार और बीदर में बिखर गया। यह उस समय की बात है, जब सन् 1526 में बाबर ने पहले मुगल बादशाह के रूप में दिल्ली पर कब्जा किया था। उस समय दक्षिण भारत के इन पाँच राज्यों में से किसी में मुगलों का विरोध करने की ताकत नहीं थी। ये सभी राज्य अपने आपसी मतभेद छोड़कर संयुक्त रूप से उस समय के एकमात्र हिंदू राज्य विजय नगर को हमेशा के लिए खत्म करने में तुले हुए थे, लेकिन मुगलों की बढ़ती हुई ताकत के सामने उनकी यह एकता ज्यादा समय के लिए टिक नहीं सकी और उसका पहला शिकार बरार हुआ, जिसको मुगलिया सल्तनत ने बिना किसी बड़े विरोध के अपनी सल्तनत में शामिल कर लिया। उधर बीजापुर ने बीदर पर कब्जा जमा लिया। अब केवल गोलकुंडा, बीजापुर और अहमदनगर ये तीन राज्य रह गए।

शिवाजी के दादा मालोजी सैनिक के रूप में अपना भाग्य आजमाने के उद्‍देश्य से अपने अन्य वंशजों की तरह (जो मुसलिम आक्रमण के दौरान उदयपुर छोड़कर भागे थे) अहमदनगर राज्य में एक सैनिक के रूप में काम करने लगे। अहमदनगर के हिंदू राजा ने मालोजी का भरपूर स्वागत किया। यहाँ तक कि उसने अपने राज्य के प्रमुख दरबारी की बहन से मालोजी का विवाह कर दिया। सन् 1594 में शिवाजी के पिता शाहजी का जन्म हुआ।

अहमदनगर राजदरबार में अनेक मराठा अधिकारी थे। उनमें लाखोजी नाम का एक धनी जमींदार था, जो नगर के हिंदू समुदाय का मुखिया था। हिंदू त्योहारों पर वह अपने विशाल घर और विस्तृत आँगन में बड़े पैमाने पर हिंदुओं को एकत्र करके त्योहार मनाता था। सन् 1599 की वसंत ऋतु के प्रसिद्ध त्योहार होली के दौरान हिंदू समुदाय उसके घर पर रंगों का उत्सव मना रहा था। रंग-बिरंगी पोशाकों में नर्तक पैरों में घूँघरू बाँधकर घोड़े के मुखौटे को सीने से लगाए नाच रहे थे। चारों ओर हँसी-खुशी और गाजे-बाजे के शोर में धरती की उर्वरता की शान में गीत गाकर लोग एक-दूसरे पर रंगों की बौछार कर रहे थे। इस पारंपरिक उत्सव की हँसी और ठिठोली देखकर आँगन की नक्काशी से सुसज्जित मेहराबों के पास बैठे छोटे बच्चे अपने माता-पिता की हँसी-ठिठोली देख-देखकर खुश हो रहे थे। इस अवसर पर लाखोजी की पाँच वर्षीय पुत्री जीजाबाई भी नाचनेवालों की भीड़ में शामिल हो गई और लोगों की नकल करके रंग फेंकने लगी। ऐसे

में एक युवक शाहजी ने भी उसकी देखा-देखी रंग खेलना शुरू कर दिया और जीजाबाई के सफेद और हरे रंग के कपड़ों पर अपना रंग डाल दिया।[1] इसके उत्तर में जीजाबाई ने भी शाहजी पर रंग फेंकना शुरू कर दिया। दोनों ने एक-दूसरे को रंगों से भिगो दिया और दोनों एक-दूसरे को देखकर हँसने लगे। उनकी चंचल आँखों में खुशी को देखकर लाखोजी के मुँह से निकल गया 'कितनी सुंदर जोड़ी है!' मालोजी एक महत्त्वाकांक्षी, किंतु सीधे-सादे व्यक्ति थे। उन्होंने लाखोजी के उद्गार को लेकर उपस्थित समुदाय का ध्यान आकृष्ट किया और लाखोजी के उद्गारों की व्याख्या को दोनों बच्चों के विवाह के वायदे के रूप में ले लिया। इस प्रकार के विवाह के वायदे का अर्थ तुरंत विवाह नहीं होता, बल्कि हिंदू प्रथा के अनुसार लड़का और लड़की के बड़े हो जाने के बाद ही विवाह की रस्म की जाती है या फिर यदि तुरंत विवाह हो भी जाता है तो दोनों फिलहाल अपने-अपने घर लौट जाते हैं और वयस्क हो जाने के बाद ही विवाह होता है। विवाह का ऐसा वायदा हिंदुओं में आमतौर पर प्रचलित है और यह भी सच है कि हिंदू रीति-रिवाज वायदों के पक्के माने जाते हैं। उनमें किसी प्रकार की छूट की गुंजाइश नहीं होती।

लाखोजी की गिनती अहमदनगर के एक विख्यात सम्मानित जमींदार के रूप में की जाती थी। अपने साधारण रूप से कहे गए उद्गारों को इस रूप में लिये जाने पर किंचित् क्रोध के साथ-साथ उन्हें व्याकुल भी कर दिया। उन्होंने कभी यह सोचा भी नहीं था कि उनकी बेटी का एक साधारण सैनिक से विवाह के वायदे जैसी बात की चर्चा तक हो। उन्होंने इन सब बातों को मजाक में उड़ाने की कोशिश की, लेकिन मालोजी ने दूसरे ही दिन लाखोजी के पास इस प्रस्ताव की सहमति के लिए बाकायदा प्रार्थना भेज दी। लाखोजी ने प्रस्ताव को अस्वीकार कर दिया। लाखोजी के इस व्यवहार से मालोजी क्रोधित हो गए और इसे अपना अपमान समझकर उन्होंने लाखोजी को मल्लयुद्ध की चुनौती दे डाली।

अहमदनगर के राजा ने जब इस झगड़े के बारे में सुना तो वह चिंता में पड़ गया। वह न तो लाखोजी जैसे वफादार जमींदार को खोना चाहता था और न ही मालोजी जैसे कर्मठ योद्धा को नाराज करना चाहता था। उसने एक प्रबुद्ध राजा

---

1. इस त्योहार में स्त्रियों द्वारा पहने जानेवाला पोशाक।

के कौशल से इस झगड़े को सुलझाने की कोशिश की। उसने मालोजी को पाँच हजार घोड़ों के शासन का सम्मान देकर एक नई जागीर दे दी। यद्यपि लाखोजी की संपदा के समक्ष मालोजी का रुतबा अब भी बराबरी का नहीं था, तथापि मालोजी हैसियत में अब काफी ऊँचे हो गए थे। ऐसी परिस्थिति में राजा के प्रभाव में आकर लाखोजी अंततः अपनी पुत्री के बाकायदा 'वाग्दान के वायदे' के लिए तैयार हो गया। उसके पाँच-छह वर्ष बाद उसकी पुत्री का विवाह शाहजी के साथ हो गया। लगभग चार पाँच वर्ष दोनों एक साथ रहते रहे। इस दरम्यान जीजाबाई ने पुत्ररत्न को जन्म दिया, जिसका नाम संभाजी रखा गया।

शाहजी अपने पिता की तरह अहमदनगर राज्य की सेवा में लग गए। सन् 1656 में अहमदनगर राज्य का पतन हो गया और शाहजी बीजापुर की सेना में भरती हो गए। उनके पिता को जो जागीर मिली हुई थी, नए शासक ने उसे भी मान लिया।

अब दक्षिण भारत के पाँच मुसलिम राज्यों में केवल गोलकुंडा और बीजापुर शेष रह गए। दोनों नाममात्र के लिए दिल्ली दरबार के अधीन थे। वास्तविक रूप में वे अपने को स्वतंत्र मानते थे। दिल्ली के शहंशाह शाहजहाँ ने अपने नाममात्र के साम्राज्य को वास्तविकता का जामा पहनाने के उद्‌देश्य से पहले तो पतन हुए अहमदनगर राज्य के अधिकांश इलाकों को आसानी से अपनी सल्तनत में मिला लिया, उसके बाद उसने दक्षिण में बीजापुर की ओर चढ़ाई शुरू कर दी।

शाही सेना के रास्ते में शाहजी की जमीन पड़ती थी, जो उनके पिता मालोजी को मिली थी। शाहजी ने पहले तो शाही फौज को रोकने की कोशिश की, किंतु बाद में वे टिक न सके और बीजापुर की ओर पलायन कर गए। अपने साथ वे अपने नवजात शिशु संभाजी को भी लेते गए और अपनी जमीन के साथ-साथ अपनी पत्नी जीजाबाई को, जो उस समय गर्भवती थी, वहीं छोड़ गए।

□

दूसरा अध्याय

जीजाबाई ने पहाड़ों पर अवस्थित एक गढ़ शिवनेर में शरण ली। कुछ वफादार सैनिकों ने उस टूटे-फूटे गढ़ में अपना निवास बनाया हुआ था। गढ़ की दीवारों के बाहर घना जंगल था, जिसमें आए दिन चीतों और बघेरों का आवागमन होता था। सुबह को बहुत एहतियात से गढ़ का द्वार खोला जाता था, तब महिलाएँ अपने कलश लेकर झरने से पानी ले जाती थीं। उन्हें अकसर लाल मिट्टी पर भालुओं के पंजों के निशान मिलते थे।

जीजाबाई को उस जंगली और निर्जन इलाके में अपने पिता का महलों का आरामदेह जीवन याद आता होगा, किंतु अब वह मामूली झोंपड़े में जीवन काटने के लिए मजबूर थी। गढ़ के बाहर जंगली पशुओं और डाकू व लुटेरों का भय बना रहता था, लेकिन नीचे मैदानों की तुलना में वहाँ भय कम था, क्योंकि मैदानों में बीजापुर और दिल्ली दरबार की सेनाएँ एक-एक मील भूमि पर कब्जा करने के लिए आपस में मार-काट मचा रही थीं। दोनों ही सेनाओं में भड़ैत सैनिकों की भरमार थी, जिनमें अरब, पठान, तुर्क, अफगान और अफ्रीकी सैनिक थे। उन्हें समय पर वेतन नहीं मिलता था, इसलिए वे हिंदू किसानों के यहाँ लूटपाट मचाते थे। यह परवाह किए बगैर कि उन किसानों की वफादारी किस राजा के प्रति थी, वे उनकी फसलों को बरबाद करके उनके पशुओं के साथ उनकी स्त्रियों और बच्चों को भी उठा ले जाते थे। नतीजा यह हुआ कि जब किसानों की खेतीबाड़ी नष्ट हो गई, उनका घर संसार उजड़ गया तो वे भी डाकू बन गए।

अपनी अस्थायी सुरक्षा में भी जीजाबाई ने अपना हौसला बनाए रखा और उसी में हमेशा प्रसन्न रहकर बच्चे के जन्म के लिए अपने को तैयार करती रही।

वह एक धर्मपरायण स्त्री थी, अतः उसने गर्भवती महिला के लिए आवश्यक हिंदू संस्कारों का बाकायदा पालन किया।

उसने अपनी झोंपड़ी की दीवारों पर मातृ देवी[1] को पूजने के लिए त्रिकोण बनाकर उसे सिंदूर से सजाया और रोजाना वह उनपर मधु, खांड और तरल मक्खन अर्पित करके पूजा करती थी। गढ़ के सैनिक भय और चिंता के कारण पहाड़ों की कतारों पर दृष्टि जमाए रहते थे, जबकि जीजाबाई विलक्षण रूप से संतुष्ट थी। सपनों में उसे आनेवाले शिशु के यश और प्रताप की भविष्यवाणियाँ सुनाई देती थीं।

भारत में वह केवल अकेली महिला नहीं थी, जिसे ऐसी भविष्यवाणियाँ सुनाई देती हों। सुदूर दक्षिण में अनोखी अफवाहें भी थीं, जिनमें हिंदुओं की स्वतंत्रता को याद किया जाता था और हिंदू पुनर्जागरण की भविष्यवाणी की जाती थी। अतः हिंदू जागरण की आशा अभी धूमिल नहीं हो पाई थी। भारत में जिस रहस्यमय एवं तीव्रगामी माध्यमों से अफवाहें और चेतावनियाँ बिजली की तरह एक गाँव से दूसरे गाँव पहुँचती हैं, उसके लिए भारत हमेशा से प्रसिद्ध रहा है। सिपाही विद्रोह से पूर्व 'छपट्टी संदेश' इसका गवाह है और शिवाजी के जन्म से कुछ ही महीने पहले दक्षिण भारत के गाँवों में एक विचित्र भविष्यवाणी सुनाई देती थी। यह एक संस्कृत श्लोक में थी, जिसका अर्थ इस प्रकार था—"मुक्ति का समय आनेवाला है। कुमारी कन्याएँ उसके स्वागत में समवेत स्वर में आनंदमय मंगलगान गा रही हैं। आकाश से पुष्पों की वर्षा हो रही है।"[2]

16 अप्रैल, 1627 के दिन जीजाबाई ने अपने दूसरे बच्चे को जन्म दिया, जिसका नाम उसने शिवाजी रखा। हिंदू जीवन-शैली की रीति के अनुसार शिशु के जन्म लेने पर उतने ही समारोह होते हैं, जितने कि हिंदू जीवन में दूसरे शुभ अवसरों पर आयोजित होते हैं, लेकिन इन तमाम समारोहों में पिता की मुख्य भूमिका होती है, किंतु यहाँ जिस पिता को इस समय जीजाबाई और बच्चे के पास होना चाहिए था, वह उन दोनों से बहुत दूर था। चारों ओर से परदों से घिरी अँधियारी कोठरी के वातावरण की शुद्धि के लिए प्रज्वलित अग्नि में पुजारियों के

1. रस्मों के लिए 'एंथोवन'. बंबई प्रेसीडेंसी की लोककक्षाएँ देखें।
2. विल्सन : मैसूर, रनद।

ध्यानावस्थित मुखड़े कभी स्पष्ट और कभी विषाद में डूबते नजर आते थे और प्रसव-पीड़ा के बाद शांत पड़ी जीजाबाई संभवतः अपने पति की अनुपस्थिति के कारण अपने को निस्सहाय व अकेलेपन को लेकर एक बार फिर से शोक में डूब गई थी। बच्चे के जन्म के समय एक दूसरी रीति को पूरा करने के लिए संभवतः किसी अन्य व्यक्ति ने शाहजी की भूमिका निभाई थी। परंपरा के अनुसार उसने बालक को सूप में लिटाया और उसके सिर को चूमकर आशीर्वाद दिया और बालक के होंठों पर अँगूठी रखकर उस पर मधु की कुछ बूँदें डालीं, जो बालक के मुँह में चली गईं।[1]

जन्म संस्कार पूरे होने के कुछ समय पश्चात् जो रीति निभाई गई, मैं उसे 'व्यवसाय परीक्षण' का नाम दूँगा। यूरोप में इस प्रकार की कोई विधि नहीं है। इस विधि में बच्चे को दरी पर लिटाया जाता है और उसके आस-पास विभिन्न व्यवसायों के प्रतीक रख दिए जाते हैं, जैसे कि लेखनी, जो हाथ से लिखने संबंधी व्यवसाय जैसे कि लेखक, क्लर्क आदि के काम आती है, एक तलवार, जो सिपाही का शस्त्र है, वगैरह-वगैरह। शिशु अपने हाथ से जिस प्रतीक की ओर इशारा करता है, उसके माता-पिता शिशु को उसी व्यवसाय के लिए तैयार करते हैं। ऐसे में कोई भी यही कल्पना करेगा कि शिवाजी की उँगली तलवार की ओर ही उठी होगी, भले ही पुजारी ने शिशु की उँगली को उस ओर उठाने में सांकेतिक सहयोग न भी दिया हो, क्योंकि इस विधि में अकसर ऐसा ही होता है और उसी व्यवसाय को शिशु के लिए चुन लिया जाता है।

इस दौरान मुगल सेनापति बराबर शाहजी को ढूँढ़ता रहा था, क्योंकि जब तक भूमि का मालिक पकड़ा न जाए और नियमानुसार दिल्ली दरबार के प्रति अपनी वफादारी प्रमाणित न कर दे, तब तक उसका जिला जीता हुआ नहीं माना जाएगा; लेकिन जब उसे यह जानकारी मिली कि शाहजी उस जिले को छोड़कर बीजापुर नगर में सुरक्षित है और वहीं बस गया है, तब शाही सैनिकों ने उसकी पत्नी और बच्चे को ढूँढ़ना शुरू कर दिया।

शिवाजी ने अपने बचपन में संभवतः भय और चिंता जैसे शब्द ही सुने

---

1. ये समारोह किनकेड एंड पेरानिस की पुस्तक 'हिस्टरी ऑफ मराठा पीपुल' के अध्याय 'कस्टम्स ऑफ दि हाई कास्ट्स इन महाराष्ट्र' से लिये गए हैं।

होंगे, क्योंकि जिस गढ़ में उनकी माँ ने शरण ली थी, वह किसी भी सूरत में मुगलों की सशस्त्र घेराबंदी में टिक सकने लायक नहीं था। ऐसे में आशा की किरण मात्र यही बनी रही कि मुगल सैनिक दस्तों को पता ही न चल पाए कि जीजाबाई कहाँ छिपी हुई हैं। इस प्रकार शिवाजी का बाल्यकाल केवल खतरों की लुका-छिपी में ही बीता···।

और शिवाजी की उम्र केवल छह वर्ष की रही होगी, जब खतरे की घड़ी आ पहुँची। अब यह कहना मुश्किल है कि जीजाबाई के शरण-स्थल की जानकारी किसी आदिवासी ने किसी रिश्वत के लालच में मुगलों तक पहुँचाई या मुगल सैनिकों को भाग्य से पता चला। हम केवल इतना जानते हैं कि मुगलों को जीजाबाई मिल गई, किंतु शिवाजी का पता नहीं लग पाया। संभवत: जीजाबाई को मुगलों के आगमन की पूर्व सूचना समय पर मिल गई थी, क्योंकि जितने समय में वह अपने को बंदी बनानेवाले सैनिकों से बहस करती रही, उतने समय में गढ़ का एक वफादार सेवक शिवाजी को गोद में उठाए पीछे के द्वार से जंगल में निकल चुका था।

मुगल सेना का मुख्यालय उस समय त्रिंबक में था, जो पवित्र गोदावरी नदी का उद्गम स्थल होने के कारण हिंदुओं का एक विशिष्ट धार्मिक केंद्र है। गोदावरी त्रिंबक के ऊपरवाली काली चट्टान के मुख से प्रपात के रूप में गिरती है। आज वह एक रमणीय स्थल है, जहाँ काले पत्थर से निर्मित भव्य मंदिर हैं, जिनके आँगन जकरंद के वृक्षों से खिले हैं। नदी की एक धारा पेड़ों की छाँव में नगर के बीच से गुजरती हुई अपने ऊपर बने सुंदर पुलों को पार करके निकल जाती है; लेकिन जब मुगल सैनिकों से चारों ओर से घिरी जीजाबाई की पालकी गढ़ से बाहर निकली, तब तक नगर के मकान ध्वस्त हो चुके थे। सड़कें सूनी पड़ी थीं। जीजाबाई को निराशा ने घेर लिया होगा। सोचती होंगी कि वह तो बंदी बनाई जा चुकी हैं, उनका पुत्र अब शायद ही बच पाए; एक-न-एक दिन वह पकड़ा ही जाएगा। मुगल सैनिकों का कमांडर अन्य मुसलिम कमांडरों के मुकाबले कुछ दयालु था। उसकी दया जीजाबाई को केवल बंधक बनाए रखने तक ही सीमित थी। उसके लिए जीजाबाई का मूल्य इससे ज्यादा नहीं था, क्योंकि संभवत: वह जानता था कि शाहजी ने बीजापुर में दूसरी शादी भले ही कर

ली हो, किंतु पुत्र का महत्त्व कुछ और है। एक बार अगर बेटा पकड़ में आ जाए तो बाप अपने आप आ जाएगा। उसने सैनिकों को बालक को ढूँढ़ने के प्रयासों को और तेज करने का आदेश दिया और जीजाबाई को सैनिकों की हिरासत में एक दूसरे किले में भेज दिया।

अगले तीन वर्षों तक वफादार सेवकों ने शिवाजी को मुगलों की पकड़ से दूर रखकर जंगलों तथा पहाड़ों की सँकरी घाटियों में लुक-छिपकर बिताए। आज वे पर्वत शृंखलाएँ और विशाल चट्टानों के बीच से गुजरनेवाली पगडंडियों की भूल-भुलैया मौजूद हैं, जहाँ की हवाएँ घुटनभरी और नम हैं, ऊपर उठते हुए पठार हैं, जो पीले रंग की नुकीली घास और सूखी झाड़ियों से पटे पड़े हैं। लंबे-चौड़े जंगली रास्तों में सूखे पत्तों और बारीक कंकड़ों की भरमार है, जिन पर चलने से हर कदम की आवाज दूर-दूर तक फैले सन्नाटे में सुनाई देती है। कड़कड़ाती सर्दियों में यहाँ दोपहर तक पेड़ों पर गहरी धुंध छाई रहती है और पहाड़ी लोग भी ठंड में भीगी मक्खियों की तरह दिन की धूप में निकलकर सर्दी से जमे अपने हाथ-पैरों को धीरे-धीरे चलाने की कोशिश करते हैं और मई का महीना आते-आते लंबा वर्षाकाल शुरू हो जाता है। पहले-पहल की बरसात राहत प्रदान करती है। पानी के लिए तरसती भूमि में हरीतिमा छा जाती है। बाद में लगातार वर्षा से घने बीहड़ गहरे धुंध में समा जाते हैं और आनेवाले तूफान की चेतावनी देने के लिए मोरों के चिल्लाने की आवाजें आने लगती हैं। देखते-देखते आकाश काले बादलों से भर जाता है और छापाकार हवाओं और गर्जना के साथ घनघोर वर्षा शुरू हो जाती है। तेज हवाएँ पेड़ों में सीटियाँ मारने लग जाती हैं। धरती की घास चिपट जाती है और पहाड़ों पर अटके पत्थर फिसलकर नीचे बसे पहाड़ी गाँवों की छतों पर डम-डम, ठक-ठक का शो मचाने लगते हैं।

इन कड़कड़ाती सर्दियों में वर्षाकाल और संक्षिप्त हाँफती गरमियों में ये वफादार सेवक बालक शिवाजी को लिए पहाड़ों में भटकते रहे। उन्होंने कहीं भी लंबा डेरा डालने की कोशिश नहीं की। उन्हें हमेशा मुगल सैनिकों का भय बना रहा। इन तीन वर्षों में बालक शिवाजी के मन में इस वातावरण का क्या प्रभाव पड़ा होगा, यह अनुमान लगाना मुश्किल है। ऐसी स्थिति में अधिकांश संभ्रांत हिंदुओं ने यह जानकर कि मुसलिम शासन अब अवश्यंभावी है, इन्होंने

मुसलिम दरबार के विलासपूर्ण जीवन के लोभ में पड़कर उसे स्वीकार कर लिया था, जबकि शिवाजी ने अपने बाल्यकाल के शुरू के वर्ष निर्जन जंगली गाँवों में आदिवासियों के बीच उन लोगों के साथ गुजारे, जो अभी तक मुसलिम शासकों के सामने झुके नहीं थे। उन्हीं के जैसे अन्य युवा हिंदू अपने मुसलिम पड़ोसियों के साथ रहने लग गए थे। यदि उन पर कभी कोई जुल्म या अपमान होता था तो वे चुपचाप सहन कर लेते थे, लेकिन शिवाजी के लिए मुसलमान वे लोग थे, जिन्होंने उनकी माँ को बंदी बनाया था; वे लोग थे, जो लगातार उनके पीछे पड़े हुए थे; जो उनके बाल्यकाल के राक्षस थे।

जब वे दस वर्ष के थे, तब उनकी माता अपने किले से भाग निकलीं, लेकिन कैसे भाग निकलीं, इसकी कोई जानकारी नहीं है। किले से भागकर वे अपने पुत्र के पास पहुँच ही गईं। उनकी माँ ने कभी यह कल्पना तक नहीं की थी कि वे अब अपने पुत्र को दोबारा कभी देख पाएँगी! अपने बंदीकाल में उन्होंने अपने को शांत रखने के लिए धर्म का सहारा लिया था। वह दिन भर प्रार्थना में तल्लीन रहती थीं और जब उन्हें उनका पुत्र मिल गया तो उन्होंने पुत्र को उन्हीं प्रार्थनाओं का वरदान मान लिया। अब तक दिल्ली दरबार और बीजापुर के बीच चलनेवाला युद्ध लगभग समाप्ति की ओर था। इसलिए मुगलों ने अब शिवाजी का पीछा करना छोड़ दिया। यह जानकर माँ-बेटे दोनों खुश हुए और पहाड़ों पर ही छोटे से घर में दिन काटने लगे। इस दौरान शिवाजी अपनी माँ की बातों को बड़े ध्यान से सुनते थे। उनकी माँ हिंदू धर्म के प्राचीन गौरव की कहानियाँ सुनाती थीं। उन्होंने यह बताया कि मुसलमानों के आगमन से पहले उनके पिता तथा उनका परिवार किस प्रकार एक स्वतंत्र और प्रतिष्ठित जीवन यापन करता रहा था; किस रूप में यह संपूर्ण भू-भाग हिंदुओं का देश था।

इसी बीच दिल्ली दरबार और बीजापुर के राजदूतों का एक-दूसरे के दरबार में आवागमन होने लगा। शहंशाह शाहजहाँ अब वृद्धावस्था में पहुँच चुका था। अब दूसरे देशों पर आक्रमण करने के बजाय सुरीले संगीत और नृत्यों की दुनिया में उसका मन लगने लगा। नाच-गानों में डूबे रहने के कारण भी उसे युद्ध से भय लगने लगा। उसके मंत्रियों ने फारसी कूटनीति का प्रयोग करते हुए बीजापुर के सुल्तान को उसकी प्रशंसा में कसीदे लिखने शुरू कर दिए, जिसमें

उन्होंने बीजापुर के सुल्तान को 'सूबे का आफताब', 'पवित्रता का आईना', 'आसमानी ताकत का नूर' तथा 'गौरव और शान का आगार' जैसे अलंकरणों से विभूषित करते हुए लिखा कि उन पर मुगलिया साम्राज्य के शहंशाह की खास इनायत है और अंत में उसे 'कुलीन व्यक्ति' और 'खान' का शीर्षक दिया, किंतु सुल्तान अथवा बादशाह नहीं पुकारा।[1]

बीजापुर के सुल्तान ने भी इसका उपयुक्त जवाब दिया, जिसमें उसने शहंशाह को 'दुनिया का पालनहारा', 'खुदा का फरिश्ता' और 'इफरात का बादशाह' कहकर उसका इस्तकबाल किया। भेंट में मुगलों ने बीजापुर को एक घोड़ा भेजा, जिसको लेकर बीजापुर में खुशियाँ मनाई गईं और जवाब में लिखा गया कि यह घोड़ा, जोकि खूबसूरती का चाँद है, जब चलता है तो लगता है जैसे आसमान का नूर चल रहा हो! उसकी पीठ पर तुर्की के रेशम का जगमगाता हौदा है। यह फारस की असली नस्ल का घोड़ा है, जो जंगल में मजनूँ की तरह घूमता है। इसकी पूँछ लैला की जुल्फों से भी ज्यादा प्यारी है।'

इसके बाद जब बीजापुर में दिल्ली के शहंशाह का दूसरा खत आया तो सुल्तान ने सम्मान देने के लिए उसे अपने सिर पर रख लिया और कहा कि इस खत को सिर्फ छूने भर से वह इतना मुरीद होकर खुशियों से भर गया है कि अब उसे इससे ज्यादा कुछ नहीं चाहिए।

इस तमाम शाही खतोकिताबत का परिणाम यह हुआ कि अंत में सुल्तान ने दिल्ली के शहंशाह के शासन को स्वीकार कर लिया और उसके एवज में नियमित शुल्क देने के लिए रजामंद भी हो गया। बीजापुर और दिल्ली सल्तनत के बीच की सीमा रेखा उस भूमि के उत्तर में निर्धारित हुई, जो शिवाजी के दादा मालोजी को मिली थी।

जैसे ही युद्ध समाप्त हुआ, शाहजी ने अपने बच्चे और पत्नी को बुलाने के लिए संदेशवाहक भेजा और पहली बार शिवाजी ने पहाड़ी प्रदेश से प्रस्थान किया, जहाँ उसका बचपन केवल भाग-दौड़ में बीता था। उसको अपनी पहली यात्रा में युद्ध में नष्ट हुए जले घर-बार और खेत-खलिहान दिखाई दिए। पूरी

---

1. ये पत्र ऑर्कियोलॉजिकल सर्वे ऑफ इंडिया के 'बीजापुर सनद्स' के अंतर्गत वॉल्यूम XXXVIL में पढ़े जा सकते हैं।

यात्रा में जले हुए घर, नष्ट हुए नगर औंर मंदिर, धुएँ से काले पड़ गए पेड़ के तने और दूर-दूर तक नुकीली घास के मैदानों के आलावा कुछ नहीं था। बीजापुर नगर के समीप आने पर पहली बार जीवन और खुशहाली के दृश्य दिखाई दिए। यहाँ हरे-भरे बाग थे, नहरें थीं और फल-फूल के बगीचों के अलावा अमराई में बनी सफेद मसजिदें थीं और दृष्टि ऊपर करने पर सुदूर गगनचुंबी गुंबद और ऊँचे बुर्ज ऐलान करने लगते हैं कि यही है वह बीजापुर, जो भारत का मिष्ठान्न है।

□

तीसरा अध्याय

बीजापुर में आनेवाले सैलानी को पहली चीज जो आकृष्ट करती है, वह आधे चाँद का प्रतीक है, जो सभी सरकारी इमारतों पर नजर आएगा। बाद में उसे पता चलेगा कि यह बीजापुर के राजवंश का पारिवारिक राजचिह्न है, जिसके बल पर वे कुस्तुनतुनिया के खलीफा के रिश्तेदार होने का गर्व करते थे।[1] भारत के अन्य सभी मुसलिम शासक शहंशाह से लेकर नीचे तक सभी इंडो-पर्शियन नस्ल के अथवा मध्य एशियाई उत्तराधिकारियों के वंशज थे। बीजापुर एकमात्र मुसलिम राज्य था, जिसके शासकों का खून का रिश्ता ओटोमन साम्राज्य से था। इसलिए दिलचस्पी के लिए इसका संक्षिप्त विवरण यहाँ अनुचित नहीं होगा।

तुर्की के शूरवीर योद्धा उस्मान अली ने कोसवो के रणक्षेत्र में सर्बिया का विनाश करके अपने को सुल्तान[2] घोषित किया और उसके साथ ही अपने छोटे भाई की हत्या का आदेश दे दिया, ताकि भविष्य में कोई उसका प्रतिद्वंद्वी न रहने पाए। क्रूरता की यह मिसाल तुर्की के प्रत्येक उत्तराधिकारी सुल्तान के लिए एक परंपरा बन गई। उत्तराधिकारी को छोड़कर राजवंश के सभी राजकुमारों की हत्या कर दी जाती थी, जिससे नए शासन में दखल देने के लिए किसी पुश्तैनी कलह की गुंजाइश नहीं रह जाती थी। सन् 1451 में मुहम्मद-द्वितीय ने, जो

---

1. उसका इसलाम से कोई संबंध नहीं था और जैसे कि प्रत्येक लोकप्रिय वस्तु विशेषतया तुर्की की मानी जाती थी, जिसका उद्गम यूनान था। कहते हैं कि अर्धचंद्राकार फिलिप द्वितीय के शासन काल में बाइजेंटाइन साम्राज्य का नगर चिह्न तब से बना था, जब चाँद ने एकाएक बादलों में छिपकर सैनिकों को आनेवाले आक्रमण की चेतावनी दी थी।
2. खलीफा सल्तनत सेलिम की मिस्र पर विजय के बाद स्थापित हुई।

बाद में चलकर 'महान् विजेता' के नाम से मशहूर हुआ, गद्दी पर बैठने के बाद वही नरसंहार किया। उसका छोटा भाई यूसुफ अभी बालक था और अपनी माँ का लाड़ला बेटा। उसकी माँ ने सुल्तान से उसकी हत्या के लिए एक दिन की राहत माँगी। सुल्तान मान गया। उस समय राजदरबार में गर्गस्थनी नाम का एक सौदागर था, जो जार्जिया के गुलामों का व्यापार कर रहा था। उसी रात को सुल्ताना ने गर्गस्थनी को बुलवाया और उससे अपने पुत्र की आयुवाले जार्जिया के एक गुलाम को खरीदा। बदले में उसे अपने पुत्र के साथ काफी धन दिया और उससे यह वायदा लिया कि वह यूसुफ को अपने घर में अपने बेटे की तरह पालेगा। दूसरे दिन सुल्ताना ने जार्जिया के गुलाम को हत्या के लिए पेश कर दिया और सुबह जब हत्यारे सैनिक आए तो उसने बच्चे की लाश दिखाते हुए कहा कि यह लाश उसके बेटे की है, जिसकी हत्या उसने खुद अपने हाथों से की है, क्योंकि वह नहीं चाहती थी उसकी हत्या किसी और के हाथ से हो। अब यह कहना मुश्किल है कि सुल्ताना ने अपनी दलील के साथ हत्यारों को रिश्वत दी या फिर हत्यारे अपने काम से इतने थक चुके थे कि उन्होंने इस कहानी को सच मानकर जार्जिया के बालक की लाश को स्वीकार कर लिया और फिर उसका जनाजा धूमधाम से शहर में निकाला गया।

इसी बीच सौदागर गर्गस्थनी राजकुमार को लेकर अपने घर लौट गया। सुल्ताना ने यदि अपनी चाल चलकर संतोष कर लिया होता तो हमें उसकी कहानी का पता नहीं लगता और यूसुफ अपने मालिक के घर में पलकर संभवतः सौदागर के काम में लग गया होता और उसका शेष जीवन वहीं बीत गया होता, किंतु उसकी माँ कभी उसे भूल नहीं पाई और साल में एक बार वह अपना दूत भेजकर अपने बेटे की कुशल-क्षेम की जानकारी लेती रही।

पूरब के राजदरबारों की एक खासियत यह रही है कि यहाँ कोई रहस्य छिपता नहीं है। जल्दी ही सुल्ताना की दूरदराज में बसे एक छोटे से नगर में रुचि के बारे में कानाफूसी होने लगी। सुल्तान की ओर से सावे के राज्यपाल को तहकीकात करने के लिए कहा गया। यूसुफ को समय रहते चेतावनी मिल गई और वह पूरब की ओर भाग निकला और फारस होते हुए सन् 1459 में भारत पहुँच गया। उसकी दशा दयनीय थी। न तो उसके पास पैसा था और न ही

कोई दोस्त था, जो उसे मदद करता। ऐसी दशा में वह एक गुलाम के व्यापारी के हत्थे पड़ गया, जिसने उसे महमूद गवन नामक मध्य भारत के एक धनी व्यक्ति को बेच दिया। यूसुफ चतुर और आकर्षक नवयुवक था। उसने जल्दी ही अपने मालिक को अपने काम-काज और वफादारी से प्रभावित कर लिया। परिणामस्वरूप महमूद गवन ने उसे अपना दत्तक पुत्र बना लिया।

महमूद गवन बहमनी के राजा की सेना में अधिकारी था, जिसका राज्य मध्य भारत में था। एक दिन राजा उससे नाराज हो गया और उसकी हत्या करवा दी। यूसुफ राजदरबार से भागकर उस रेजीमेंट में जा पहुँचा, जिसकी कमान महमूद गवन के पास थी। सैनिकों ने यूसुफ को महमूद गवन का उत्तराधिकारी मानकर राजा के खिलाफ मोरचा लेने का प्रस्ताव किया। एक सेना के कमांडर के रूप में यूसुफ ने बलपूर्वक बहमनी के राजा से बीजापुर के राज्यपाल का दरजा हासिल कर लिया और एक स्वतंत्र राजकुमार की हैसियत से उसने अपने लिए एक राज्य स्थापित कर लिया। उसके उत्तराधिकारियों ने अपनी राजधानी के नवनिर्माण के बाद उसका इतना सौंदर्यीकरण किया कि वह एशिया[1] के सबसे सुंदर नगरों में गिना जाने लगा।

कल्पना कीजिए कि उत्तर के विशाल द्वार से गुजरते हुए शिवाजी को कितना विस्मय हुआ होगा, जब उसने मुख्य द्वार पर गर्व से लिखी यह इबारत पढ़ी होगी—'सुल्तान[2] जिसका हुक्म सात प्रदेशों में चलता है, जिसने सिकंदर की तरह परकोटा तामीर किया है।' और जब शिवाजी की नजर विशाल दीवारों और बुर्जों पर पड़ी होगी, जो भग्नावशेष में आज भी अपने विराट् रूप से प्रभावित करते हैं। दीवारों से लगी तोपों की कतार हैं, जिसके लिए यह शहर मशहूर था और, जिन्हें यहाँ के शासक तुर्की से तुर्क तोपखाने की दक्षता समेत लाए थे। डिजाइन और जवाहरातों के अलंकरण में ये नायाब हैं। इन तोपों का रख-रखाव फरिश्तों के मानिंद किया जाता था। सैनिकों की टुकड़ियाँ मार्चपास्ट

1. बीजापुर के इतिहास के लिए देखें : 'कजिंस बीजापुर एंड ऑर्कियोलॉजी, सर्वे ऑफ इंडिया' वॉल्यूम : 371
2. बीजापुर के शासक का आधिकारिक टाइटिल सुल्तान था, जिसका यूरोपीय लोगों में उसके ओटोमन शासकों से जुड़े होने के कारण विशिष्ट सम्मान था, जबकि भारतीयों के लिए इसका अर्थ केवल राजा था।

में उन्हें सलामी देती थीं। धूप से बचने के लिए उन पर छतरियाँ लगाई जाती थीं। तोपों में सर्वप्रमुख तोप को 'मालिक-ए-मैदान' के नाम से जाना जाता था, जिसका अर्थ था मैदानों का बादशाह! इस तोप का निर्माता प्रसिद्ध तोपची खान मुराद था, जिसने तोप के एक ओर अपना शिलालेख इस प्रकार लिखा है, जैसे चुनौती का जवाब दे रहा हो—'ओ अल्लाह के फरिश्ते! क्या तुमने मुझे चलाकर देखा है?' और दूसरी तरफ उसका जवाब लिखा है—'मैंने इस बादशाह का सिर नीचा किया है।' इस तोप की नाल इतनी विशाल है कि एक आदमी उसमें आसानी से बैठ सकता है। इसका मुँह ड्रैगन के मुँह जैसा था, जिसका जबड़ा खुला हुआ और जिसमें से नुकीले दाँत झाँकते थे। ड्रैगन के कानों में छेद बनाए गए थे, जिसमें कान के बुंदे पहनाए जाते। इस तोप को सुल्तान इतना सम्मान देता था कि उसको ढकने के लिए सोने का कवर चढ़ाया जाता था और साल में एक बार उसके सम्मान में उसे जुलूस में निकाला जाता था।[1] आज भी यद्यपि उसका पहले जैसा अलंकरण और सजावट धूमिल पड़ गई है और वह भग्न दीवारों के पास एक ह्वेल मछली की तरह पड़ी हुई है, तथापि लोग पूजा करने आते हैं। उसके माथे पर लाल सिंदूर लगाते हैं और पीतल की थाली में गुलाब की पँखुड़ियाँ चढ़ाते हैं।

दरवाजे से गुजरते हुए शिवाजी और उसकी माता की नजर सुसज्जित महलों, मसजिदों और कब्रगाहों पर पड़ी होगी। वहाँ 'गोल गुंबज', जिसकी गुंबद शहद के रंग की थी[2] और जो दुनिया में सबसे बड़ी गुंबद मानी जाती थी। इसकी दीवारें नीले रंग के बहुमूल्य रत्नों से जड़ी हुई थीं। जिन पर स्वर्णाक्षरों में खुदा हुआ है—"सुल्तान मुहम्मद की कब्र, जिनकी रिहायश बहिश्त में है।" और वहीं है प्रसिद्ध इब्राहीम रौजा, जो उत्तर भारत के संगमरमर के पत्थरों से मुगलकाल में बनी सभी इमारतों से ज्यादा खूबसूरत है। इसके चारों ओर पतली मीनारें हैं, जिनमें लटकती पत्थरों की लड़ियाँ हैं, जिन पर चाँदी की नक्काशी की गई है और जो गरम हवाओं में हिलती हुई एक-दूसरे से उलझकर झनकार पैदा करती हैं। इमारत के चारों ओर बगीचे हैं, जिनमें हरे-भरे पेड़ों के बीच से बहनेवाली

---

1. पीट्रो डेला वॉले, ट्रैवल्स, लंदन हकलियत सोसाइटी, वॉल्यूम : 1
2. इसके बाद सबसे बड़ा रोम का सर्वदेव मंदिर है।

स्वच्छ निर्मल जल की नहरें हैं, जिनमें लगे रंग-बिरंगे संगमरमर के पत्थर कल-कल करती जलधारा में चमकते हैं। गुंबद के नीचे उदास और शांत वातावरण में दूधिया बुलबुलों के मानिंद सुल्तानों व उनकी बेगमों की मजारें हैं। पुरुष की कब्र पर एक विशाल कलमदान लगा होना यह इंगित करता था कि वह व्यक्ति अपने जीवनकाल में विद्वान् था, क्योंकि इस विशिष्टता की आशा केवल पुरुष में की जा सकती थी, स्त्री में नहीं।

बेगमों की कब्र का ऊपरी भाग चपटा था, जिन पर तरह-तरह के प्रशंसनीय स्मृतिलेख लिखे थे। बेगम ताज सुल्ताना, जिसके लिए मूल रूप से यह मकबरा बना था, के स्मृतिलेख के लिखा है : 'प्रतिष्ठित मोहतरमा और सोलोमन की बेगम जैसी सम्मानित बेगम बिलकिस, रहमदिल और मिलनसार, मर्यादा की नूर, दुनिया को छोड़कर बहिश्त में चली गईं।' और उत्तरी दरवाजे के ऊपर अत्यंत बारीकी से काटे गए संगमरमर की पट्टी पर शिल्पकार मलिक संदल ने सभी मर्यादाओं को छोड़कर लिखा है—'इसे देखकर आसमान चकित है। बहिश्त के बाग ने अपनी खूबसूरती का परचम इसी भाग से लिया है। आकर्षण में इसका प्रत्येक भाग साइप्रस के हरे-भरे पेड़ों की बराबरी करता है।' इसे देखकर आसमान से जैसे एक फरिश्ता बोल उठा, 'दिल को खुश करनेवाली यह इमारत बेगम ताज सुल्ताना की स्मारक होने लायक है।'

सबसे अधिक आश्चर्य में डालनेवाली इमारत संभवत: स्मारक महल है, जिसका निर्माण हजरत मुहम्मद के दो बालों को चाँदी की एक मंजूषा में हिफाजत से रखने के लिए किया गया था। इसकी दीवारों में आकर्षक भित्तिचित्र बनाने के लिए सुल्तान ने इटली के शिल्पकारों को लगाया था। यह जगविख्यात है कि इसलाम में सभी प्रकार के मानवीय आकारों के प्रदर्शन पर कितनी सख्त पाबंदी है, लेकिन सुल्तान ने अपने उदार स्वभाव के अनुकूल इन पुराने अंधवश्विसों की परवाह नहीं की। आश्चर्य तब होता है, जब सुल्तान ने इटली के शिल्पकारों को चित्रकारी के ऐसे विषय दिए, जिन्हें जानकर उत्तर भारत के कट्टर मुसलमान भय से त्रस्त हो जाएँगे। उन शिल्पकारों ने जो चित्र बनाए, उनमें दिखाया गया कि फूलों से सुसज्जित महिलाएँ वियना के नायाब ग्लासों से बनी प्लेटों में फल खा रही हैं और उनके पास खड़ी लड़कियाँ उनके सम्मान में वायलिन और हार्प

जैसे वाद्ययंत्र बजा रही हैं। एक-दूसरे चित्र में यूरोपियन पुरुष चौड़े हैट पहने हुए डोरीवाले कॉलर की पोशाक में अपने कुत्तों के साथ बैठे हैं और यहाँ दिखाई देती है रोमांस की देवी वीनस, जो एक मदमस्त महिला की शक्ल में सिर पर फूलों का मुकुट और गले में मोतियों की माला पहने पीछे की ओर झुकी हुई है और रति का देवता क्यूपिड अपने नीले पंखों, रत्नजड़ित बेक्ट और हीरे-जवाहरात से मढ़े झुमकों से सुसज्जित उसे आईना दिखा रहा है और उधर रोमांस का देवता मार्स एक हाथ में अपना पंखवाला हेलमेट लिये, दूसरे हाथ से रोमांस की देवी को प्यार से इशारा कर रहा है। एक और चित्र में वीनस एक सुंदर युवक के रूप में एडोनिस के साथ दिखाई देती है। इसी प्रकार एक अन्य चित्र में एक फारसी संगीतकार महिलाओं को कविता सुना रहा है। महिलाओं में ज्यादातर यूरोप की हैं और कुछ पूरब के देशों की हैं। वह महिलाओं को आकृष्ट करने के लिए अपना सिर घुमाता है, किंतु महिलाएँ उसको अनदेखा करके खुशी-खुशी अपनी चर्चा में मस्त हैं।[1]

शहर के अनेक भागों में विलासिता की सुख-सुविधासंपन्न जन स्नानागार थे। वहाँ स्नान के लिए एक खुला पूल था। उसके दरवाजे पर यह अंकित था : रमणीक पूल! इसका पानी स्वच्छ और निर्मल है, बहिश्त के कुएँ से भी स्वच्छ है, गुलाब जल से भी मीठा है, इसका हर बुलबुला चाँद जैसा है।[2] अन्य स्नानागार ढँके हुए थे। दीवारों पर चूने के साथ रंगीन पेंट किया गया था। उनके मेहराबदार गुंबद पर रत्नों का चूरा चढ़ाया गया था। नीचे सभी भागों पर गरीब लोगों के लिए पीने के पानी के फव्वारे थे। उन पर अंकित शब्द आज भी मौजूद है—'यशस्वी और शक्तिशाली सुल्तान ने, जिसका राजदरबार सोलोमन की तरह भव्य है, इन फव्वारों को प्यासों के लिए बनाएँ हैं, ताकि वे अपनी प्यास बुझाकर सुल्तान के लिए निरंतर शासन के लिए दुआ करें, उस सुल्तान के लिए, जो पूरी कायनात का रखवाला है।'

विलासिता, शृंगार और विशिष्ट कलापूर्ण महलों और इमारतों के अलावा

---

1. इन चित्रकारियों का पूरा विवरण ग्रिफिथ्स रिपोर्ट, 1884 में है, जिसका संदर्भ ऑर्कियोलॉजिकल सर्वे ऑफ इंडिया वॉल्यूम XXXVII, पृष्ठ 93-94 पर देखें।
2. बांबे गजेटियर, वॉल्यूम XXIII

कुछ सल्तनत की भीषण मार-काट और जघन्य हत्याएँ भी थीं। यहाँ आए दिन फाँसी के जुलूस छुट्टी और समारोह की तरह निकाले जाते थे।[1] पचास फीट के घेरे में उगे आबनूसी मनहूस ठूँठ की तरह अफ्रीकी पेड़ के नीचे, जो विकराल तने और ऐंठी हुई डालियों के सिवाय कुछ नहीं था, एबीसीनिया के जल्लाद अपने शिकार के इंतजार में खड़े रहते थे। जब फाँसी का अपराधी उनके पास पहुँचता तो तलवार से उसकी गरदन उड़ाने से पहले उसे सलाम करते...[2] नगर की भीड़ भरी सड़कों पर चलते समय शिवाजी को नगर के कुलीन और प्रभावशाली लोगों की सवारियों के बीच से गुजरना पड़ा। जब-तब उनके सेवक उनकी माँ की टूटी-फूटी पालकी को रास्ता बनाने के लिए उधर-उधर ठेल दिए जाते थे। उनकी सवारियों में भेरी और स्वर्णमंडित छत्र यह ज्ञापित करता था कि ये लोग विशिष्ट वर्ग के व्यक्ति हैं। ये विशिष्ट जन निरंतर तनाव और संशय का जीवन जीते थे। प्रत्येक अफवाह उन्हें विचलित करती थी और एक-दूसरे को हमेशा शक की निगाहों से देखते थे। कटुतापूर्ण नोक-झोंक से राजदरबार अछूता नहीं था और दरबारियों के बीच का झगड़ा कभी-कभी गृहयुद्ध की शक्ल ले लेता था। सभी सुल्तान की मनमर्जी पर या फिर हमेशा बदलते हुए वजीरों में से उस वजीर की इनायत पर निर्भर रहते थे, जो उस समय सुल्तान के नजदीक होता था।

इन्हीं विशिष्ट जन में से एक शिवाजी के पिता शाहजी भी थे। बीजापुर राज्य में उन्होंने कर्मठ और बहादुर सैनिक के रूप में अपना यह विशिष्ट पद हासिल किया था। मुगल सीमा पर अपनी जमीन के बारे में अब उन्होंने सोचना छोड़ दिया था। आकर्षक और दिलेर व्यक्ति के रूप में शाहजी अपनी दरबारी पोशाक में हिंदू होने के कारण माथे पर लाल तिलक लगाए एक अलग पहचान रखते थे। वे बीजापुर शासन में अपने स्थान से पूर्णतया संतुष्ट थे और यदि मुसलिम दरबारी कभी उनके खिलाफ कोई षड्यंत्र रचते भी थे तो अब तक

---

1. यह आज भी मौजूद है और संभवतः न केवल भारतीयों द्वारा, बल्कि यूरोपवासियों द्वारा भी भूतहा माना जाता है, जिनमें अनेक अजीब डरावनी घटनाओं की सत्यापित कहानियों के बारे में लोग चर्चा करते हैं।
2. कजिंस बीजापुर। भारत में बड़े पैमाने पर अबीसीनिया के लोगों की बहाली की जाती थी। इनमें अधिकांश मुसलिम थे, लेकिन कुछ ईसाइयों ने पवित्र क्रॉस की छाप के लिए अपने मुँह को माथे से ढोड़ी तक जला रखा था (लिंसछोटेन, वॉयेज आक्स इंडेस)।

उन्हें सुल्तान ही बचाता रहा था। उनकी पत्नी उम्र में जीजाबाई से छोटी थी और जीजाबाई के मुकाबले अधिक आकर्षक थी। उससे शाहजी को जो पुत्र प्राप्त हुआ, उसका नाम व्यंकोजी था, जिसकी चर्चा हमें शिवाजी के जीवन के अंत तक सुनने में नहीं आती। हिंदू रीति-रिवाज के अनुसार शाहजी की दूसरी शादी से जीजाबाई को कोई नाराजगी नहीं होनी चाहिए थी और न ही उसे इस बात को लेकर शिकायत होनी चाहिए थी कि जो सम्मान और लगाव शाहजी से अपनी दूसरी पत्नी से मिलता है, वह उसे नहीं मिला। लेकिन अब यह स्पष्ट हो चुका था कि शाहजी ने जीजाबाई से कभी दिल से प्यार नहीं किया, क्योंकि उनकी शादी बाल्यकाल के महज एक भावावेश तथा उनके पिता की क्षणिक महत्त्वाकांक्षा का नतीजा थी, जिसका परिणाम एक यंत्रवत् शादी निभाना था, जिसमें प्रेम अथवा आपसी लगाव का कोई सरोकार नहीं था और यही कारण था, जिसकी वजह से शाहजी के मन में जीजाबाई के प्रति दूरियाँ बढ़ती गईं; किंतु समय के इस अंतराल के बाद शाहजी ने यह जरूर महसूस किया होगा कि जीजाबाई में उनके प्रति पहले वाली सहानुभूति के अभाव ने उसके चरित्र को और कठोर बना दिया है। उसका सौंदर्य नष्ट हो चुका था। वह अपने जीवन की भाग-दौड़, दुःख, संताप और कटुता से टूट चुकी थी। इसलामिक नगर के दमघोंटू जीवन में वह अपने असंतोष पर नियंत्रण नहीं कर पाती थी और सदा दुःखी रहती थी।

शाहजी ने जीजाबाई को अपने साथ रहने के लिए नहीं बुलाया था, बल्कि इसलिए बुलाया था कि वह उनके पुत्र को उनके पास ला सकें, क्योंकि वे अपने बेटे के लालन-पालन को अपना उत्तरदायित्व मानते थे और चाहते थे कि उनकी तरह वह भी बीजापुर की सेवा में अपना अवसर चुन सके और समय आने पर वे उसे नौकरी दिलाने में सहायक हो सकें। इसके अलावा वे लड़के का विवाह भी करना चाहते थे, लेकिन जीजाबाई ने यह कहते हुए विवाह के प्रस्ताव को ठुकरा दिया कि वे उसका विवाह बीजापुर में नहीं करेंगी, क्योंकि मुसलमानों की मौजूदगी विवाह की पवित्रता को खंडित कर देगी। बेटे पर अधिकार के लिए दोनों में झगड़ा हो गया और शिवाजी माँ से अलग नहीं हो पाए, क्योंकि जहाँ तक पिता का सवाल था, वे उन्हें नाममात्र को जानते भर थे और एक हिंदू परिवार में बेटे का घर के मुखिया के प्रति सम्मान और उत्तरदायित्व जैसी हिंदू परंपराएँ और

रस्मो-रिवाज शिवाजी की अपनी माँ के प्रति श्रद्धा और समर्पण के समक्ष, उसके अकेलेपन तथा मुगलों द्वारा बंदी बनाए जाने की व्यथा के अतिरिक्त, माँ-बेटे को छोड़कर पिता के पलायन के समक्ष धूमिल और निरर्थक पड़ गए।

शाहजी अपने पुत्र के जिद्दी और बचकाने स्वभाव को लेकर दुविधा में थे। वे बालक की असाधारण बुद्धि से प्रभावित थे, क्योंकि हमें बताया जाता है कि दूसरे बालकों के साथ खेलने के बजाय वे अपने पिता से राज-काज तथा शासन की कार्यप्रणाली के अतिरिक्त सेनाओं के प्रबंधन जैसे विषयों में प्रश्न करके जानकारी हासिल करने में अपना समय बिताते थे। शाहजी शिवाजी द्वारा मुसलमानों का निरादर और तिरस्कार देखकर उनसे नाराज रहते थे। राजदरबार में शिवाजी का व्यवहार इसका उदाहरण है। शाहजी राजदरबार की झलक दिखाने के उद्देश्य से शिवाजी को सुल्तान के समक्ष सम्मान देने के लिए ले गए। दरबार में जाने के लिए वे दोनों विशाल द्वार को पार कर बाहरी कचहरियों से गुजरे, जहाँ एक महलनुमा पानी का मंडप था, जिसके ऊपर लकड़ी की खिड़कियाँ थीं। उसकी मुंडेर कमल की पँखुरी की शक्ल में बनी हुई थी। ऊपर खिड़कियों में बैठे दरबारी गरमियों की शाम को फव्वारों से पानी की वर्षा करते थे, जो नीचे बने तालाब में गिरता था। महल की दीवारों पर बीजापुर के प्रमुख शासकों की, विशेष रूप से छठे सुल्तान मुहम्मद की विशाल चित्रकारी लगी हुई थी, जिसमें वह अपनी प्रिय नर्तकी के साथ सिंहासन पर विश्राम की मुद्रा में बैठा था। उसके बगल में फूलों का गुलदस्ता, सितार और फारसी की पुस्तक रखी थी। दूसरी चित्रकारी काफी सजीव थी, जिसमें एक जमाना पहले मृत सुल्तान को मुसकराकर सहमति प्रदान करता हुआ दिखाया गया था।[1] दरबार के सभा भवन में बीजापुर का सुल्तान एक निचले सिंहासन पर बैठा था। उसका एक पैर दूसरे पैर पर था, जो नीचे रखे एक ग्लोब पर टिका था। उसके एक हाथ में चाबी और दूसरे हाथ में तलवार थी। वह बूटेदार टोपी और किमखाब का तारतारी कोट पहने हुए था। पैरों में घुटनों तक पहुँचनेवाला बूट था, जिस पर हलकी चित्रकारी की गई थी।[2] उसके सिर पर एक विशाल छत्र लगा हुआ था

1. रॉयल एशियाटिक सोसायटी वॉल की बांबे शाखा का जर्नल, वॉल्यूम : 1 पृ. 375
2. यह विवरण लैंगेज मोनुमेंट्स दा हिंदुस्तान के आदिलशाही मिनिएचर से लिया गया।

और दोनों ओर दरबारी सोने से मढ़े हुए चँवर डुला रहे थे। सिंहासन के दोनों ओर पत्तों की शक्ल में पंखे ऊपर-नीचे हिल रहे थे। जैसे-जैसे दरबारियों की बारी आती थी एक-एक कर वे सिंहासन के पास जाकर सुल्तान के सम्मान में अपनी पगड़ी उतारकर सुल्तान के पैरों के पास रख देते थे और साष्टांग लेट जाते थे। जब शाहजी की बारी आई तो उन्होंने भी वही किया, लेकिन उनके युवा पुत्र ने बिना झुके सुल्तान को मराठा नमस्कार किया, जिसे उसने अपने पहाड़ी गाँव के लोगों में देखा था। वे अपने बुर्जुर्गों को हाथ जोड़कर नमन करते थे। शिवाजी ने वैसे ही दोनों हाथ जोड़कर सुल्तान को नमन किया। दरबारियों ने पहले इस घटना को एक गँवार का फूहड़पन समझा, लेकिन बाद में उन्हें लगा कि यह एक हठीली बगावत से कम न थी। शिवाजी को सुल्तान के समक्ष निर्धारित प्रक्रिया से प्रस्तुत होने के लिए मनाया नहीं जा सका और कहा तो यह भी जाता है कि उनके पिता का सुल्तान पर इतना दबदबा था, जिससे वे शिवाजी को तुरंत सजा से बचा सके।

इस खेदजनक घटना के बाद शाहजी की बालक में दिलचस्पी कम होती गई। अब यह स्पष्ट हो गया कि वह राजदरबार में सफल नहीं हो पाएगा। उस पर अपनी माँ के चरित्र का सीमा से अधिक प्रभाव पड़ा था। इस प्रकार उन्होंने शिवाजी को अपने मन की इच्छानुसार रहने के लिए माँ के पास छोड़ दिया। मैं समझता हूँ कि यदि शाहजी ने बालक को और समय दिया होता, प्यार से समझाया होता और संभवत: इससे भी ज्यादा, यदि उन्होंने जीजाबाई के प्रति अपना रवैया बदलकर उसे उसका वाजिब सम्मान देकर अपना लिया होता तो संभवत: शिवाजी बीजापुर के शाही जीवन के लिए खुशी-खुशी तैयार हो गए होते और धीरे-धीरे अपने बाल्यकाल को भी भूल गए होते। उनके भाई संभाजी, जो उनसे चार वर्ष बड़े थे, वे शुरू से ही बीजापुर में रहे, जबकि शिवाजी अपनी माँ के साथ पहाड़ों में छिपकर अपना जीवन काटते रहे। संभाजी की बीजापुर सरकार के वफादार सेवक हो जाने के अतिरिक्त कोई और अभिलाषा नहीं थी। उन्होंने सुल्तान की सेना में नौकरी कर ली और कुछ वर्ष बाद सुदूर दक्षिण में किसी छोटी-मोटी मुठभेड़ में अपनी जान गँवा दी। इधर शाहजी का शिवाजी के प्रति धैर्य समाप्तप्राय हो गया था और शिवाजी ने अकेले नगर में घूमना-फिरना शुरू क

दिया था। उनकी तेज और सधी हुई ग्रामीण दृष्टि ने नगर जीवन की बारीकियों का परीक्षण शुरू कर दिया। सड़कों में बिकती विलासिता की सामग्री, मशहूर बहुमूल्य इत्र और तेल, केश-विन्यास के लिए बैठे नाई, चित्रकार, बीजापुर के मजदूर पीतल के बरतनों को गढ़ने में उनकी नंगी पीठों पर पड़ती धूप की चमक और उनके इर्द-गिर्द दौड़ता पालतू चिंकारा; मुसाफिरों के लिए बने मुफ्त आरामगाह, जिनके बारे में वहाँ के कर्मचारी यह कहते नहीं अघाते कि 'यहाँ परिश्रम से थके-हारे लोग परमानंद की दवा चख सकते हैं।'[1] इन आरामगाहों में यूरोपीय देशों से आए सौदागर रहते थे, जिन्हें देखकर शिवाजी उनकी जानकारी के लिए काफी उत्सुक रहते थे। इन विदेशियों की विचित्र पोशाकों को उन्होंने बड़ी दिलचस्पी से देखा होगा। उनके बनावटी केश-विन्यास, उनके चौड़े टोपों पर लगे पंख, उनकी लंबी पतलूनें और भारी-भरकम जूते देखकर उन्हें आश्चर्य हुआ होगा, लेकिन इन विदेशियों के सभी नायाब पोशाकों को दीगर करते हुए बीजापुर के श्रेष्ठ वणिक, अभिजात वर्ग के लोग थे, जिनकी सवारियों में सोना-चाँदी से मंडित काठियों से सुसज्जित हाथी-घोड़े थे और बल्लम-भाले लिये चमकीली पोशाकों में लिपटे रोबीले सिपाहियों की कतारें थीं। इन सवारियों में एक-से-एक बहादुर सिपाहियों के करतब होते थे। यह सब नुमाइश थी सुल्तान के प्रति वफादारी की। यह दिखाने की कि हम किसी से कम नहीं। ज्यादा-से-ज्यादा हथियारबंद सैनिकों को दिखाओ और फिर क्या ? उनकी स्त्रियाँ भी अपने आमोद-प्रमोद के रसियाओं से क्या पीछे रहनेवाली हैं ?[2] यह दिखावा केवल सिपाहियों और दरबारियों तक सीमित नहीं था, सौदागर भी अभिजात वर्ग के लोगों की नकल करते थे और विदेशों में भी यही सौदागर अपने सेवकों के लश्कर और खुशबूदार हमामों के साथ दिखाई दे जाएँगे। उनकी पोशाकों से विभिन्न सुगंधित तेल और इत्रों की उड़ती खुशबू के अतिरिक्त चंदन, लौंग और संतरे की गमक का भी अहसास होगा। उनकी पोशाक धनी श्रेष्ठियों जैसी हैं। साफों पर सोना, बदन पर टखनों तक झूलती किमखाब की शेरवानी। बेल-

1. ऑर्कियोलॉजिकल सर्वे ऑफ इंडिया वॉल्यूम XXXVII
2. फ्रायर्स एकाउंट ऑफ इंडिया, लेटर IX

बूटेदार पहुँचेवाले पायजामे और उनके तुर्की, अरब अथवा फारस[1] से मँगाए गए घोड़ों पर सोने-चाँदी के हौदे। अधिकारियों और सौदागरों की सवारियों के पीछे केसरिया रंग की बंडी पहने फकीरों और साधुओं का जत्था, घर-बार से दूर मस्त और औगढ़! दुनिया की आपा-धापी से दूर विरक्ति के रंग में…और इनमें मिल जाएँगे अनेक दुराचारी, कामुक, लंपट और लौंडेबाज, जो भाँग पीते हैं और भगवान् और मुहम्मद को शाप देते हैं, लेकिन इन जत्थों की आड़ में जासूस भी होते हैं, जो अपने आका के पास खुफिया संदेश पहुँचाते रहते हैं।[2]

नगर जीवन के इस आकर्षक मुलम्मे के पीछे राजदरबारियों का अपना सदाबहार, गुस्ताख और ठेठ प्रदर्शन था, जो इस बात का गवाह था कि किसी भी कीमत पर सुल्तान के प्रति वफादारी अक्षुण्ण बनी रहेगी और व्यापक रूप से सुल्तान के प्रति वही आदर और सम्मान बरकरार रहेगा, जो रोम के लोगों का सीजर के लिए था और मिस्रवासियों का फैरोहोज के लिए था।[3] लेकिन बीजापुर के जीवन में बदनाम और उपेक्षित भाग भी था। ऐसे समाजों में आमतौर पर पाए जानेवाले हिंसक जीवन के अलावा यहाँ यह जगजाहिर था कि सुल्तान की अधिकांश हिंदू जनता पर आए दिन दमन चक्र चलता रहता था। यदि इतिहासकार फ्रायर के इस कथन को कि 'बर्बर हब्शी हिंदुओं पर हमेशा अत्याचार करते थे' को अतिशयोक्ति मान भी लिया जाए, तथापि यह स्पष्ट था कि शाहजी जैसे कुछ हिंदू कुलीन व्यक्तियों को छोड़कर तमाम हिंदू जनता को यह अहसास दिला दिया गया था कि उनकी कौम निचले तबके की है। हिंदू जनता बहुत पहले से अपनी स्थिति से परिन्नित हो गई थी और अब वे अपनी स्थिति को स्वीकार भी कर चुके थे। वे अब मुसलिम रीति-रिवाजों को, जिनसे उन्हें नफरत थी, सहन करने के आदी हो गए थे। ऐसी स्थिति में इस समाचार ने सभी को आश्चर्यचकित कर दिया कि शिवाजी ने गौहत्या के विरोध में हंगामा कर दिया है। हंगामे में मुसलिम कसाई पर हमला भी किया गया और फिर दंगा भड़क उठा।

फिर वही शिवाजी! शाहजी को लगने लगा था कि लड़के के विद्रोही

1. फ्रायर
2. फ्रायर
3. ईदम

व्यवहार से उनकी स्थिति असमंजस में पड़ गई है। उन्होंने जीजाबाई से कहा कि वे शिवाजी को लेकर मुगल सीमांत पर स्थित अपने पुश्तैनी राज्य में लौट जाएँ। अब यदि शिवाजी ने लौटते समय नगर के महलों और मंदिरों को देखा होगा तो उन्हें कोई दु:ख या पश्चात्ताप नहीं हुआ होगा। वे उतने खुश कभी नहीं रहे, जितना वे माँ के साथ अकेले रहने के समय में थे और बीजापुर ने उन्हें शायद ही कोई सुखकारी स्मृति दी हो!

वे बीजापुर में दोबारा अपनी मृत्यु से एक वर्ष पूर्व ही आ सके और उनका आना भी बहुत ही अलग परिस्थिति में हुआ था।

□

चौथा अध्याय

दो विशाल, किंतु निर्बल राज्यों के सीमांत प्रदेश में एक नए शक्तिशाली राज्य का उदय हो जाना कोई अस्वाभाविक घटना नहीं है। इसका ज्वलंत उदाहरण ओटोमन साम्राज्य है, जिसका उद्गम बाइजेंनटाइन साम्राज्य और सेल्जुक रियासत के सीमांत प्रदेशों से हुआ और यह भी एक विचित्र अथवा ताज्जुब कर देनेवाली घटना मानी जाएगी कि इन दोनों बड़े-बड़े राज्यों के पतन का कारण उस नवगठित शक्तिशाली राज्य की ताकत नहीं थी, बल्कि उन दोनों की आपसी दुश्मनी थी।

इसका दूसरा उदाहरण फारसी और रोमन साम्राज्यों के विरुद्ध अरबों की सफलता में देखा जा सकता है। इसलिए यह जरूरी है कि बीजापुर और मुगलों के शासन के बीच में स्थित शिवाजी के पुश्तैनी राज्य की भौगोलिक स्थिति के महत्त्व को ठीक से समझ लिया जाए, क्योंकि जगीन का यह टुकड़ा, जिसे एक मुसलमान शासक ने अरेबियन नाइट्स की स्मृतियों की तर्ज पर शिवाजी के दादा को उपहारस्वरूप दिया था, एक दिन वास्तव में एक नए साम्राज्य की आधारशिला बना।

बीजापुर शासन ने जब शाहजी के उत्पात मचानेवाले पुत्र को दूर भेज दिया तो उन्होंने राहत की साँस ली, क्योंकि उन्होंने सोचा होगा कि इतनी दूर रहकर उसकी शैतानियों का बीजापुर में कोई विशेष प्रभाव पड़नेवाला नहीं है और फिर सीमांत प्रदेश के सैन्य अधिकारी इसकी शैतानियों पर आसानी से काबू पा लेंगे, लेकिन वे यह सोचना भूल गए कि कुछ ऐसी परिस्थितियाँ भी होंगी, जब बीजापुर से दूरी उसके लिए लाभकारी हो सकती है। दूसरी बात यह थी कि शिवाजी की

पुश्तैनी भूमि दूसरी ओर मुगल सीमा से मिलती थी। वहाँ के शाही लश्कर से अनेक संधियों और वायदों के बावजूद कोई सहायता मिलने की गुंजाइश नहीं थी। इसका बुनियादी कारण यह था कि उत्तर भारत के सुन्नी मुसलमान शासक बीजापुर के शिया सुल्तान से कटते थे। उनकी नजर में शिया रीति-रिवाज इसलाम विरोधी थे। दूसरे, बीजापुर का सुल्तान हमेशा से मुगलों से आजादी का राग अलापता रहता था।

लेकिन जब शिवाजी बीजापुर से लौटकर आए, तब शिवाजी को ये संभावनाएँ एक सपने जैसी लगती होंगी, क्योंकि उस समय, जहाँ तक शिवाजी द्वारा किसी सरकार के विरुद्ध काम करने का प्रश्न था, इसकी दूर-दूर तक कोई गुंजाइश नहीं थी और वस्तुस्थिति यह थी कि शिवाजी और उसकी माँ उस उजाड़ में रह पाएँगे या नहीं, इसमें संदेह था, क्योंकि यह उन जमीनों में थी, जिन पर हमेशा भाड़े के सैनिकों का आवागमन बना रहता था। इसलिए ये जमीन लगभग जंगल में तब्दील हो चुकी थी। अधिकांश गाँव नष्ट हो गए थे। थोड़ी बहुत भूमि पर ही खेती दिखाई देती थी। घर और खेती बरबाद हो जाने के कारण किसान डाकू और लुटेरे बनकर आते-जाते कारवाँ को लूटते फिरते थे। किसानों पर सेनाओं के दमन चक्र ने शिवाजी के पुश्तैनी इलाके को बरबाद कर दिया था और जो कसर रह गई थी, वह सन् 1631-32 के दौरान पश्चिमी महाराष्ट्र में आए अकाल ने पूरी कर दी थी। पूरे इलाके में मनुष्य मात्र की घटती संख्या को जंगली पशुओं ने पूरी कर दी थी। वीरान गाँवों में भेड़ियों का आतंक था। भूख में वे पूरे गाँव पर हमला करते थे और अकालग्रस्त भूखे किसान उनके सामने निस्सहाय रहकर कुछ नहीं कर पाते थे।

शिवाजी अब तेरह बरस के हो गए थे। उनके पिता ने उस जिले के विद्वान् ब्राह्मण दादाजी कोंडदेव को शिवाजी के गुरु और संरक्षक के रूप में नियुक्त कर दिया। ब्राह्मणों को लेकर अनेक अंग्रेजों के मन में एक प्रकार की अशुभ शंका रहती है। उन्हें लगता था कि ये लोग पूजा-पाठ के जरिए गुप्त रूप से तंत्र-मंत्र और जादू टोना करते हैं। अनेक विदेशी लेखकों ने अपनी भारत-यात्रा के संस्मरणों में ब्राह्मणों को विभिन्न अनाकर्षक विशिष्टताओंवाली जाति बताया है, लेकिन जो लोग इन्हें नजदीक से जानते थे अथवा ब्राह्मण परिवारों के साथ रहे थे, वे यह स्वीकार करेंगे कि पश्चिमी भारत के ब्राह्मण, कमियों के बावजूद

अपने पांडित्यपूर्ण ज्ञान, विनय और निष्ठापूर्ण ... प्रभावित कर देते हैं। इनका पारिवारिक जीवन विशिष्ट माधुर्य के साथ ... आस्थाओं से जुड़ा हुआ है। देखने में ऊँचे, शरीर से लंबे-पतले, ग... और उज्ज्वल नेत्रोंवाले इन लोगों की स्त्रियाँ अत्यधिक आकर्षक और ... सौंदर्य का प्रतिरूप होती हैं। शिवाजी के गुरु ब्राह्मण के इसी अभिजात ... के एक श्रेष्ठ उदाहरण थे। उनकी निष्ठा अब लोकोक्ति बन चुकी थी। अपने शिष्य की सेवा उनका एकमात्र लक्ष्य था। सत्य, निष्ठा और ईमानदारी उनका चारित्रिक बल था। उनकी सत्यनिष्ठा को दरशाने वाली एक घटना मशहूर है। उन्होंने शिवाजी के राज्य में आमों का बाग लगवाया था और सभी सेवकों को चेतावनी देकर कहा था कि कोई भी इन पेड़ों से आम चुराते पकड़ा गया तो उसे सजा मिलेगी। एक दिन दोपहर के समय वे स्वयं उस बगीचे में खड़े थे। उन्हें प्यास लगी और बिना कुछ सोचे-समझे उन्होंने हाथ बढ़ाकर एक पका हुआ आम तोड़ लिया, जो नीचे की ओर झुककर उन्हें आकर्षित कर रहा था। दूसरे ही क्षण उन्हें अपना आदेश याद आ गया, जो उन्होंने सेवकों को दिया था। उसी क्षण वे यह सोचकर दुःख और पश्चात्ताप में डूब गए कि लोग कहेंगे कि उन्होंने दूसरों को अपने मालिक की संपत्ति चुराने के लिए इसलिए चेतावनी दी थी, ताकि वे स्वयं उसका उपयोग कर सकें। उन्होंने तलवार मँगवाई और चोरी करनेवाले हाथ को काटने के लिए तैयार हो गए। सभी सेवकों ने उन्हें घेर लिया और रोते हुए प्रार्थना की कि वे अपने को सजा देने के निर्णय को इतना तूल न दें और दया करके हाथ काटने का संकल्प त्याग दें। सेवकों के विलाप से प्रभावित होकर यद्यपि दादाजी ने अपने को सजा देने का विचार तो त्याग दिया; किंतु उसके बाद से उन्होंने एक कोट पहनना शुरू कर दिया, जिसमें दाएँ हाथ की आस्तीन नहीं थी। यदि यह घटना, जिसकी चर्चा भारत में अकसर होती है, अंग्रेजी पाठकों को बनावटी और नाटकीय प्रतीत होती है तो उन्हें मध्यकालीन यूरोप को याद करना चाहिए, जहाँ मुगलों के भारत की तरह ही जीवन-शैली थी और उतना ही भावनाओं में बह जानेवाला वातावरण था। ऐसे में उन्हें दादाजी के पश्चात्ताप की यह घटना आश्चर्यजनक लगने के बजाय स्वाभाविक लगनी चाहिए। दादाजी न केवल संत और विद्वान् थे, बल्कि

ना थे। उन्होंने शिवाजी के प्रदेश को उसकी समृद्धि फिर एक यो ष्टा शुरू कर दी। इसके लिए पहले चरण में उन्होंने भेड़ियों से को समाप्त करने के लिए अभियान चलाया, जिसके अंतर्गत उन्होंने ी लोगों को एकत्र करके उनके समक्ष प्रस्ताव रखा कि वे हर एक भेड़िए को मारने पर इनाम देंगे। पहाड़ी लोगों को यदा-कदा गुजरनेवाले कारवाँ पर लूटपाट करने के मुकाबले दादाजी का प्रस्ताव फायदेमंद लगा। इस प्रकार जल्दी ही उस इलाके में भेड़ियों का आतंक समाप्त हो गया। उसके बाद दादाजी ने उन लोगों को फिर से खेतों में काम करने का लालच दिया, ताकि वे लोग, जो खेती उजड़ जाने के कारण डकैती और लूटपाट के लिए पहाड़ों पर जा बसे थे, वे फिर से खेतों में आकर काम कर सकें। उन्होंने उपजाऊ भूमि को बहुत ही मामूली बँटाई पर देने की योजना शुरू की, जिसमें पहले तीन वर्षों के लिए मात्र एक रुपए का शुल्क रखा। दूसरे तीन वर्षों के लिए 3 रुपए और इसी प्रकार बढ़ते-बढ़ते छह वर्षों के लिए 25 रुपए का शुल्क रखा। पहाड़ों के अनेक आदिवासियों ने इस योजना से आकृष्ट होकर जगलों और पहाड़ी गाँवों को छोड़ दिया और शिवाजी के राज्य में आकर खेती करने के साथ-साथ शिवाजी के अनुयायी भी हो गए। दादाजी ने अन्य पहाड़ी लोगों को सशस्त्र सैनिक नियुक्त करके उन्हें राज्य के ग्रामीण इलाकों को डाकू और लुटेरों से सुरक्षित रखने की जिम्मेदारी सौंप दी।

अनेक वर्षों बाद ग्रामीणों को पहली बार निरंतर भय और आतंक से छुटकारा मिला। इससे उनके आत्मविश्वास में एक नई ऊर्जा ने जन्म लिया। जीवन स्तर बदलने लगा। नए घरों का निर्माण शुरू हो गया। मंदिरों में नियमित रूप से पूजा-अर्चना होने लगी। लोगों के जीवन में उत्साह दिखाई देने लगा।

शिवाजी के प्रदेश में प्रमुख ग्राम 'पुना' था। बाद में चलकर एंग्लो-इंडियन कहानियों में यह पूना बनकर एक लोकोक्ति रूप में मशहूर हुआ, किंतु इन सभी पूर्वग्रहों को छोड़कर हमें यह समझना होगा कि 300 वर्ष पहले पूना एक छोटा सा गाँव था, जो केवल मंदिरों और पुजारियों के कट्टरपन के लिए प्रसिद्ध था। वाजी के बीजापुर से लौटने पर ये मंदिर भी खँडहर बन चुके थे। यह ग्राम

कई बार लुट चुका था और उस समय वीरान पड़ा हुआ था। केवल मछुआरों के अलावा वहाँ अन्य कोई व्यक्ति दिखाई नहीं देता था। ये मछुआरे मूटा नदी के किनारे रहते थे। अंतिम मुसलिम सेना जब उधर से होकर गुजरी तो उसके सेनापति ने सभी घरों और दीवारों को ढहा देने का आदेश दिया और अपने क्रोध और नफरत को व्यक्त करने के लिए उसने गधों को हलों में जुतवाकर मकानों की आधारशिलाओं को रौंद दिया। उसके बाद उसने हिंदू नगर को कोसते हुए अपनी बददुआ के प्रतीकस्वरूप जमीन में एक लोहे का खंभा गड़वा दिया।

दादाजी ने उस खंभे को उखड़वाकर फेंकवा दिया, लेकिन उनके मन में यह खयाल आया कि ग्रामीणों के मन में बसा अधंविश्वास इससे दूर होनेवाला नहीं है, इसलिए उन्होंने भी मुसलिम सेनापति की करतूत के जवाब में एक दूसरा नाटकीय प्रदर्शन करवाया। उन्होंने उस जमीन को सोने के हल से सफेद बैलों द्वारा जुतवाया।

इस प्रकार पूना एक लुटे-पिटे गाँव से बदलकर तेजी से एक समृद्ध नगर में तब्दील हो गया और 'हिंदू भारत की शान' की राह पर बढ़ने लगा। इस परिवर्तन का आकलन करने के लिए हमें उसके बाद के दिनों में उसके गौरव के विवरण को देखना होगा, जिसे एक अंग्रेज यात्री रॉबर्ट्सन ने बखूबी लिखा है—'पूना में बाहर से बड़े पैमाने पर धन-दौलत के आगमन के कारण विदेशी ताकतें षड्यंत्र रचती थीं, जबकि मराठी लोग अपने नेता 'पेशवा' अथवा मुख्यमंत्री के आदर और सम्मान में लगे रहते थे। नगर सशस्त्र सैनिकों, सुंदर बलिष्ठ घोड़ों, रत्नजड़ित पालकियों के आवागमन और भव्य महलों से आकर्षक लगता था। संदेशवाहक एक जगह से दूसरी जगह दौड़ते फिरते थे, चारों ओर गहमागहमी थी। खेल-कूद, नाच-गानों और आमोद-प्रमोद से वातावरण आनंदमय रहता था।', किंतु धन संपदा, अवकाशों और त्योहारों के बावजूद पूना अपने शांतिमय और सहज जीवन के लिए प्रसिद्ध था। विदेशी लोग पूना के नागरिकों के बौद्धिक ज्ञान और मर्यादित चरित्र की प्रशंसा करते थे। मराठों की स्वतंत्रता के अंतिम दशक में भी जब अराजकता और भ्रम का बोलबाला बढ़ने लगा था, मराठा सरकार के अंतिम अंग्रेज मंत्री एलफिंसटन ने पूना के बारे में लिखा है—'सारी स्थिति का जायजा लेने के बाद यह कहा जा सकता है कि हत्या और डकैतियों

की हिंसा और खतरे की घटना बहुत कम थीं और मैंने संपत्ति की सुरक्षा के बारे में कभी कोई शिकायत नहीं सुनी।'

दादाजी ने कभी सोचा नहीं था कि जिस गाँव की खुशहाली के लिए उन्होंने इतना काम किया, वह एक दिन भारत की राजधानी बनेगा! उन्होंने नदी के तट पर शिवाजी और उनकी माता के लिए एक भव्य महल का निर्माण करवाया, जो रंगमहल अथवा रंगीन महल के नाम से प्रसिद्ध हुआ। एक मराठा निवास में आमतौर पर दो आँगन होते हैं। मुख्य आगमन सड़क की ओर एक दालान में खुलता है, जिसका उपयोग परिवार आगंतुकों के स्वागत के साथ-साथ परिवार के पुरुष वर्ग के आमोद-प्रमोद के लिए करते हैं। उसके पीछे के आँगन का उपयोग आमतौर पर घर की स्त्रियों के लिए होता है, जिसके मध्य में पूजा की वेदी में पवित्र तुलसी का पौधा लगा होता है। सामनेवाले आँगन के बरामदे में पुरुष शाम को विश्राम करते हैं। सेवक जब दीये जलाकर लाते हैं तो पुरुष उठकर दीये की पीली रोशनी को जीवन का प्रतीक मानकर उसके सामने श्रद्धापूर्वक नमन करते हैं। दादाजी के लिए समय की यह बेला दिनभर के काम-काज के बाद सर्वाधिक सुख और शांति पहुँचाती होगी, क्योंकि यही समय होता था, जब वे आराम से संस्कृत के ग्रंथों को निकालकर श्लोकों का पाठ करते थे। शाम का शांत वातावरण, दीपक की लौ में झिलमिलाता प्रकाश। ऐसे में संस्कृत पाठों के चरित्र जीवंत होकर सौंदर्य की अपनी दुनिया प्रस्तुत करते होंगे। दादाजी अपने पाठ के समय बालक शिवाजी को अपने पास बिठाना नहीं भूलते थे। वे संस्कृत के श्लोकों का लयबद्ध उच्चारण करते। प्राचीन हिंदू ग्रंथों के शूरवीर नायकों का विवरण सुनाते। हिंदुस्तान के ऐतिहासिक नायकों की कहानियाँ सुनाते और शिवाजी मंत्रमुग्ध होकर उन कहानियों को सुनते। दीपक की लौ में शाम की दुलहन रात्रि की ओर बढ़ती जाती और लौ के आसपास दीपक की रोशनी में आँगन के खंभों के इर्द-गिर्द पतंगे उड़ते। शिवाजी के जो सपने उनके एकांत बाल्यकाल में उपजे थे, वे अब निर्धारित छवियों के साथ उनके मन में अंकित होने लगे और उनकी अभिलाषा का एक सजीव संसार उनके समक्ष उभरने लगा। जब वे केवल पंद्रह वर्ष के थे, तब उन्होंने अपने लिए एक मोहर बनाई थी, जिसमें उन्होंने यह अंकित किया था—'पहला चंद्रमा

छोटा होता है, पर लोग जानते हैं कि ...गा।' यह मोहर शिवाजी के जीवन-चरित्र पर खरी उतरती है।

शिवाजी जैसे अपने को एक लंबे कठोर जीव... कर रहे हों, ठीक वैसे ही शिवाजी के दिन कर्मठ अभ्यास में बीतने ल... साथ पहाड़ी लोगों का एक दल बनाया और उन्हीं पहाड़ी इलाकों में घूमपने किया, जहाँ उनका बाल्यकाल भय और आतंक में गुजरा था। घाटी-कंदराओं में, जिनमें कभी वे थककर भटकते थे, वहाँ अब वे स्वामी के रूप में डग भरते थे। उनके मन में जीवन भर श्रम करने और अपनी शक्ति का परीक्षण करने के प्रति अनुराग था। वे हमेशा एकांत राह पर चलना पसंद करते थे, जहाँ उनके साथी जाने में झिझकते थे। वे खड़ी नुकीली चट्टानों पर जब रेंगकर चढ़ जाया करते तो आसपास अपने घोंसलों में बैठी चीलें और गिद्ध चीखने लगते थे। धीरे-धीरे उन्हें जंगली पहाड़ी प्रदेश के प्रत्येक मील की उतनी ही जानकारी हो गई, जितनी कि उन्हें अपने घर की थी। पहाड़ी लोग, जो पहले एक परदेसी की अफवाह सुनकर अपने गाँवों की झोंपड़ियों से शंका से झाँकते रहते थे, अब वे श्रद्धा से उनका स्वागत करने के लिए आने लगे। उन सभी को शिवाजी अपनी मंद मुसकान से जीत लेते थे और हम दूसरे लेखकों के कलमबद्ध विवरणों से हम यह भी जानते हैं कि शिवाजी की मुसकान कितनी आकर्षक थी। यही पहाड़ी लोग एक दिन शिवाजी की सेना की असली ताकत बननेवाले थे।

पूरा दिन जंगलों में बिताने के बाद शिवाजी जब लौटकर पूना आते तो उनके मन में नीले पहाड़ों का रंग और सामने दूर तक वासंती खेतों का विस्तार होता था। घर लौटने पर जैसे हर हिंदू करता है, वे पहले अपनी माँ के पास जाते। उस समय उनकी माँ आँगन में तुलसी की वेदी पर दीप जलाकर विष्णु की पूजा में लीन होतीं। आहिस्ता कदमों से हाथ में प्रज्वलित पीले प्रकाश का दीपक लिये वह वेदी के चक्कर लगा रही होतीं। पूजा समाप्त होने पर वे शिवाजी से बातें करतीं। वे दोनों एक-दूसरे के बहुत निकट थे और आपसी समझ का उन दोनों में एक अटूट रिश्ता था।

---

1. रजवाड़े : यह किनकेड व पैरसनिस की पुस्तक 'हिस्टरी ऑफ मराठी पीपल' से लिया गया है।

...ात्रि के भोजन के लिए चले जाते, क्योंकि प्रत्येक हिंदू
बात... स्त्रियों का भोजन अलग होता था। शिवाजी के रात्रि भोजन
परिवार ...ल और दूध अथवा मकई की रोटियाँ होती थीं और उनका भोजन
में ...सुसज्जित आँगन में केले के पत्तों पर परोसा जाता था।

रात्रि भोजन के बाद वे अध्ययन के लिए दादाजी के पास चले जाते।

इस प्रकार समय बीतता गया और शिवाजी जवान हो गए। यूरोपीय मापदंडों से इनका कद छोटा था, किंतु उनकी छाती विशाल और काठी बहुत मजबूत थी। उन्होंने दाढ़ी और मूँछ रखना शुरू कर दिया था। उनकी पगड़ी से उनके घने घुँघराले बालों की एक लट हमेशा झूलती दिखाई देती थी। उनकी आँखें खूबसूरत थीं, जो अपने कोमल और उदासीन सौंदर्य के कारण उनकी गरुड़ जैसी नाक पर एक विरोधाभास प्रतीत होती थी। फ्रांसीसी लेखक थेवेनॉट ने उनकी भूरि-भूरि प्रशंसा की है। बंबई के अंग्रेज पादरी ने शिवाजी के बारे में लिखा है—'वे खंभे के समान सीधे और उनका डील-डौल श्रेष्ठ तथा प्रभावशाली है। शरीर चपल है। जब कभी वे बोलते हैं तो लगता है वे मुसकरा रहे हैं। उनकी आँखें सजीव और बेधनेवाली हैं।'

□

भाग–2

शानदार 'विद्रोही'

पाँचवाँ अध्याय

शिवाजी अब उन्नीस वर्ष के हो गए थे। वे अपने लक्ष्य और अभिलाषाओं से भटके नहीं थे। अपने निर्णायक आत्मविश्वास में वे अडिग थे। दादाजी उनमें एक होनहार युवक की संभावना देखते थे, जो मुसलिम सरकार की सेवा में एक उत्कृष्ट जीविका प्राप्त कर सकता है। वह अपने पिता और दादा की तरह प्रसिद्ध सैनिक के रूप में अपने धर्म के बावजूद उन्नति कर सर्वोच्च पद पर पहुँचेगा और हिंदू जनता का सम्मान और श्रद्धा अर्जित करेगा। जीजाबाई और शिवाजी दोनों ने मिलकर भले ही हिंदू स्वतंत्रता का अपना एक सपना सँजोया था, जो उस समय किसी भी व्यक्ति के लिए सुनने में जरूर आनंदायक लगता हो, किंतु वास्तव में यह पूर्णत: असंभव था; क्योंकि इसकी रूपरेखा में मुश्किलें ही मुश्किलें नजर आती थीं। सुदूर दक्षिण के कुछ राज ठिकानों को छोड़कर कोई भी हिंदू राज्य नहीं था। राजपूतों ने इसलाम की तलवार के सामने घुटने टेक दिए थे और उनके राजशाही लश्कर में नौकरी पाकर अपने को धन्य मानने लगे थे और मुसलमानों की कदमबोसी में आदेश आने पर अपनी बेटियों को शाही हरम में भेजने में अपनी शान समझने लगे थे। मराठा प्रदेश में भी दरअसल में परिवर्तन के लिए कोई वास्तविक उत्सुकता नजर नहीं आती थी। लोगों ने वर्तमान परिस्थितियों से समझौता कर लिया था। एक लंबे अरसे से हिंदू राजा नहीं हुआ था और लोग आजादी की विशेषताओं और उसके महत्त्व को प्राय: भूल चुके थे। इनके सामने मुसलिम दरबारों का लाभ, वह चाहे दिल्ली का हो या बीजापुर का हो, उन्हें खुशहाली, स्थायित्व और व्यापक साधनों का राज्य प्रभावित करने लगा था। उनकी दृष्टि में यह विद्रूप समा गया था कि किसानों और छिटपुट

अस्त्रोंवाले पहाड़ी आदमियों की टोली क्या खाकर मुगलों के शक्तिशाली लश्कर का सामने करेगी, जब उन्हें हराने के लिए एक छोटे-मोटे राज्यपाल के भड़ैत सैनिक ही पर्याप्त थे··· !

शिवाजी की रियासत सीमांत क्षेत्र के बीच में थी, जिसके चारों ओर बीजापुर के फौजी किले थे। ये किले सीमा की रक्षा करने से ज्यादा स्थानीय जनता पर अपना रोब कायम रखते थे। पूना के पश्चिम में सह्याद्रि पर्वत शृंखलाएँ थीं, जो मध्य भारत के पठार को तटवर्ती निचली भूमि से अलग करती हैं। इन पर्वत शृंखलाओं में छोटे-छोटे अनेक किले थे। इस पठार और तटवर्ती निचली भूमि पर नियंत्रण रखनेवाली किसी भी सरकार के लिए यह जरूरी था कि उसका नियंत्रण उस भूमि रेखा पर हो, जो दोनों भागों को बाँटती हो। शिवाजी चुपचाप अपने को मजबूत बना रहे थे और मुसलिम सरकार के विरुद्ध अपना पहला वार करने की तैयारी में लगे हुए थे।

वे भली-भाँति समझते थे कि एक विद्रोही के रूप में उन्हें पहले वार में उस भूमि पर एक बार कब्जा कर लेना है, भले ही उनकी सफलता फिलहाल अस्थायी ही क्यों न हो।

पूना के दक्षिण-पूर्व इलाके में बीजापुर के अधीन तोरना नाम का एक छोटा सा किला था, जिसकी काले पत्थर की टूटी-फूटी दीवारें थीं और एक समतल चट्टान पर मुसलिम सैनिकों की बैरक थी। यह जगह गरमियों में तो ठंडी रहती थी, लेकिन बरसात के मौसम में यहाँ रहना मुश्किल हो जाता था। नीचे जानेवाली पगडंडियों में बारिश के दौरान आवागमन ठप्प हो जाता था और सैनिकों के लिए राशन-पानी तक रुक जाता था, क्योंकि व्यापारी लोग ताजी सब्जियाँ, गोश्त आदि पहुँचाने में असमर्थ हो जाते थे और सैनिक बिना राशन के पानी में भीगती बैरक में अपने भीगते बदनों को कपड़ों से लपेटे अपने को कोसते रहते थे। उनका सेनापति भी उन्हीं की तरह असंतुष्ट और परेशान रहता था। उसकी नजर में कहीं कोई युद्ध नहीं है और न ही स्थानीय जनता में कोई असंतोष है। ऐसी स्थिति में लंबी बरसात के मुश्किल दिन काटना दूभर हो गया था। अंततः सन् 1446 के बरसाती मौसम में सेनापति का धैर्य समाप्त हो गया और अपने मुख्यालय को बताए बिना उसने अपनी फौज को किले से नीचे उतरने का

आदेश दिया और यह तय किया कि बरसात समाप्त होते ही फौज सहित वह दोबारा किले में पहुँच जाएगा। इस अवसर का फायदा उठाकर शिवाजी ने अपने प्रशिक्षित पहाड़ी सैनिकों को लेकर उस खाली किले पर कब्जा कर लिया और किले के शस्त्रागार और खजाने को हथिया लिया। अब वे अपने सैनिकों को शस्त्र और धन बाँटने लायक हो गए।

मुसलिम सेनापति को जब इस घटना की खबर मिली तो उसने बीजापुर में अपने अधिकारयों से शिवाजी की शिकायत की। इधर दादाजी को जब शिवाजी के इस कारनामे की खबर लगी तो उन्हें आश्चर्य के साथ-साथ खतरे की भी आशंका हुई। उन्होंने अपने शिष्य को फौरन अपनी गलती सुधारने का आदेश दिया। जब उन्हें शिवाजी की ओर से कोई उत्तर नहीं मिला तो उन्होंने व्याकुल होकर शिवाजी के पिता शाहजी को संदेशा भेजकर आनेवाले खतरे की चेतावनी दी, लेकिन शाहजी ने उनके पत्र पर कोई ध्यान नहीं दिया। उन्होंने सोचा कि उनका पुत्र हमेशा से ही इस प्रकार की मुश्किलें पैदा करता रहा है। सबक सिखाने का समय आ गया है और अब सरकारी अधिकारी ही उससे निबटेंगे।

इसी बीच शिवाजी ने बीजापुर संदेशा भेजकर अपने काम को उचित ठहराया। उन्होंने बीजापुर के प्रति अपनी वफादारी को साबित करने के पक्ष में दलील देते हुए कहा कि उन्होंने किले पर कब्जा यह दिखाने के लिए किया है कि वह सेनापति अपनी जिम्मेदारी निभाने में कितना लापरवाह है। एक सेनापति एक जगह को सिर्फ इसलिए छोड़ दे कि वहाँ का मौसम खराब है, ऐसे सेनापति पर किसी पद की जिम्मेदारी कैसे सौंपी जा सकती है? यहाँ पर यह चर्चा अनावश्यक है कि क्या शिवाजी ने ये आक्षेप किसी को धोखा देने के लिए लगाए या दरअसल में वे इस घटना को लेकर गंभीर थे? उनका उद्‍देश्य केवल यही था, उन्हें अपना काम पूरा करने के लिए और समय मिल जाए। बीजापुर का अधिकारी वर्ग सेनापति की घोर लापरवाही को लेकर पहले ही काफी नाराज था। इस पर शिवाजी के प्रतिनिधियों ने उस कामचोर सेनापति के विरोध में अन्य अनेक शिकायतों का पुलिंदा खोल दिया। इसके अतिरिक्त शिवाजी के जासूसों ने किले में प्राप्त खजाने के धन से दरबार के विभिन्न अधिकारियों को रिश्वत पहुँचाई, ताकि वे जाँच को लंबा कर सकें। इस दौरान जाँच के आरोप और

प्रत्यारोपों का सिलसिला चलता रहा और शिवाजी को इतना समय मिल गया कि वे अपने किले रायगढ़ को एक सैनिक ठिकाने के रूप में मजबूत बना सकें। रायगढ़ तोरना से छह मील दूर होने के साथ-साथ बीजापुर की ओर से आनेवाली फौज के विरुद्ध एक सुरक्षा कवच भी था।

पूना से ग्यारह मील दक्षिण में अगला मुसलिम किला कोंडाना अथवा सिंहगढ़ था, जो भारतीय इतिहास में 'शेरगढ़' के नाम से मशहूर है। शिवाजी ने वहाँ के राज्यपाल को किले में आने के लिए रिश्वत दी और अंदर आकर बिना किसी लड़ाई के किले पर अपना कब्जा कर लिया।

पूना के दक्षिण में अंतिम किला पुरंदर था। उसका राज्यपाल इतना कठोर और अत्याचारी था कि उसने अपनी बीवी को एक बहुत ही मामूली अपराध के लिए तोप से उड़वा दिया। हाल ही में उसकी मृत्यु हो गई थी। उसकी राजगद्दी वंशानुक्रम के आधार पर चलती थी। उसके मरने के बाद उसके तीनों बेटों में गद्दी के लिए लड़ाई छिड़ गई। प्रत्येक बेटे ने अपने हक का दावा करने के लिए अपने-अपने दूतों को बीजापुर दरबार में भेजा था और जैसा कि अकसर मुसलिम दरबारों में काम-काज की गति धीमी होती है, उनके दावों पर उन्हें दरबार से फौरन कोई उत्तर नहीं मिला। दरबार के क्लर्क अर्जियों पर अर्जियाँ लिखते रहे, मिसालें और नजीरें पेश की जाती रहीं, चर्चा होती रही और रिश्वत तेजी से चारों ओर बँटती रही। क्रोध और अनिश्चय की स्थिति में तीनों बेटों में से कोई भी किला छोड़कर अपना हक त्यागने को तैयार नहीं था। इसके बावजूद उन्हें एक-दूसरे के शत्रु बनकर एक साथ रहना पड़ रहा था। धीरे-धीरे उनकी लड़ाई हिंसक रूप लेने लगी। ऐसे मौके पर शिवाजी ने बड़ी ढिठाई से उन तीनों के सामने बिचौलिया बनकर उनकी मदद करने का प्रस्ताव रखा। आमतौर पर ऐसे प्रस्ताव को आपस में लड़नेवाले अनादर से फटकार देते हैं, लेकिन इन भाइयों ने मानसिक संताप और तनाव से तंग आकर असहनीय स्थिति से मुक्ति पाने के लिए शिवाजी का प्रस्ताव खुशी-खुशी स्वीकार कर लिया। शिवाजी को 'रोशनी की दावत' के मनोरंजन कार्यक्रम में भाग लेने के लिए आमंत्रित किया गया। यह त्योहार बरसाती तूफानों के अंत में मनाया जाता है। शिवाजी ने आना स्वीकार कर लिया। बरसात में मकानों और भवनों को बचाने के लिए पहले और

आज भी छप्परों का प्रयोग किया जाता रहा है। छप्पर बनाने के लिए बड़े पैमाने पर कुली लोग घास के गट्ठरों को सिर पर उठाए पहाड़ी पगडंडियों से चलते हुए किले में पहुँचते थे। कुछ सप्ताह पहले से शिवाजी के लोग कुलियों की तरह नंगे बदन घास के गट्ठर सिर पर उठाए इन कुलियों की कतार में शामिल होकर किले में पहुँचते रहे थे। इन लोगों के गट्ठरों में शस्त्रों को छिपाकर रखा गया था। किले के संतरियों को प्रत्येक कुली की तलाशी लेने का अभ्यास नहीं था और अब तो उनके पास किसी संदेह का कारण भी नहीं था।

इसी बीच दोनों छोटे भाई अपने बड़े भाई के खिलाफ गद्दारी करने का षड्यंत्र रच रहे थे, क्योंकि उन्हें यकीन था कि कोई भी ईमानदार बिचौलिया स्वाभाविक रूप से बड़े भाई को बाप की गद्दी पर बैठने के लिए चुनेगा। इस अवसर पर शिवाजी के सम्मान में एक दावत रखी गई। इस त्योहार में आमतौर पर एक गंभीर मराठा भी जमकर शराब पीता है। एक सदाचारी अंग्रेज कैप्टन[1] को इन लोगों के शराब पीने की क्षमता पर ताज्जुब हुआ था। वह सोचता रहा था कि क्या ये मराठे शराब पीने में उसके अंग्रेज घुड़सवार को भी मात देने में सक्षम हो गए हैं? उसने अपने विवरण में लिखा, 'वे रातभर रंगरेलियाँ मनाकर नशे में नृत्य करते रहे, जिसे देखकर शैतानों का देवता भी ईर्ष्या करेगा।' इस मस्ती में छोटे भाइयों ने अपने बड़े भाई से झगड़ा करके उसे रस्सियों से बाँध दिया। उसके बाद उन्होंने शिवाजी से सौदा करने की माँग की। यह उम्मीद नहीं की जा सकती कि शिवाजी ने ज्यादा शराब पी हो, क्योंकि जो लोग उन्हें जानते हैं, वे यह बताएँगे कि शिवाजी का खानपान कितना सात्त्विक था। दोनों भाइयों ने सौदा करने की जो शर्तें रखीं, उसे सुनकर शिवाजी ने आश्चर्य में डूबने का स्वाँग किया और कहा कि इस मामले पर फौरन कोई निर्णय लेना उचित नहीं है, क्योंकि बिचौलिया के रूप में उन्हें फैसले के लिए वक्त चाहिए। उन्होंने दोनों भाइयों को अगले दिन नदी में नहाने का न्योता दिया। दूसरे दिन सभी ने किले के बगल से बहनेवाली नदी में स्नान किया। बरसात के बाद नदी का पानी गँदला जरूर था, पर शीतल था। तट पर जंगली घास की कतारें थीं और सुदूर पहाड़ों की ओर ऊसर भूमि में उपजनेवाली घासों के जंगल से दृश्य सुहावना लग रहा था।

1. ब्राइटन की पुस्तक 'लेटर्स फ्रॉम ए मराठा कैंप' देखें।

शिवाजी नें दोनों भाइयों के साथ स्नान किया। निश्चल जल की कल-कल और ठंडी बयार ने ऐसा वातावरण बना दिया, जिसमें पिछली रात की घटनाएँ गुम हो गईं। सभी लोग हँसते-खेलते किले की चढ़ाई चढ़ रहे थे। अचानक दोनों भाइयों ने रुककर किले के ऊपर देखा तो वहाँ बीजापुर का झंडा, जिस पर ओटोमन साम्राज्य का अर्धचंद्राकार चिह्न नदारद था और किले पर अजनबी सैनिकों का पहरा था, जिनकी शक्लें पहाड़ी लगती थीं। जब दोनों भाइयों ने शिवाजी से पूछा, 'ये कौन हैं?' तो शिवाजी ने बहुत स्थिर आवाज में कहा कि ये उनके सैनिक हैं। दोनों भाई क्रोध में आगबबूला हो गए और उन्होंने शिवाजी पर धोखा देने का इल्जाम लगाया। जवाब में शिवाजी ने बड़े भाई के प्रति उनके व्यवहार की याद दिलाई। उसके बाद शिवाजी ने अपनी वाक्पटुता से उनके व्यवहार को निकृष्ट और अमानुषिक साबित कर उन्हें शांत कर दिया और तीनों भाइयों को दूसरी जगह एक छोटा राज्य देने का भरोसा दिया, जिसे उन लोगों ने स्वीकार कर लिया। किले की मुसलिम सेना ने देखा कि शिवाजी के सैनिकों की बड़ी फौज का वे मुकाबला नहीं कर पाएँगे। दूसरे, तीनों भाइयों की आपसी लड़ाइयों के कारण अब वे थक चुके थे। वे भाड़े के सैनिक थे, उन्हें अब इस युवा और साहसी मराठा में ही अपना भविष्य नजर आने लगा और उन्होंने सहर्ष शिवाजी की सेना में अपना नाम लिखा लिया।

इस प्रकार एक साल के अंतराल को जहाँ बीजापुर ने शिवाजी के तोरना पर कब्जे को सही या गलत साबित करने की चर्चा में गुजारा, वहीं शिवाजी ने इस मौके का फायदा उठाकर बिना किसी लड़ाई के अपने को 'उन मजबूत किलों के पुल' का स्वामी बना लिया, जो पूर्वी पठार को तटीय इलाकों से जोड़ता था और उनके राज्य को बीजापुर से सुरक्षा प्रदान करता था।

सरकार की अकर्मण्यता और सुस्ती हमें भले ही विचित्र लगती हो, पर हमें आज की कार्यकुशलता और सही सूचना के साधनों पर उतना यकीन करने की जरूरत नहीं है; क्योंकि हमें यह नहीं भूलना चाहिए कि अठारहवीं शताब्दी तक पश्चिमी भारत के राज्य युद्ध शुरू होने से पहले ही लड़ना शुरू कर देते थे या फिर उन्हें पता भी नहीं होता था कि शांति का समझौता हो चुका है और वे लड़ बैठते थे। बीजापुर राज्य का संगठन बहुत ढीला था। समूचा सैनिक शासन

दो प्रकार के सैनिकों पर निर्भर था। एक वे, जो भाड़े के सैनिक थे। दूसरे वे, जो स्थानीय क्षत्रपों या रईसों के सिपाही होते थे। उदाहरण के लिए जहाँ किले का स्वामी एक क्षेत्रीय क्षत्रप अथवा रईस होता था, वहाँ सरकार के प्रति जब तक वह अपनी वफादारी निभाकर नियमित रूप से लगान भेजता रहता था, तब तक सरकार का उससे ज्यादा मतलब नहीं रहता था कि वह कौन है? शिवाजी ने अपने कामों के लिए क्षमा-याचना भेजने का काम लगातार जारी रखा और वे न सिर्फ अपनी वफादारी का सबूत देते रहे, बल्कि बीजापुर सरकार को आश्वस्त भी करते रहे कि वे विभिन्न किलों से पहले से भी ज्यादा लगान वसूल कर सरकार को भिजवाएँगे; और मजे की बात यह थी कि बीजापुर सरकार कल्पना भी नहीं कर सकती थी कि शिवाजी का कुछ स्थानीय अधिकारियों से छोटा-मोटा मतभेद के सिवाय उनका कोई बड़ा उदद्देश्य हो भी सकता है? अत: किसी बड़े लड़ाई-झगड़े के बिना उन्होंने शीघ्रता से अपने काम को अंजाम दिया था। इसलिए सारी स्थिति अब तक अस्पष्ट बनी हुई थी। इसके अतिरिक्त उस समय राजधानी में हर कोई सुल्तान की उस रहस्यपूर्ण बीमारी को लेकर चिंतित था, जिसने सुल्तान पर एकाएक हमला कर दिया था। दरबारियों को इस समय सीमांत के एक छोटे-मोटे जमींदार की कारस्तानियों से कोई लेना-देना नहीं था। कहा जाता है कि सुल्तान को बचाने में हाशमी उलूवी नामक ओझा का हाथ था, जिसके बारे में कहा जाता है कि उसने जादू से अपने जीवन के कुछ वर्ष सुल्तान के जीवन में पहुँचा दिए थे…।

अगले वर्ष (सन् 1647) शिवाजी के गुरु दादाजी बीमार पड़ गए। उनकी उम्र अब काफी हो गई थी और हाल ही में हुई उत्तेजक घटनाओं ने व्याकुल करके उन्हें कमजोर कर दिया था। शिवाजी ने एक पुत्र की तरह उनकी सेवा की। अपनी पीली आँखों से शिवाजी को देखते हुए दादाजी ने अपनी कमजोर आवाज में कहा था कि बीजापुर के किलों पर कब्जा करने के लिए यदि उन्होंने शिवाजी को डाँटा था तो वह उनके हित के लिए ही था और जब शिवाजी गुरु को दु:ख देने के लिए उनसे क्षमादान की प्रार्थना कर रहे थे, तभी दादाजी को अपनी मृत्यु से पूर्व ज्ञान प्राप्त हो गया, जिसमें उनको शिवाजी के उज्ज्वल भविष्य की झलक दिखाई दे गई। उन्होंने शिवाजी को क्षमा कर दिया और अंत में जब हिंदू जीवन

के प्राचीन मूल्यों को पुनर्स्थापित करने के लिए शिवाजी एक महान् शक्ति के रूप में उभरकर आए, तो उन्होंने शिवाजी को आशीर्वाद दिया और अपने प्राण त्याग दिए।

दादाजी की मृत्यु को शिवाजी ने व्यक्तिगत क्षति के रूप में महसूस किया। उन्हें मालूम था कि उनके जीवन को एक दिशा देने में दादाजी का कितना योगदान था। पूना के उस बाहरी आँगन में अब संस्कृत श्लोकों की पुस्तकों का अंबार नहीं था। वह चौकी अब नहीं रही, जिस पर बैठकर दादाजी घंटों हिसाब करते थे, राज्य के जिलों से आई विभिन्न सूचनाओं में उलझे रहते थे। अलबत्ता घर के अंदर का आँगन ज्यों-का-त्यों बरक़रार है, जिसमें उनकी माँ है और उनकी ब्याहता पत्नी है, जिसका नाम साईंबाई था (इसका विवरण कहीं नहीं मिलता कि शिवाजी ने कब और कहाँ विवाह किया)।

साईंबाई एक सीधी, सरल और शांत स्त्री थी, जिसने अपना जीवन शांतिपूर्वक जीजाबाई के सान्निध्य में बिताया। मराठों ने स्त्री की परदा प्रथा को कभी स्वीकार नहीं किया और अनेक मराठी स्त्रियों ने बड़े नाटकीय ढंग से इतिहास में नाम कमाया है; लेकिन एक सीधी और सरल पत्नी, जिसके जीवन में कोई आकांक्षा नहीं है, उसका जीवन किसी भी इतिहासकार के लिए कुछ अधिक विषय प्रस्तुत नहीं कर पाता और मराठा इतिहासकारों ने भी साईंबाई के बारे में कुछ औपचारिक प्रशंसा के शब्दों को लिपिबद्ध कर अपने कार्य की इतिश्री कर ली। अनेक रानियों की समाधि पर लिखनेवालों को अकसर विषय सामग्री की इतनी कमी रही है कि नूरजहाँ जैसी सम्राज्ञी की मजार पर लिखनेवाले ने लिखा है—'इस मजलूम की मजार पर न कभी बुलबुल की गूँज सुनाई देगी और न कभी पतंगों के पर दिखाई देंगे।'

□

छठा अध्याय

शिवाजी की पहली सफलता से पड़ोसी जिलों के हिंदुओं में प्रफुल्लता व्याप्त हो गई। उनमें एक नया उत्साह भर गया। अनेक युवा मराठों ने हल छोड़ दिए, युवा ब्राह्मणों ने पुस्तकें छोड़ दीं और उनकी सेना में भरती हो गए। अब शिवाजी को इसकी चिंता रहने लगी कि वे अनुयायियों की इतनी बड़ी संख्या के लिए राशन-पानी और वेतन आदि का प्रबंध कैसे करें ? इस चिंता में उनकी दृष्टि पूरब की ओर स्थित तटवर्ती निचली जमीन पर पड़ी, जो धन-धान्य से संपन्न इलाका था।

यह संपूर्ण क्षेत्र अब तक की लड़ाइयों से महफूज रहा था और पठार की ऊँची जमीन के मुकाबले उसकी संपदा कहीं अधिक थी। तटवर्ती इलाकों में किले और हाट-बाजारों की बहुतायत थी। अफ्रीका और अरब देशों से आए कारवाँ यहाँ के घने बरगद के पेड़ों के नीचे लाल मिट्टी के रास्तों पर बराबर आवागमन करते थे और आसमान में उड़ते तोतों के जत्थे जब भी बरगद की लटकती जड़ों पर शोर मचाते हुए बैठते तो सारी धरती लाल बेरियों से भर जाती; वहाँ बने रंग-बिरंगी चित्रकारियों से सुसज्जित विशाल महलों में फारस और अबीसीनिया से आए धनी सौदागर डेरा डाले रहते थे। इस प्रदेश की राजधानी कल्याण थी। यह वह शहर था, जो कभी यूनानी सौदागरों के लिए यहाँ के पीतल और काली लकड़ी से बनी वस्तुओं के अलावा बेहतरीन किमखाब और जरीदार कपड़ों के लिए बड़ा व्यापारिक केंद्र था। अब वहाँ पहले जैसी रौनक नहीं थी और नगर मंदी के दौर से गुजर रहा था। मुसलमानों की युवा आबादी अपना भविष्य बनाने बीजापुर की ओर निकल गई थी और नगर की सड़कों पर

सुस्ती भरा ग्रामीण जीवन तैरता नजर आता था। वहाँ का मौसम चाहे सर्दी हो या गरमी या फिर बरसात—एक जैसा ही रहता था यानी हमेशा नम और निस्तेज। बाग-बगीचे अलबत्ता सुंदर फूलों और घने वृक्षों के लिए मशहूर थे। नदी के चिकने और चमकते मिट्टी के किनारों पर लगे खजूर के पेड़ों की लंबी कतारों और मछुआरों की छप्पर की झोंपड़ियों के बीच से गुजरती शांत नदी में जंजीबार और मस्कट से आए छोटे जहाज लंगर डाले रहते थे। मछली पकड़नेवाली बड़ी नौकाएँ नदी के मुहाने की ओर बढ़ती दिखाई देती थीं, जिनके चप्पुओं की आवाज सुस्ती भरी दुपहरी में दूर तक सुनाई देती थी। नगर की टूटी दीवारों पर कहीं-कहीं पर अर्धचंद्राकार चिह्नवाली बीजापुर की पताकाएँ समुद्री हवाओं में हिलती नजर आती थीं।

सन् 1648 की गरमियों की एक दोपहर में प्रदेश का राज्यपाल मौलाना अहमद, जो एक अरब था और सुल्तान का मुलाजिम था, अपने महल में ऊँघ रहा था। कुछ दिन पहले ही उसने राज्य के सालभर के लगान की रकम विशेष कारवाँ के जरिए बीजापुर भेजी थी, जो (जहाँ तक उसका केंद्रीय सरकार से संबंध था) उसकी प्रमुख ड्यूटी तथा वहाँ की परंपरा थी। उसने कारवाँ की सुरक्षा के लिए सुरक्षाकर्मियों का एक मजबूत दल भी साथ में रवाना किया था। कारवाँ अपनी मंथर गति से पठार की ओर जानेवाले रास्ते से पहाड़ों के दर्रे की ओर बढ़ रहा था, जिसे पार करके उसे बीजापुर पहुँच जाना था। तटवर्ती समतल भूमि से ऊँचे पहाड़ों का सिलसिला दिखाई देता था, जिनसे निकली भूरी चट्टानें जंगली घास के जंगल से झाँकती नजर आती थीं। कुछ ऊँची चट्टानों के इर्द-गिर्द यदा-कदा बादलों की धुँधली माला दिखाई देती थी। पूरा क्षेत्र पहाड़ियों और जंगली घास से अटा पड़ा था। ऐसे इलाके में किसी को अकेले जाने की हिम्मत नहीं होती, लेकिन सशस्त्र सैनिकों से घिरे उस कारवाँ में कोई भय की गुंजाइश नहीं थी। इसलिए दर्रे में प्रवेश करते समय उन्हें सिर्फ चढ़ाई और दिन की गरमी और थकान को झेलना था। उन्हें दर्रे में घुसने पर अपने आगे और पीछे किसी तरह गतिविधि नजर नहीं आई। इसलिए इतमीनान से कारवाँ बढ़ रहा था, लेकिन शिवाजी मराठी टट्टुओं पर सवार अपने तीन सौ सैनिकों के साथ दर्रे की सँकरी घाटी में खजाने का इंतजार कर रहे थे। घोड़ागाड़ी के पहियों की चुर्र-मुर्र और

सूखे पत्तों व जंगली झाड़ियों पर सैनिकों के चलने से उत्पन्न खड़...खड़... की आवाजों के अतिरिक्त सब तरफ शांति थी और फिर अचानक 'हर हर महादेव!' का युद्धघोष (जिसका बाद में चलकर पूरे भारत में भय व्याप्त हो गया) सुनाई दिया और मराठों ने सैनिकों पर हमला बोल दिया। लड़ाई एक ही झटके में खत्म हो गई और कारवाँ का खजाना शिवाजी के कब्जे में आ गया। इस लड़ाई में, जो शिवाजी की पहली लड़ाई थी, उनके दस सैनिक मारे गए। उन्होंने सभी सैनिकों को धन के रूप में खूब इनाम दिए और शहीद हुए सैनिकों के परिवारों की भरपूर आर्थिक सहायता की।

इधर कल्याण नगर में दोपहर का सन्नाटा था। बाजार बंद पड़े थे। इतने में घुड़सवारों के एक दल ने नगर में प्रवेश किया। आते ही उन्होंने ऊँघते सैनिकों को पकड़कर उनको बैरक में बंद कर दिया और महल की ओर कूच कर गए। वहाँ जाकर बगैर किसी विशेष हाथापाई के राज्यपाल को बंदी बना लिया। उस सन्नाटे में व्यापारियों ने अपनी खिड़कियों से झाँककर देखा कि महल पर केसरिया झंडा फहरा रहा है और आबाजी नामक मराठा युवक ने शासन की बागडोर सँभाल ली है।

एक-दो दिन बाद जब शिवाजी नगर में आए तो अरबी राज्यपाल की बहू महलों में ही थी। वह अपनी खूबसूरती के लिए मशहूर थी। जब उसे शिवाजी के सामने लाया गया तो शिवाजी खड़े हो गए और उसे देखकर मुसकराते हुए बोले, 'यदि मेरी माँ आपसे आधी भी खूबसूरत होती, तो मैं इतना कुरूप नहीं होता, जितना आप मुझे देख रही हैं।' इतना कहकर उन्होंने आदेश दिया कि इन्हें राजकीय भेंट प्रदान की जाए और सम्मान के साथ उनके रिश्तेदारों के पास पहुँचा दिया जाए। बंदी बनाए गए राज्यपाल से भी उन्होंने बराबरी का बरताव किया और आजाद करके उसे सुरक्षा सैनिकों के साथ बीजापुर भिजवा दिया।

खजाने को लूटना और कल्याण पर कब्जा ये दोनों घटनाएँ राज्य के खिलाफ खुली बगावत थी। इसके लिए पहले की तरह शिवाजी ने माफी की अर्जी अथवा स्पष्टीकरण नहीं दिया।

हारे हुए राज्यपाल ने सुल्तान के दरबार में जाकर गमगीन मुद्रा में साष्टांग लेटकर सुल्तान के कदमों में अपनी पगड़ी रख दी और अपने मुँह पर थप्पड़

मारते हुए सुल्तान से विद्रोही से बदला लेने की माँग की, जिसने उसे इतनी आसानी से कल्याण की गद्दी से बेदखल कर दिया है। सुल्तान ने फौरन दूत भेजकर शिवाजी को दरबार में हाजिर होने का आदेश दिया। उसके बाद उसे याद आया कि शिवाजी के पिता तो दरबार की सेवा में यहीं मौजूद हैं! लिहाजा उन्हें गिरफ्तार करके सुल्तान के सामने लाया गया। शाहजी स्वयं शिवाजी के इस कारनामे से भयग्रस्त थे। उन्होंने ईमानदारी से सुल्तान से प्रार्थना की कि उन्हें इस बारे में कोई जानकारी नहीं है। वे स्वयं दूसरे श्रेष्ठ कुलीन व्यक्तियों की तरह अपने बेटे के इस धृष्ट और निर्लज्ज कारनामे से खौफजदा हैं। उन्होंने सुल्तान को याद भी दिलाया कि किस प्रकार उन्होंने अपने बेटे को उसकी हरकतों के कारण बीजापुर से दूर भिजवा दिया था। उसको सही मार्ग पर लाने के लिए एक गुरु की व्यवस्था भी कर दी थी। इस पर भी वह नहीं सुधरा। लगता है, उसे पागलपन का दौरा पड़ा है। अत: सैनिक भेजकर उसे गिरफ्तार कर लेना ही उचित है। उन्होंने अंत में प्रार्थना की कि वे निर्दोष हैं और उन्हें पागल बेटे की करतूतों के लिए जिम्मेदार न ठहराया जाए। इतनी लंबी-चौड़ी दलील से सुल्तान को शाहजी की मंशा पर शक हो गया। ये कैसे हो सकता है? उधर दरबार में मौजूद मुसलिम मंत्री और सिपहसालार, विशेषकर विदेशी सैनिकों के अतिरिक्त तुर्क, अफगान और अबीसीनिया के राजदूतों ने, जो पहले ही से ऊँचे पद पर एक हिंदू की नियुक्ति को लेकर उससे ईर्ष्या करते थे, सुल्तान को इस बगावत के लिए चेतावनी दी। परिणामस्वरूप अपनी बेगुनाही की रट लगाते हुए शाहजी को दरबार से घसीटकर लोहे की जंजीरों में कैद कर लिया गया।

इस परिस्थिति में यह समझना जरूरी है कि बीजापुर प्रशासन यदि सख्ती से कदम उठाता तो शिवाजी और उनके पहाड़ी अनुयायियों का अंत हो जाता, क्योंकि शिवाजी में जो भी खूबियाँ रही हों, लेकिन वे किसी भी रूप में शाही फौज की ताकत के सामने नहीं टिक सकते थे। उनके पहाड़ी सैनिक न तो अनुशासित थे, न ही प्रशिक्षित थे। उनके पास शस्त्रों का नितांत अभाव था। मानसिक रूप से भी वे कमजोर थे, क्योंकि अब तक उन्होंने प्रत्येक युद्ध में मुसलिम सेना को ही जीतते देखा था और मुसलिम शासन में रहने की आदत पड़ गई थी। ऐसे में कुछ किलों को हथिया लेने और सरकारी खजाने को लूट लेने से उनके मनोबल

में कोई खास फर्क नहीं आया था और ले-देकर जो भी जोश एवं विश्वास उनमें पैदा हुआ था, वह तुर्की तोपखाने को देखकर रफूचक्कर हो जानेवाला था। लेकिन मजे की बात यह थी कि बीजापुर में प्रशासन में अब भी शिवाजी की बगावत के बारे में कोई गंभीरता दिखाई नहीं दी। वहाँ अब भी कोई यकीन करनेवाला नहीं था कि सीमांत प्रदेश में एक दूरगामी बगावत जन्म ले चुकी है।

शिवाजी के एक शक्तिशाली शासक के रूप में उभरने की उलझनों से भरी कहानी को जानने के लिए यह याद रखना जरूरी है कि तीन सौ साल पहले राज्य के प्रति लोगों की वफादारी और आज की वफादारी में क्या अंतर है? शिवाजी के समकालीन यूरोप में राजा कोंडे और टर्रेन कभी अपने देश के लिए लड़ते थे और कभी स्पेन के लिए लड़ते थे। उनकी वफादारी या विश्वासघात अकसर कठोर सौदेबाजी अथवा राजनीतिक छल पर टिकी होती थी। इसी प्रकार के संबंध या रिश्ते उन्नीसवीं शताब्दी के तुर्की में अधिकारी वर्ग और केंद्रीय सरकार के शासन के बीच पाए जाते थे। ब्रिटिश लेखक विलियम पोमेर की प्रसिद्ध पुस्तक 'अली दि लायन' के पाठकों को याद होगा कि ओटोमन साम्राज्य का सुल्तान अली अपने अधिकारियों को कैसे निपटाता था और बजाय इसके कि उन्हें विद्रोही करार दिया जाता, उन्हें अकसर उन अफसरों के स्थायी पदों पर नियुक्त कर देता था, जिन्हें वह निकाल चुका होता था।[1] लगभग यही स्थिति बीजापुर राज्य की थी। शिवाजी की कारस्तानियों को लेकर सुल्तान चाहे जितना भी नाराज हुआ हो, अब तक किसी ने शिवाजी को राज्य का घोषित बागी नहीं माना। इतना ही नहीं, कोई यह भी मानने के लिए तैयार नहीं था कि वह उत्पात मचानेवाला एक बेवकूफ युवक कभी बगावत भी कर सकता है! सुल्तान के सलाहकारों की राय में शिवाजी के खिलाफ सैनिक काररवाई की जरूरत नहीं थी और समस्या को सुलझाने के लिए उनके दिमाग में बहुत ही आसान और

1. यहाँ यह याद रखना जरूरी है कि सार्वजनिक सुरक्षा को लेकर देशों की मानसिकता में अंतर होता है। उदाहरण के लिए पूर्वी देश भारत में यदि एक किसान की पत्नी उसे छोड़कर चली जाती है तो वह क्रोध में रेल लाइन की पटरी पर पत्थर लगाकर अपना क्रोध प्रकट करेगा। उसके इस कार्य से कितना नुकसान होगा, इसकी चिंता नहीं करेगा और भारतीय अदालत भी इस घटना को इतनी गंभीरता से नहीं लेगी, जितना कि एक पश्चिमी देश में लिया जाएगा। वहाँ की मानसिकता ऐसा कदम उठाने से परहेज करेगी।

कम खर्चीला उपाय यह था, जिसके अंतर्गत शाहजी को कैदखाने से निकालकर उनसे कहा गया कि अगर शिवाजी बीजापुर में उपस्थित नहीं हुए तो उन्हें दीवार में जिंदा चुनवा दिया जाएगा।

शाहजी ने एक बार फिर से अपनी बेगुनाही की दलील दी तो उनसे कहा गया 'चिट्ठी लिखकर अपने बेटे को बुलाओ। अपनी दुर्दशा के बारे में समझाओ। अगर वह नहीं आया तो मर जाओगे।' शाहजी ने अपनी भावी मृत्यु की दहशत से त्रस्त होकर शिवाजी को पत्र लिखा, जिसमें उन्होंने अपने मृत्युदंड की व्याख्या की। इसके बाद शाहजी को दीवार के आले में उतार दिया गया, जिसमें वे केवल खड़े रह सकते थे। उन्हें जंजीरों से आले में बाँध दिया गया और राजकारीगरों ने ईंटों को चुनना शुरू कर दिया। कुछ दिनों के लिए कारीगरों ने काम रोक दिया। इस बीच सरकारी अधिकारी शिवाजी का इंतजार करते रहे। जब शिवाजी प्रतीक्षा के बाद भी नहीं पहुँचे तो राज मिस्त्रियों ने अपना काम फिर से शुरू कर दिया। अंत में ईंटों की अंतिम कतार को चुनना शेष रह गया। इसके बाद बंदी के लिए रोशनी और बंद हो जानेवाली थी। ऐसे समय में शिवाजी की दुश्चिंता और अनिश्चय की व्याकुलता को आसानी से समझा जा सकता है। यदि वे समर्पण कर देते हैं तो संभवतः उनकी हत्या कर दी जाएगी, केवल इसलिए नहीं कि उन्होंने अपराध किया है, बल्कि इसलिए कि पूरब की अदालतों में भविष्य में ऐसी घटनाओं से सुरक्षित रहने का एकमात्र यही उपाय था। इसके विपरीत यह निश्चित था कि सुल्तान अपनी धमकी को पूरा करेगा और शाहजी को जिंदा गाड़ देगा और शिवाजी की आँखों के सामने दीवार के अंतिम झरोखे से झाँकती दहशत भरी आँखें तैर गईं। उनका हृदय वेदना से द्रवित हो गया। भले ही उनका पुत्र के प्रति प्रेम अधूरा था, फिर भी थे तो पिता और आज सिर्फ इसलिए उन्हें मृत्युदंड दिया जा रहा है, क्योंकि वे उसी के पिता हैं। उन्होंने निर्णय कर लिया कि बीजापुर जाने के अलावा और कोई उपाय नहीं है, चाहे पिता के स्थान पर खुद क्यों न मरना पड़े। कहा जाता है कि उन्हें अपने इस निर्णय से डिगाने में उनकी पत्नी के अनुनय-विनय और प्रार्थनाओं का हाथ था। इसके अलावा उनकी माँ जीजाबाई का सजग और स्थिर व्यक्तित्व था। उनका पति-प्रेम उनके पुत्र-प्रेम के मुकाबले न के बराबर था। उन्होंने शिवाजी को उनके सपनों और अभिलाषाओं की याद

दिलाते हुए यह निष्कर्ष निकाला कि इस समय सवाल उनकी जिंदगी का नहीं है, बल्कि सवाल हिंदुओं की आजादी का है, जो इस समय दाँव पर लगा है और इस समय, जबकि शिवाजी जबरदस्त पसोपेश में पड़े हुए थे, उन्हें अचानक आशा की एक किरण दिखाई दी।

उन्होंने मुगल दरबार में संदेश के साथ एक तेज घुड़सवार को रवाना किया। संदेश में उन्होंने मुगल शहंशाह से उनकी रियाया में शामिल होने की प्रार्थना की और शाही दरबार के प्रति अपनी भक्ति और निष्ठा के प्रतीकस्वरूप बीजापुर की ओर स्थित सीमांत के किलों को सीमांत के मुगल अधिकारियों को सौंपने का प्रस्ताव किया। यह याद रखनेवाली बात है कि पिछले युद्ध में शाहजहाँ बीजापुर को पूर्णतः परास्त करने में असफल रहा था और उसने औपचारिक क्षमादान को मंजूर कर युद्ध को समाप्त कर दिया था; किंतु परिस्थितियाँ बदल भी सकती हैं। हो सकता है कि बीजापुर पुरानी बात को भुलाकर फिर से आजादी का बिगुल बजा दे और जब कभी शाही सरकार पूर्व और पश्चिमी सीमांत के किसी युद्ध में लगी हो तो बीजापुर बगावत कर बैठे! ऐसे में बीजापुर के मार्ग के कठिन पहाड़ी क्षेत्र में स्थित किले बड़े काम के साबित हो सकते हैं। यही सोचकर शाही दरबार ने शिवाजी के संदेशवाहक का उत्साह से स्वागत किया। शहंशाह के बेटे वलीअहद मुराद बख्श ने, जो मध्यभारत का वायसराय था, शिष्टता दिखाते हुए न केवल शिवाजी को, बल्कि बीजापुर को उलझन में डालने के लिए शिवाजी के पिता शाहजी को भी अनुकूल पत्र लिखा, जिसका तुरंत असर बीजापुर के सुल्तान पर पड़ा और शाहजी का भविष्य बदल गया, क्योंकि शाही पत्र को किसी भी सूरत में नजरअंदाज नहीं किया जा सकता। खूबसूरत चित्रकारियों और जामुनी रंग की शाही मुहर से सुसज्जित झिलमिलाते किमखाब का शाही फरमान उतनी ही प्रतिष्ठा और सम्मान की अपेक्षा रखता था, जितना कि मुगल बादशाह का उस मुगलिया तख्त पर बैठकर दिया गया आदेश, जो 'खुदा का अक्स' के नाम से जाना जाता था और जिस पर बैठकर मुगल शहंशाह हिंदुस्तान की रियाया के मुखातिब होता था।

शाहजी को भेजे पत्र में वलीअहद मुराद ने लिखा, 'चिंता और भय से मुक्त हो जाओ। हमारी कृपा के प्रतीकस्वरूप तुम्हारे सम्मान के लिए 'पोशाक' भेजी

गई है। हम उम्मीद करते हैं, इसके शुभागमन से समझ जाओगे कि तुम पर हमारी कितनी कृपा-दृष्टि है।' और शिवाजी को लिखा 'शिवाजी! तुम हमारे उदार बरताव और कृपा-दृष्टि के लायक हो। तुमने हमारी मदद की गुहार की है, जो हमारे लिए खुशी का सबब है…'[1]

लेकिन वह बीजापुर प्रशासन के लिए खुशी का सबब नहीं था। बीजापुर के निजी मामलों में मुगलों की अचानक दिलचस्पी से वे आगामी खतरे के लिए सावधान हो गए। उन्होंने सोचा कि यदि शिवाजी ने सचमुच में सीमांत के किलों को, जो इस समय उनके कब्जे में हैं, मुगलों को दे दिया तो सीमा प्रदेश में स्थित उनके सैनिक प्रतिष्ठान के मुगल सैनिक बीजापुर की सेना पहुँचने से पहले ही उन किलों को हथिया लेंगे और उन पर अपना मोरचा बना लेंगे।

लेकिन 'प्रेम-पत्र' और 'सम्मान की पोशाक' से भी बुरी खबर यह थी कि मुगल शहंशाह ने शाहजी को दिल्ली दरबार में नियुक्ति प्रदान कर दी थी, जिसके परिणामस्वरूप शाहजी मुगल साम्राज्य के नागरिक बन गए थे और उनकी सुरक्षा की जिम्मेदारी अब बीजापुर सरकार की हो गई थी। बीजापुर के सुल्तान के पास शाहजी को आजाद करने के अलावा अब कोई और उपाय नहीं था। स्थिति अब बड़ी विचित्र हो गई थी। यदि शिवाजी मुगल शहंशाह के प्रति अपनी निष्ठा और वफादारी के प्रस्ताव पर अमल करते हैं तो उनके पिता के जीवन एवं सुरक्षा का मूल्य सौदेबाजी की दृष्टि से समाप्त हो जाएगा और निश्चित रूप से शाहजी को फिर से बंदी बनाकर उनकी हत्या कर दी जाएगी। इसके विपरीत, शहंशाह अब शिवाजी से अपने प्रस्तावित वचन को पूरा करने की माँग कर सकते हैं और चूँकि वास्तव में शिवाजी का मुगलों के समक्ष समर्पण शिवाजी की बुनियादी नीति के पूर्णतया विरुद्ध था और सच्चाई यह थी कि शिवाजी अभी इतने शक्तिशाली भी नहीं हुए थे कि वे खुलकर शाही फौज का सामना कर सकें। इस विचित्र स्थिति को सुलझाने के लिए उन्होंने कूटनीति का सहारा लिया। उन्होंने दिल्ली दरबार को मिथ्या प्रशंसा और चापलूसी के पत्र लिखे, ताकि शहंशाह का ध्यान इस तथ्य से हट जाए कि शिवाजी द्वारा दिल्ली दरबार के प्रति निष्ठा और भक्ति के दिए गए वचनों के बावजूद सीमांत के वे

1. किनकैड और पासनिस

किले अभी तक उन्हीं के कब्जे में हैं और न ही शिवाजी ने बीजापुर के खिलाफ कोई कदम उठाया है; जहाँ तक बीजापुर शासन का प्रश्न था, शिवाजी के चतुर कारनामों की सफलता के बारे में उनके विचार चाहे जो भी हों, शिवाजी के विरुद्ध कोई भी कदम उठाने के बारे में वे पूरी तरह सावधान थे, क्योंकि उन्हें डर था कि शिवाजी मुगलों को समर्पण की जो धमकी दे रहे हैं, कहीं वे इसे वास्तविकता का रूप न दे बैठें!

□

सातवाँ अध्याय

सन् 1649 के दौरान शिवाजी और उनके दोनों मुसलिम पड़ोसियों के बीच अविश्वास और शंका का माहौल बना रहा। इसी बीच शिवाजी की भेंट दो व्यक्तियों से हुई, जिनकी प्रसिद्धि पश्चिमी भारत में उतनी ही व्यापक थी, जितनी खुद उनकी थी। ये दो व्यक्ति थे कवि तुकाराम और संत रामदास।

मराठा प्रदेश में स्थानीय संतों और पंथों का उद्गम मराठी भाषा व उसके साहित्य के जन्म तथा तत्कालीन बढ़ती हुई राष्ट्रीय चेतना से माना गया है। इन पंथों का केंद्रबिंदु पंढारपुर था, जो कृष्ण-भक्ति के लिए प्रसिद्ध था। ऐसी धारणा है कि मंदिर की मूर्ति ने दिव्य रूप में प्रकट होकर एक निम्न जाति के संत के स्वागत में मंदिर के द्वार खोल दिए। इस संत का नाम भोखामेला था और वह पूरी मानवता में एकता का पाठ पढ़ाता था। इसी प्रकार संत ध्यानदेव की धार्मिक पुस्तकों ने आधुनिक हिंदू धर्म के आदर्शों और नैतिक आचरण को एक आधारशिला का रूप दिया।

मराठी साहित्य के विकास में एक दिलचस्प उदाहरण एक अंग्रेज पादरी फादरी स्टीवेंस था, जो पहला अंग्रेज था, जिसने मराठी भाषा में एक भावपूर्ण कविता लिखी थी।[1] शिवाजी के जन्म से बारह वर्ष पूर्व सन् 1615 में फादर स्टीवेंस ने 'हेरोइंग ऑफ हेल' पुस्तक का मराठी लोकभाषाई संस्करण प्रकाशित किया था, जो अपनी भाषाई सरलता एवं रवानगी में पूर्वी मौसम और उसके वातावरण के बावजूद यूरोप की उन प्राचीन नोरडिक लोककथाओं की झलक प्रस्तुत करता है, जिनसे स्टीवेंस ने अपनी विषयवस्तु की प्रेरणा ली थी। स्टीवेंस

1. स्टीवेंस के जीवन का संदर्भ सल्डान्हा की पुस्तक 'क्रिश्चियन पुराण' से लिया गया है।

एक उदार रोमन कैथोलिक था, जिसे महारानी एलिजाबेथ ने 'देश-निकाला' दिया था, जिससे बचने के लिए वह रोम भाग गया था। वहाँ उसने पढ़ाई की और बाद में ईसाई धर्म प्रचारक के रूप में वेस्टइंडीज होता हुआ भारत आया था। यहाँ आकर उसने मराठी लोकभाषा का अध्ययन कर उसमें विद्वत्ता हासिल कर ली। वह सीधी और सरल मराठी भाषा से इतना प्रभावित हुआ कि यूरोपीय संस्कृति, यूरोपीय भाषाओं, विशेषकर लैटिन भाषा के विरल ज्ञान के बावजूद उसने मराठी भाषा की अन्य भारतीय भाषाओं से तुलना करते हुए उसकी प्रशंसा में लिखा है कि मराठी कंकड़ों में रत्न और रत्नों में नीलम है। उसी प्रकार फूलों में वह चमेली है तथा खुशबुओं में कस्तूरी है। पक्षियों में वह मोर है तथा नक्षत्रों में आकाशगंगा है। यदि मराठी अपने स्वाभाविक सौंदर्य से एक विदेशी को इतना प्रभावित कर सकती थी तो यह ताज्जुब नहीं कि मराठा जनपद उसके प्रताप से कैसे वंचित रहा हो और जनभाषा से जनित दिन-प्रतिदिन निखरते उसके नवसाहित्य में वह अपनी धार्मिक और सांस्कृतिक आकांक्षाओं के उत्थान की झलक देखने लगा हो; उस जनभाषा में, जो संस्कृत की क्लिष्ट मर्यादाओं से दूर हो और आम आदमी में एक नई चेतना पैदा करने में सक्षम हो।

तुकाराम[1], जिसकी कविताएँ आज भी मराठी गाँवों में सस्वर गाई जाती हैं, एक ग्रामीण दुकानदार के पुत्र थे। बचपन में वे गाँवों में निरुद्देश्य घूमा करते थे। धीरे-धीरे उनका रुझान धर्म की ओर होने लगा। अभी वे छोटे ही थे कि उनके पिता की मृत्यु हो गई। व्यवसाय चलाने में न तो उनकी रुचि थी और न ही क्षमता थी। गाँव के अनेक परिवार उनकी दुकान से उधार खाते में सौदा लेते थे, लेकिन संकोचवश उन्होंने किसी ग्राहक से कभी उधार चुकाने के लिए नहीं कहा। धीरे-धीरे उनकी जमा-पूँजी समाप्त हो गई। रही-सही जमा-पूँजी उन्होंने एक गरीब पुजारी को उसके उधार चुकाने के लिए सौंप दी। रोजी-रोटी के अभाव में भटकते हुए वे एक तीर्थयात्री दल में शामिल हो गए और दूर-दराज के गाँवों में अपने गाने सुनाने लगे। सीधे और सरल ग्रामीण किसान उनके भक्तिपूर्ण गाने सुनते और उनके आहार का इंतजाम करते। इस प्रकार वे अपने भक्तिपूर्ण गीतों के लिए मशहूर होते गए। एक दिन शिवाजी के एक मंत्री ने उन्हें तुकाराम के

1. तुकाराम और रामदास के जीवन के अंश किनकेड और पेरसनिक के वर्णन पर आधारित हैं।

गाने सुनाए, जिसे सुनकर शिवाजी इतने प्रभावित हुए कि उन्होंने एक संदेशवाहक को तुकाराम के पास भेजकर उन्हें अपने पास आने का निमंत्रण दिया, जिसमें उन्होंने तुकाराम को पर्याप्त धन और रहने के लिए आवास प्रदान करने का वायदा किया था। उत्तर में तुकाराम ने यह कविता लिखकर भेज दी—

'राजकुमार! तुम्हारी मशालें, राजक्षेत्र और अलंकृत घोड़े, तुम्हारा वैभव, शान और राजसी जीवन मेरे लिए नहीं है। मैं संसार को त्याग चुका हूँ और तुम वापस बुलाने का प्रलोभन दे रहे हो? वाह! मुझे यहीं अकेले शांति में रहने दो। घास में लिपटी चट्टानें मेरा बिछौना है और आकाश मेरा ओढ़ना है।'

जब शिवाजी ने उस पत्र को पढ़ा तो कुछ समय के लिए वे शांत मुद्रा में रहे। उसके बाद वे अपना शिविर छोड़कर मराठा पठार की तलहटी के विस्तृत पीले खेतों और गाँवों में तब तक भटकते रहे, जब तक उन्हें तुकाराम मिल नहीं गए। मिलते ही शिवाजी ने उनके चरण पकड़ लिये। उन्होंने अपने कपड़े फाड़ दिए और फटे कपड़ों में एक संत की तरह शांत मुद्रा में तुकाराम के पास गए। दोनों में से कोई नहीं बोला। उधर शिवाजी के अनुयायी चिंतित और भयग्रस्त शिवाजी को ढूँढ़ते रहे और काफी दौड़-धूप के बाद वे उन तक पहुँच पाए। उन्होंने शिवाजी से लौट आने की प्रार्थना की, लेकिन जब शिवाजी ने उनकी नहीं सुनी तो हारकर उन्होंने शिवाजी की माँ से गुहार की कि वे आकर शिवाजी को लौट आने के लिए मनाएँ। जीजाबाई ने शिवाजी को उनके सपनों की याद दिलाई। उन्होंने अपने अनुयायियों को मुसलमानों के खिलाफ विद्रोह करने के लिए प्रोत्साहित किया था और वे अब उन्हें बीच मझधार में छोड़ देना चाहते हैं। भारत में अनेक संत हैं, लेकिन हिंदू भारत में केवल एक ही संत शिवाजी हैं, जिनके भविष्य का एक सपना है। हिंदू भारत को अब साधु-संत के स्थान पर शूरवीर और रणबाँकुरे चाहिए; एक शक्तिशाली सेना चाहिए। शोक-संतप्त शिवाजी ने अपनी माँ का रुदन सुना और उनके तर्कों को न्यायोचित समझकर लौटना स्वीकार कर लिया। उसके बाद वे तुकाराम से नहीं मिल पाए, जिनकी मृत्यु उसी वर्ष हो गई; किंतु अपने शेष जीवन में वे बराबर संत रामदास के संपर्क में रहे, जो तुकाराम की तरह संत थे। सन् 1649 में शिवाजी उनसे मिले थे।

रामदास का बचपन से ही संत जीवन के प्रति अनुराग था। वे शादी से

बचने के लिए घर से भाग गए। उन्होंने अपनी युवावस्था पैदल चलकर भारत के तीर्थों की यात्रा करने में गुजारी और अंत में उन्होंने सतारा के निकट स्थित राम मंदिर को अपना आवास बना लिया। उनके बारे में कहा जाता है कि बचपन से ही उन्हें चमत्कारों की सिद्धि प्राप्त हो गई थी और इसीलिए उनका मंदिर आवास तीर्थ का केंद्र बन गया। जैसे ही शिवाजी को उनके बारे में पता चला, उन्होंने रामदास को संदेश भेजा, जिसके उत्तर में रामदास ने वही किया, जो तुकाराम ने किया था। उन्होंने शिवाजी को जवाब में एक कविता लिखकर भेज दी, लेकिन दोनों संतों में अंतर था। जहाँ तुकाराम जीवन की निरर्थकता का गुणगान करते थे, वहीं रामदास गाजे-बाजे के साथ नए शूरवीर राजा की जय-जयकार करते थे, जो हिंदुओं को स्वतंत्र करेगा। अपनी कविता के साथ संत रामदास ने एक उपहार भेजा, जिसमें मुट्ठीभर मिट्टी, कुछ कंकड़ और घोड़े की लीद रखी थी। जब यह अजीब उपहार आया तो शिवाजी के पास उनकी माता बैठी थीं। जीजाबाई यद्यपि धार्मिक रूप से बहुत सजग थीं, किंतु शैक्षिक ज्ञान से अछूती थीं। वे उपहार की गूढ़ता को समझ नहीं पाईं और नाराजगी में संदेशवाहक से पूछा कि क्या ऐसी चीजें एक कुलीन व्यक्ति को भेजना उचित है? लेकिन शिवाजी ने उपहार की गूढ़ता को समझकर, अपनी माँ को समझाया कि ये वस्तुएँ मात्र प्रतीक और भविष्यवाणी का स्वरूप हैं। मिट्टी का अर्थ है कि मैं इस भूमि पर विजय प्राप्त करूँ, कंकड़ों का संबंध किलों से है, जिन पर मैं कब्जा करूँ और घोड़े की लीद का अर्थ है, मेरी अश्वारोही की फौज, जिसके लिए मैं प्रसिद्ध हूँ।

शिवाजी रामदास को निरंतर लिखकर सक्षम प्रशासन और नीति संबंधी मामलों में सलाह माँगा करते थे। अपने जीवन की बुलंदियों पर वे रामदास से मिलने गए। वहाँ जाकर उन्होंने संत को झुककर प्रणाम किया और उन्हें एक दस्तावेज भेंट किया, जिसमें उनको अपने समूचे राज्य को संत के नाम करने का ज्ञापन था। रामदास ने ज्ञापन को पढ़ाने के बाद कहा, 'मैं ईश्वर के नाम पर यह उपहार स्वीकार करता हूँ। तुम इस राज्य को वापस ले लो और ईश्वर के नाम पर शासन करो। तुम्हारा शासन एक निरंकुश शासक की तरह नहीं, बल्कि एक देवदूत के रूप में विनय और नम्रता का होना चाहिए।'

रामदास की उपासना के सम्मानस्वरूप शिवाजी ने अपने अनुयायियों से

कहा कि वे एक-दूसरे का अभिवादन 'राम' शब्द से करें और आज तक मराठा लोग आपस में मिलने पर इसी अभिवादन का प्रयोग करते हैं। आधुनिक एकदलीय सरकारों को शायद हैरानी होगी कि मराठों ने अभिवादन के लिए जो शब्द चुना, वह उनके शासक का नहीं है, बल्कि एक संत का है और अंततः रामदास के तीर्थयात्रियों को श्रद्धांजलिस्वरूप शिवाजी ने अपने राज्य का राष्ट्रीय झंडा गेरूए रंग का चुना, जिसे हिंदू तीर्थयात्री अपनी यात्रा के दौरान लेकर चला करते हैं और बाद में चलकर मराठे इसी केसरिया झंडे को वही सम्मान देने लगे, जितना समकालीन यूरोप में फ्रांसीसी अपने शाही झंडे 'ओरीक्लेम' को देते थे।

संत रामदास ने अपने वर्णन में शिवाजी की लंबी लड़ाई को एक धर्मयुद्ध का नाम दिया है, जबकि सच्चाई यह है कि शिवाजी ने अपने शासनकाल में कभी कट्टर धार्मिक शत्रुता या धार्मिक अहिष्णुता नहीं दिखाई। पुर्तगाल के हिंदू क्षेत्र में उन्होंने मराठी पंडितों के सख्त रवैया को दरकिनार करते हुए कैथोलिक ईसाई पादरियों के प्रति जो दया दिखाई, वह उनकी उदारता का उदारहण है। इसी प्रकार मुल्ला-मौलवियों, मसजिद और कुरान के प्रति उनके असीम सम्मान की चर्चा उनके शत्रुओं तक ने की है। मुसलिम इतिहासकार खफी खाँ ने भी, जो अपने ऐतिहासिक वर्णन में शिवाजी का नाम बिना गालियों के नहीं लेता, अपने लेखों में यह स्वीकार करता है कि शिवाजी विजित नगर में तब तक प्रवेश नहीं करते थे, जब तक कि मसजिदों की सुरक्षा का इंतजाम नहीं करवा लेते थे। जब कभी उन्हें कुरान मिल जाती थी तो वे उसी श्रद्धा से उसकी हिफाजत करते, जैसे वह उन्हीं की कोई धार्मिक पुस्तक हो और अपनी विजय-यात्रा में यदि उन्हें मुसलिम स्त्रियाँ मिलती थीं तो उन्हें अपने संरक्षण में रखते थे और जैसे ही संभव हो जाता, वे उन्हें पूर्ण सुरक्षा में उनके रिश्तेदारों के पास पहुँचवा देते थे। यहाँ यह स्मरण करने योग्य है कि इसी सदी में जर्मनी में टिल्ली और आयरलैंड में क्रामवेल की हरकतों के कारण यूरोप कितना बदनाम हुआ था!

□

आठवाँ अध्याय

सन् 1650 में वलीअहद औरंगजेब अपने भाई मुराद के बाद मध्य भारत का वायसराय बना। भाग्य ने उसे मुगलों का अंतिम बाद्शाह बनाया, ताकि वह दक्षिण भारत में स्थित गोलकुंडा और बीजापुर की रियासतों को नष्ट करे और मराठों को कुचलने के अपने प्रयासों में अपने मुगल साम्राज्य को बरबाद कर दे।

औरंगजेब अपनी महान् मुगल विरासत के अनेक गुणों से संपन्न था। वह योग्य, मेहनती और कठोर सहनशक्तिवाला व्यक्ति था, लेकिन उसके गुण उसके धार्मिक कट्टरपन में धूमिल पड़ जाते थे। इसलाम का पूरा सांस्कृतिक विकास, उसका दर्शन, रंग-बिरंगा उल्लास और शानो-शौकत उसके लिए कोई मायने नहीं रखती थी। धार्मिक रूप से कट्टर उसका धर्म वैसा ही था जैसा बंजारों के एक सरदार या अरब गुरिल्ले का होता है। उसे सभी तरह के संगीत, कलाओं और सौंदर्य की वस्तुओं से सख्त नफरत थी। वह दहशत में उन सभी चीजों को अपनी आँखों से दूर रखता था, जो इसलाम के कवियों की उस पंक्ति को याद दिला सकती थीं, जिसमें उन्होंने कहा था कि दुनिया को बनानेवाला भी एक कवि ही होगा, जैसे-जैसे उसकी उम्र बढ़ती गई, उसका वैराग्य निष्ठुर और अमानवीयता की चरम सीमा पर पहुँच गया। वह दुनिया में 'उमरा' की मजहबी मुफालिसी फिर से स्थापित करने के लिए वचनबद्ध था। इसी के परिणामस्वरूप वह अपने निजी खर्च के लिए साम्राज्य के विशाल खजाने से एक पाई भी नहीं लेता था। अपने खर्च को कमाने के लिए वह टोपियों की सिलाई करता था, जिन्हें वह दरबारियों को बेचता था। वह जमीन पर सोता था और बिछावन के नाम पर शेर की खाल बिछाता था। तख्त-ए-ताऊस (मयूर सिंहासन) पर बैठकर उसका पहला फरमान

था कि शराब पर पाबंदी लगा दी जाए। उसके पूर्ववर्ती शहंशाहों ने न सिर्फ शराब की खुली बिक्री की छूट दे रखी थी, बल्कि अकसर खुद भी शराबखोरी करते थे, ज़बकि इसलाम में इस पर सख्त पाबंदी है। औरंगजेब शराबखोरी के लिए अपने लोगों को डाँटते हुए कहा करता था 'शराब की लत इतनी आम हो गई कि हिंदुस्तान में मुझे और मुख्य न्यायधीश को छोड़कर सभी शराबी हैं।'

अपने शासन में उसने नेक इनसानों की संख्या का आकलन कुछ ज्यादा ही कर लिया था, क्योंकि उसके ही शासनकाल के मशहूर गप्पी मानूसी ने लिखा है, 'मुख्य न्यायाधीश से माफी माँगते हुए मैं कहना चाहता हूँ कि शहंशाह गलती कर रहे हैं। उनको मैं खुद एक बोतल शराब भेजता हूँ, जिसे वे छिपकर पीते हैं। यहाँ तक कि उनकी चहेती बेगम जार्जिया की शहजादी उदेपुरी पक्की पियक्कड़ हैं और कभी-कभी औरंगजेब भी उसे नशे में धुत्त पाते हैं। उसके कपड़े अस्त-व्यस्त और जुल्फें उड़ी-उड़ी रहती हैं। ऐसी स्थिति में बादशाह उसके पास बैठकर अपने हाथों से माथा सहलाते हैं, लेकिन वह नशे में अपने पति और अपने नौकर में भेद नहीं कर पाती और शराब माँगती रहती थी।'

औरंगजेब का दूसरा फरमान दाढ़ी की लंबाई के बारे में था। फरमान में कहा गया कि किसी भी मुसलमान की दाढ़ी चार अंगुल से ज्यादा लंबी नहीं होनी चाहिए और इसकी जाँच के लिए पुलिस के सिपाही दाढ़ी नापने के पैमाने और कैंची लिये सड़कों पर खड़े रहने लगे थे। अनेक दरबारी और मनसबदार, जिन्हें अपनी चमकदार लंबी दाढ़ी का फख्र था, वे उसे छिपाने के लिए शॉल ओढ़कर बाहर निकलते थे और सिपाहियों के टोकने पर वे सर्दी-जुकाम की बीमारी का बहाना बनाकर उन्हें चकमा दे जाते थे।

उसके तीसरे फरमान में सभी प्रकार के संगीत को बंद कर दिया गया और सभी प्रकार के वाद्य-यंत्रों को नष्ट करने का आदेश दिया गया। संगीत का मातम मनाने के लिए शाही महल के पास लोग जुलूस के रूप में इकट्ठा होने लगे। औरंगजेब ने दरबारियों से पूछा कि यह कैसा शोर है, तो उन्होंने कहा कि जहाँपनाह ये लोग मौसीखी की मलिका की मातमपुरसी कर रहे हैं, जिसके जवाब में औरंगजेब ने नाराज होकर कहा, 'उसे खूब अच्छे से जमीन के नीचे तक दफन कर दिया जाए।'

बहरहाल ये तीनों फरमान अब भी भविष्य की गोद में थे और अब भी इसका अंदाजा लगाना मुश्किल था कि औरंगजेब वलीअहद के सिंहासन से उठकर 'तख्त-ए-ताऊस' तक पहुँच भी पाएगा कि नहीं; क्योंकि वलीअहद की गिनती में उसका तीसरा स्थान था, लेकिन औरंगजेब जैसे शख्स के गूढ़ चरित्र को देखते हुए इनका संदर्भ यहाँ काफी मायने रखता है, क्योंकि दक्षिण भारत के वायसराय के पद पर आसीन होने के बाद से ही, जहाँ तक शाही विदेशी नीति के लागू करने का सवाल था, उसने शक्तिशाली और कठोर नीति का अनुसरण किया था, जो अब तक के शहंशाहों के सुस्त और लापरवाह रवैए से पूर्णत: अलग थी।

वायसराय का दरबार अब बिल्कुल बदल गया था। औरंगजेब सूर्योदय से पहले उठ जाता था और नहाने के बाद नमाज पढ़कर नाश्ता भी कर लेता था। वह अल्पभोजी और शाकाहारी था। उसके आहार में कुछ जड़ी-बूटियाँ और हरी सब्जियों की सलाद होती थी। उसके बाद वह दो घंटे अपने मंत्रियों के पास बैठकर सलाह-मशविरा करता था। दोपहर में वह फिर से नमाज अदा करता और दोबारा भोजन वह दिन ढलने के बाद करता। दोपहर में वह दरबार-ए-आम में बैठकर शाम तक सरकारी कार्यों को निपटाता, जिसके बाद वह फिर से नमाज पढ़ता। नमाज के वक्त वह सबसे ज्यादा खुश रहता था। उसकी नमाज के लिए एक साफ-सुथरा निजी कमरा था, जिसकी जमीन काले पत्थर की थी। उस पर वह फारसी भेड़ की खाल बिछाकर बैठता था और माला के तीन हजार दो सौ मनकों के हिसाब से उतने ही शब्दों का उच्चारण करता था। वह रात में दो घंटे से ज्यादा शायद ही कभी सोया होगा। पूरी रात कुरान पढ़ने में बिताता था। उसने अस्सी वर्ष से पहले तक कभी ऐनक नहीं लगाई। समकालीन चित्रकारों ने उसके चित्र में उसे झुककर कुरान पढ़ते हुए दिखाया है, जिसमें उसकी लंबी गरदन झुकी हुई, पतले कोमल चेहरे पर भारी पलकोंवाली काली तेज आँखें कोई धार्मिक पुस्तक पढ़ रही हैं। उसका अंतहीन काम सभी वक्तों की नमाज, धार्मिक पूजा-पाठ, यह सब उसकी शारीरिक ताकत और सहनशीलता का द्योतक थीं। उसकी मेहनत और धार्मिक कट्टरपन से उपजे उसके सूफियाना जीवन को देखते हुए कोई ताज्जुब नहीं कि दरबार

के हिजड़ों तक ने विदेशी पर्यटक डॉ. करेरी के सामने उसका गुणगान किया था। औरंगजेब के चेहरे ने अपने भाव कभी नहीं छिपाए। जनता के सामने वह कुबड़े की तरह कंधों को झुकाए बैठा रहता। उसकी ठोड़ी उसके सीने को छूती रहती और आँखें मुँदी रहतीं, लेकिन जैसे ही कोई उसको पुकारता, वह चुपचाप उसका उत्तर तलाशता और जैसे ही उत्तर मिल जाता, उसकी कमर सीधी हो जाती, मुँह ऊपर उठ जाता और जैसा इतिहासकार लिखता है, उसका जवाब ऐसा होता, जिसका कोई तोड़ नहीं होता।

उसे अपनी छल-कपट करनेवाली बुद्धि पर नाज था, जिसे अधिकांश लोग शायद ही किसी बादशाह के लिए योग्यता अथवा विशिष्टता का दरजा देते हों। उसने खुद ही लिखा था, 'धोखा दिए बगैर कोई शासन नहीं कर सकता। जिस सरकार की नीति चालाकी पर आधारित होती है, वह सरकार हमेशा बरकरार रहती है।'[1]

धर्म के प्रति समर्पित, निष्ठावान् औरंगजेब ने बिना किसी कारण के सभी भाइयों को जान से मारकर पिता को जेल में डाल दिया, क्योंकि उसको यकीन था कि वह खुदा का बंदा है और अपने धार्मिक गुणों पर कायल है। इसलिए उसे यकीन था कि काफिरों को नेस्तनाबूद कर इसलाम को उसकी मौलिक सादगी में फिर से बहाल करने के उसके जिहाद को दुनिया की कोई ताकत नहीं रोक सकती। यूरोप के मेसोडॉनिया के बादशाह फिलिप द्वितीय की तरह बिना थके, बिना हारे अपनी जिद में वह शासन की समस्याओं को केवल धार्मिक नजरिए से सुलझाने में लगा रहता था। जब वह मरने लगा तो उसका अकेलापन और उसकी धार्मिक कट्टरता अपनी पूरी ईमानदारी और हताशा में तब दिखाई दी, जब उसने अपने बेटे को लिखा, 'मैं नहीं जानता मैं कौन हूँ, मैं कहाँ जाऊँगा, मेरा क्या होगा? मैं वह पापी हूँ, जो पापों से भरा है...मेरी सारी जिंदगी बेकार गई। अल्लाह का फजल मेरे दिल में था, लेकिन मेरी आँखें उसे पहचान नहीं पाईं। मैंने बहुत पाप किए हैं। मैं नहीं जानता कि दोजख की कैसी आग मेरा इंतजार कर रही है।'[2]

---

1. मानूसी।
2. औरंगजेब के चरित्र-चित्रण का विवरण डॉ. जेमेली-करेरी द्वारा लिखित पुस्तक : 'वॉयेज

औरंगजेब के दक्षिण का वायसराय बनने के साथ ही सीमा पर स्थित मुगलों के किलों और बैरकों में सरगर्मियाँ शुरू हो चुकी थीं। शिवाजी को युद्ध की इन तैयारियों से चौंकने की जरूरत इसलिए भी महसूस नहीं हुई, क्योंकि अब तक उनके मुगलों से संबंध बराबरी के ही थे। उन्होंने औरंगजेब को एक बार फिर संदेश भेजा, जिसमें उन्होंने शाही दरबार के प्रति अपनी वफादारी की दुहाई देते हुए याद दिलाया कि औरंगजेब से पहले के मुगल बादशाहों की उन पर और उनके पिता पर कितनी कृपा-दृष्टि रही है, जिसके जवाब में औरंगजेब ने सरसरी तौर पर एक अस्पष्ट औपचारिक उत्तर भेज दिया। उसे एक छोटे से हिंदू जमींदार में कोई दिलचस्पी नहीं थी, जिसकी ताकत कुछ पहाड़ी लोगों तक सीमित थी। उसकी आँखें सुदूर दक्षिण में स्थित बीजापुर पर लगी हुई थीं।

बीजापुर शाही दरबार यूँ तो अपने को कट्टर इसलाम के रक्षक खलीफा से अपने रिश्ते का दावा करने के बावजूद ओटोमन खानदान का वंशज मानते थे, किंतु उन्होंने शिया धर्म अपना लिया था और इसीलिए उत्तर भारत के सुन्नी मुसलमान उन्हें काफिर का दरजा देते थे और औरंगजेब के लिए तो उनका शहर वह दोजख था, जिसमें सार्वजनिक हमाम और बाइजेंटाइन खूबसूरतियों से भरी-पूरी रंगीन इमारतों में देवी-देवताओं के समारोह होते हैं और विदेशी काफिर चित्रकारों द्वारा बनाई गईं रंग-बिरंगी तसवीरों में यूनानी देवी-देवता अर्धनग्न पोशाकों में रंगरेलियाँ मनाते नजर आते हैं। औरंगजेब इन नगरों को उसी नजर से देखता था, जिस नजर से उसके समकालीन इंग्लैंड में विभिन्न ओबदिया सार्जेंट चार्ल्स द्वितीय के दरबार को देखते थे।

जाहिर है कि ऐसी स्थिति में बीजापुर सरकार ने बहुत पहले ही भाँप लिया होगा कि औरंगजेब के बाद मुगलों से दूसरा युद्ध होना अवश्यंभावी है और इसलिए उनके लिए पहला काम शिवाजी की समस्या से निजात पाना हो गया था; क्योंकि अब सवाल यह नहीं था कि शिवाजी को, जो अब तक अपनी आजादी का बिगुल बजाते रहे हैं, उसे मनाया जाए या नहीं, बल्कि सवाल यह था कि जिस क्षेत्र पर शिवाजी का वस्तुत: कब्जा था, वह मुगलों के आक्रमण करनेवाले

अतर दू मोंद' तथा जे. बिलीमोरिया द्वारा संपादित पुस्तक 'एम्परर्स ओन लैटर्स' से लिया गया है।

मार्ग में पड़ता है। इसलिए शिवाजी से संधि करना या हमला करके उन्हें तबाह कर देने के स्थान पर चतुराई से शिवाजी की हत्या करने का षड्यंत्र रचा गया। इसके लिए एक मराठा को रिश्वत देकर तैयार भी किया गया, पर वह षड्यंत्र असफल हो गया।

हुआ यूँ कि यह हत्यारा उस इलाके से था, जिस पर मोर नामक एक हिंदू पहाड़ी सरदार का कब्जा था। जब शिवाजी छोटी अवस्था में थे, तब उनकी माँ ने उनकी शादी मोर की एक बेटी से करने का प्रस्ताव मोर को भिजवाया था। मोर ने प्रस्ताव को ठुकरा दिया था और दोनों परिवारों के रिश्ते बिगड़ गए। अब यह कहना मुश्किल है कि शिवाजी के एकाएक एक शक्तिशाली सरदार बन जाने की ईर्ष्या में या फिर बीजापुर से प्राप्त रिश्वत के परिणामस्वरूप मोर ने अपनी रियासत में शिवाजी की हत्या करने के लिए मंजूरी दे दी। इस खबर की जानकारी लगते ही शिवाजी ने मोर को धमकी भरा प्रस्ताव भेजा, जिसमें कहा गया कि वह फौरन उनसे संधि करे। इस प्रस्ताव को लेकर बातचीत का लंबा सिलसिला चलता रहा, क्योंकि संधि के लिए दोनों में से कोई भी ईमानदार नहीं था। इसका एक कारण यह था कि मोर शिवाजी की हत्या के षड्यंत्र में अभी-अभी शामिल हुआ था। दूसरा कारण, शिवाजी मोर को और ढील देना चाहते थे। कुछ समय पश्चात् जासूसों ने शिवाजी को वह बताया, जो वे सुनना चाहते थे कि मोर ने शिवाजी के खिलाफ मदद के लिए बीजापुर से अपील की है। अब शिवाजी को मौका मिल गया। वे कह सकते थे दुश्मनी की शुरुआत अब मोर ने की है। उन्होंने मोर की रियासत में अपनी फौज भेजकर उसके मुख्य शहर की घेराबंदी कर दी।

उनके सैनिक अभी मोर से झगड़ ही रहे थे, लेकिन जैसे ही मोर को शिवाजी के एकाएक हमले की खबर लगी तो मोर चिड़चिड़ाकर तोहमतें लगाने लगा। सभी लोग शराब पी रहे थे और सबके मिजाज गरम थे। शिवाजी के सैनिकों ने जवाब में मोर पर गद्दारी का इल्जाम लगाते हुए उसका बीजापुर से संपर्क का हवाला दिया। अंततः गरमागरमी में एक सैनिक ने तलवार निकाल मोर की हत्या कर दी और मार-काट, गहमागहमी में सभी सैनिक वहाँ से भाग निकले। कुछ ही समय बाद शिवाजी ने नगर में प्रवेश किया और शहर ने तुरंत आत्मसमर्पण कर दिया।

जो इतिहासकार शिवाजी के विरोधी रहे हैं, उन्होंने हत्या की इस घटना को पूर्वानियोजित बताया है, लेकिन इसका कोई सबूत नहीं मिलता। इसमें शक नहीं कि शिवाजी मोरं की रियासत को अपने अधीन करना चाहते थे और यह वे इस विश्वासघात के बिना भी कर सकते थे और फिर जो सैनिक मोर से झगड़ा कर रहे थे, उनमें से किसी की मोर से उतनी दुश्मनी भी नहीं थी, जितनी शिवाजी की थी। संभवतः इस आरोप को निराधार साबित करने के लिए मोर के एक सहयोगी के रवैए ने प्रमाण दे दिया, जिसका नाम बाजी प्रभु था। वह ईमानदार व्यक्ति था और अवसर आते ही उसने शिवाजी के समक्ष आत्मसमर्पण कर दिया और वह उनका निष्ठावान् अनुयायी बन गया और अंततः 'रंगना' को अपवित्र करने के विरोध में शिवाजी की रक्षा करते हुए उसने अपने प्राणों की आहुति दे दी, जिसे मराठे लोग यूनानियों के युद्ध से जोड़ते हैं, जो उन्होंने थर्मोपायले की रक्षा में लड़ा था। यदि वास्तव में वह ईमानदार न होता तो यह जानते हुए कि शिवाजी का उसके स्वामी की हत्या में हाथ था, वह कैसे अपने स्वामी के हत्यारे के लिए अपनी जान तक गँवा देता और यदि यह मान भी लिया जाए कि शिवाजी ने वाकई में मोर की हत्या का षड्यंत्र किया था तो यह भी याद रखना जरूरी है कि समकालीन मानसिकता इसे मोर द्वारा शिवाजी की हत्या के षड्यंत्र के जवाब के रूप में स्वीकार कर लेगी और शिवाजी को क्षमा कर देगी।

बीजापुर ने शिवाजी की समस्या को सुलझाने का जो प्रयास किया था, वह स्वयं बीजापुर के लिए उलटा पड़ गया, क्योंकि उसने शिवाजी को और भी शक्तिशाली बना दिया और उनसे समझौते की बीजापुर की रही-सही आस को भी समाप्त कर दिया।

सन् 1656 में औरंगजेब बीजापुर पर आक्रमण के लिए तैयार हो गया। भाग्य से उसको सुनहरा अवसर मिल गया। उसी साल नवंबर में सुल्तान की मृत्यु हो गई और उसके उत्तराधिकारी के रूप में एक उन्नीस वर्ष के लड़के अली ने गद्दी सँभाली। इस क्रम के दौरान बीजापुर में बड़े पैमाने पर अव्यवस्था और दंगे-फसाद हुए। औरंगजेब ने अपने पिता शाहजहाँ को एक खत में लिखा, जिसमें उसने बीजापुर राज्य की स्थिति को महत्त्वपूर्ण बताते हुए शिकायत की कि उसके राजा के नए उत्तराधिकारी ने मुगल दरबार की इजाजत के बिना

गद्दी सँभाली है। यही नहीं, अपने पिता द्वारा दिए गए समर्पण के वचन का भी नवीकरण नहीं किया है। उसने यह भी लिखा कि यह उत्तराधिकारी अवैध है (जबकि यह सरासर गलत था) और राज्य में हो रहे दंगे-फसाद और अव्यवस्था के मद्देनजर उस पर फतह करना सेना की महज कवायद होगी। शाहजहाँ ने अपनी मंजूरी दे दी और 1657 की फरवरी में मुगल फौज ने बीजापुर पर आक्रमण कर दिया।

उन दिनों की मुगल फौज के आयोजन और संयोजन में तीस-चालीस वर्ष पूर्व की यूरोप की फौजों की तुलना में ज्यादा अंतर नहीं था। साम्राज्य की असली ताकत उसके तोपखाने में थी, जिसकी तुर्क तोपों के बल पर बाबर ने भारत को जीतकर मुगल साम्राज्य की नींव रखी थी, किंतु सत्रहवीं शताब्दी तक अनेक तोपची विदेशी बहाल हो गए थे। ब्रिटिश इतिहासकार करेरी को औरंगजेब के शिविर में दौरा करते समय अंग्रेज, फ्रांसीसी, जर्मन, डच और पुर्तगाल के तोपची मिले, जिनमें से कुछ नौकरी की तलाश में आए थे तथा कुछ गोवा से भागे हुए भगोड़े नाविक या जेल से भागे अपराधी थे। उन्हें हिंदुस्तानियों से ज्यादा वेतन दिया जाता था। हरेक तोपची को दो सौ रुपए वेतन मिलता था।[1] तोपखाने के कमांडर के पद पर हिंदुस्तानी की नियुक्ति बहुत ही कम होती थी और होती भी थी तो उसका वेतन उसके साथी यूरोपियन तोपची से बहुत कम होता था। शाही फौज में हलकी तौपों की गिनती साठ से सत्तर होती थी, जबकि भारी तोपें तीन हजार होती थीं। हलकी तोपों को घोड़ा गाड़ियों पर और भारी तोपों को ऊँटों पर ढोया जाता था।

पैदल सेना में भी अनेक फ्रांसीसी अफसर थे, क्योंकि मुगल सेना में नौकरी करने के लिए उनमें वही आकर्षण था, जितना कि ग्यारहवीं शताब्दी में अंग्रेजों को फ्रांसीसी सेना की नौकरी करने में था। जल्द ही इन फ्रांसीसी अफसरों का जीवन मालामाल हो गया, क्योंकि इनका वेतन यूरोप के सैनिकों से कही ज्यादा था और काम बहुत हलका था। उन्हें सुविधाएँ भी खूब दी जाती थीं। इतिहासकार

1. शिवाजी के विरुद्ध जयसिंह के युद्ध काल के दौरान मानूसी घुड़सवार सेना में कमांडर के पद पर नियुक्त था। उस समय उसका वेतन 300 रुपए प्रतिमाह था। उस समय रुपए के मूल्य को देखते हुए 300 रुपए उसके समकालीन बाइजेंटाइन साम्राज्य के अधिकारियों के वेतन के बराबर था।

डॉ. करेरी के अनुसार, एक निजी फ्रांसीसी सैनिक के लिए कोई अनुशासन नहीं था और आदेश का उल्लंघन या नौकरी से पलायन जैसे अपराध करने पर भी उन्हें केवल जुर्माना या वेतन कटौती जैसी हलकी-फुलकी सजा दी जाती थीं।

सेना के साथ बड़े पैमाने पर शिविर के लोगों के अलावा सैनिकों के रिश्तेदार और दोस्त भी चला करते थे। इतिहासकार डॉ. मानूसी के अनुसार, प्रत्येक सैनिक के साथ उसकी पत्नी और बच्चे होते थे। सैनिक की गोद में छोटा बच्चा और सिर पर टोकरी होती, जिसमें भोजन बनाने की सामग्री होती थी और उसके बगल में उसकी पत्नी अपनी पीठ पर बर्छी या भाला उठाए दिखती थी। बंदूक की नली में किरच की जगह लंबी चम्मच लगी होती थी, क्योंकि लंबी होने की वजह से उसे टोकरी में रखना मुश्किल होता था। सेना के साथ अनेक दरबारी भी चला करते थे, जिनका लड़ाई से खास लेना-देना नहीं था। लिहाजा उनके पास बंदूक तक नहीं होती थी, लेकिन इस रंगीन जुलूस के पीछे खूँखार पठानों और अरबी भड़ैतियों के दस्ते मार्च करते थे।

हमले के लिए जाती हुई फौज के कमांडर का वही रुतबा था, जो दिल्ली के शहंशाह का था। औरंगजेब के शिविर के चारों ओर सौ शाही नौकर सोने के डंडे लिये हमेशा तैनात रहते और सुनहरे लंबी बाँहोंवाले गुलबदन पहने नौ निजी सचिव हमेशा औरंगजेब की सेवा में मौजूद रहते थे। यद्यपि औरंगजेब का निजी जीवन एक सूफी संत जैसा था, तथापि एक बादशाह के रूप में वह अपनी हैसियत की गरिमा के साथ-साथ शाही शानो-शौकत को बाकायदा बनाए रखता था। उसके तंबू के सामने शाही झंडे फहराते, सजे-धजे हाथियों की कतारें होतीं और जब वह तंबू से निकलता तो कारिंदे आठ फीट लंबे हरे बिगुलों का घोष करते, जिसकी गूँज दूर-दूर तक सुनाई देती थी।

शिवाजी ने मुगल फौजों के मार्ग में अड़चन नहीं पहुँचाई, क्योंकि वे अपने को शाही दरबार का वफादार सामंत घोषित कर चुके थे। इसलिए शाही लश्कर के उनके क्षेत्र से गुजरने में उन्हें काई शिकायत नहीं थी और इस समय किसी प्रकार की अड़चन पैदा करना उनके लिए व्यर्थ ही साबित होता, क्योंकि शिवाजी भली प्रकार समझते थे कि शाही दरबार को चुनौती देने में समर्थ होने के लिए उन्हें अभी काफी समय तक इंतजार करना पड़ेगा। वे पहाड़ों पर डेरा

डाले बैठे रहे और शाही लश्कर पहाड़ी किलों के दोनों ओर बने पुलों से गुजरता हुआ दक्षिणी पठार और तटीय इलाके की ओर बढ़ता गया। एक ऊँची चट्टान पर चढ़कर उन्होंने देखा कि धूल भरी पहाड़ी सड़क पर ऊँटों और हाथियों का काफिला चला जा रहा है, जिसमें मुगल सैनिकों और तोपों की कतारों के अलावा तारतारी घुड़सवारों के लाल फुनगे फरवरी की साफ हवा में दूर से झिलमिलाते नजर आ रहे थे। शिवाजी ने कल्याण नगर को, जिसकी जीत उनकी पहली सफलता थी, सोच-समझकर खाली कर दिया था। उस पर अब शाही बनकर मुहम्मद फिर से शासन कर रहा था। राज्यपाल धीरे-धीरे शाही फौज दक्षिण की ओर कूच कर गई। मुगलिया लश्कर के हमले की खबर से बीजापुर के शासक अली के होश उड़ गए। घोर निराशा में उसने घुटने टेक दिए और एक दीन-हीन गुलाम की तरह आत्मसमर्पण कर दिया और इस प्रस्ताव को लेकर संदेशवाहक को बादशाह की शान में भेजता रहा, लेकिन इन तामाम संदेशों का औरंगजेब पर एक कुटिल मुसकान के सिवाय कुछ असर नहीं पड़ा। उसे मुगल साम्राज्य बढ़ाने के लिए किसी नए इलाके की जरूरत नहीं थी, न ही उसे किसी आत्मसमर्पण की कदमबोसी चाहिए थी। वह तो सिर्फ काफिरों के अड्डे को बरबाद कर देना चाहता था।

युद्ध में मुगलों की ताकत को आजमाना बेकार था, इसलिए बीजापुर के लोगों ने अपनी फसलें जला दीं, अपने गाँव और खेत खाली कर दिए और एक जुलूस की शक्ल में बड़े शहर की विशाल दीवारों की शरण में पहुँच गए। नमाजी लोग मोहम्मद के बाल के स्मृति-चिह्न वाले तीर्थस्थल में जाकर गुजरे हुए बादशाहों की कब्रों के सामने लोट गए और मातम मनाने लगे। अनेक कब्र की मुंडेर पर सिर मारने लगे, छातियाँ पीटने लगे और उनके ऊपर की छत पर इटली के चित्रकारों के बने भीतिचित्रों को प्रेम की देवी अपनी हारी मुसकान में रोती-पीटती जनता को मुँह चिढ़ाती रही। दक्षिण के जादू-टोना करनेवाले जादूगर, जिनमें जिन्नों को वश में करने की ताकत थी और जिन्हें टीपू सुल्तान ने अंग्रेजों के खिलाफ अपनी लड़ाई को जीतने के लिए रखा था, शाही फौज के खिलाफ जादू-टोना करने लगे, उन्हें बददुआ देने लगे। उधर दीवारों पर लगी पुरानी तुर्क बंदूकों को, जिनकी दैवी समझकर पूजा की जाती थी, उतारकर उन पर लिपटे

सुनहरे कपड़ों को हटाया गया और लड़ाई के लिए तैयार कर दिया गया। मैदान में लगी विशाल तोपों के खुले जबड़ों को पत्थरों, नुकीली कीलों और शीशे के टुकड़ों से भर दिया गया। धूप में लिपटे नंगे बदनवाले तोपची भरी दोपहरों में अपने काम पर लगे रहे।

इस बीच शिवाजी चुपचाप अपनी पहाड़ी गुफा में बेचैनी से समय काट रहे थे। ऐसे मौके पर उन्हें अपनी शिथिलता पर कोफ्त हो रही थी। रह-रहकर उनका मन करता कि क्यों न इस मौके का फायदा उठाकर अपनी घुड़सवार सैनिकों की दशा सुधार ली जाए! आखिरकार यदि उन्हें मुगलिया लश्कर या मुगलों के पिट्ठू राजपूतों की घुड़सवार सेना का मुबाकला करना पड़ा तो क्या वे उन सैनिकों के सामने ठहर पाएँगे, क्योंकि उनके घुड़सवार अब तक पहाड़ी टट्टुओं पर बिना काठी इस्तेमाल किए ही लड़ाई लड़ते रहे थे। शिवाजी का मन था कि इस मौके पर उनकी दशा सुधारी जा सकती है। उनका छोटा सा सैनिक अभियान गुस्ताखी का कदम भले ही माना जाएगा, पर उनकी दृष्टि में यह जोखिम उठाना भविष्य के लिए लाभकारी होगा। इसी निर्णय के साथ उन्होंने कुछ घुड़सवारों को लेकर मुगल सीमा पर स्थित मुगलों की छावनी अहमद नगर पर हमला किया और घुड़सवारों की करीब एक हजार घोड़ों की काठियों को लेकर वह सही-सलामत लौट आए। उनकी इस सैनिक गुस्ताखी की खबर औरंगजेब को लगी, जो उस समय बीजापुर के बाहर डेरा डाले हुए था। वह क्रोध में पागल हो गया। उसने फौरन अपने सैनिकों को आदेश दिया कि शिवाजी पर हमला करके उनकी जमीन पर कब्जा कर लिया जाए। जमीन पर बसे गाँवों को बरबाद करके उनके बाशिंदों की हत्या कर दी जाए। इतना ही नहीं, उसने अपने फरमान में यह भी कहा कि शिवाजी अपनी सैनिक काररवाई के दौरान जिस मार्ग से गुजरे थे, वहाँ की जनता और मुगल अधिकारियों की भी बेदर्दी से हत्या कर दी जाए, क्योंकि यह लापरवाही तख्त के प्रति गद्दारी से कम नहीं है और इस गद्दारी का एक ही प्रायश्चित्त है। वह है—सज़ा-ए-मौत!

लेकिन इसी दरम्यान बारिश का मौसम शुरू हो गया और शिवाजी को दी गई सजा को फौरन अमलीजामा नहीं पहनाया जा सका। शिवाजी ने इस समय का फायदा उठाया। उन्हें कुछ समय भी चाहिए था, जिसमें वे अपने घुड़सवारों

को काठी का इस्तेमाल करने का प्रशिक्षण दे सकें। उन्होंने औरंगजेब को अपनी गलती के लिए माफीनामा भेजा, जिसमें उन्होंने मुगल दरबार के प्रति अपनी वफादारी के वचन को दोहराते हुए अपनी करनी पर प्रायश्चित्त करने का आश्वासन दिया।

शिवाजी के इस माफीनामा को पाकर औरंगजेब की मंशा वही थी, जो बीजापुर से माफीनामा पाकर हुई थी, लेकिन हुआ यह कि बारिश का मौसम समाप्त होने से पहले ही उसे दिल्ली में शहंशाह के बीमार पड़ जाने की खबर मिल गई। अब किसी भी वक्त उसकी मृत्यु हो सकती थी और वलीअहद दारा वस्तुत: शाही काम-काज सँभालने लगा था, क्योंकि अब वह अपने को मुगलिया तख्त का वारिस समझने लगा था।

इस समय शहंशाह के चारों बेटों में औरंगजेब ही वह वलीअहद था, जिसके पास जंग के लिए तैयार फौज थी। उसने दारा के गद्दी पर बैठने के दावे को स्वीकार करने से इनकार कर दिया। उसने बीजापुर पर अपना घेरा उठाया और अपनी फौज के साथ दिल्ली की ओर कूच कर दिया। इससे पहले उसने बीजापुर को कुछ शर्तों पर माफ कर दिया। बीजापुर को लगा, जैसे उसकी जान बख्श दी गई। उसने फौरन सारी शर्तें मंजूर कर लीं। दिल्ली कूच करते समय औरंगजेब ने अपने सिपहसालारों को शिवाजी से निपट लेने का आदेश दिया। उसकी कट्टर, जहरीली जुबान में दिए गए आदेश को उन्होंने बखूबी समझ लिया, 'उस पर नजर रखो, यह कुत्ते का पिल्ला सिर्फ मौके का इंतजार कर रहा है।' अगला पूरा वर्ष उत्तरी भारत शाही गद्दी के लिए उत्तराधिकारियों की लड़ाइयों के कारण पूरी तरह अस्त-व्यस्त रहा। औरंगजेब की आदत थी कि जब तक वह अपने काम के औचित्य से संतुष्ट नहीं हो जाता, वह खुश नहीं रह सकता था और शायद उसे यह यकीन था कि चूँकि दारा का झुकाव[1] ईसाई धर्म के प्रति था, इसलिए हिंदुस्तान में इसलाम के प्रभुत्व पर खतरा पैदा हो जाएगा। दरअसल उसी ने दारा

1. वह उस समय फ्लेमिश ईसाई पादरी 'बजी' के संसर्ग में था, लेकिन इसके साथ ही उसने बड़े मनोयोग से हिंदू धर्म का अध्ययन भी किया और हिंदू धार्मिक ग्रंथ 'उपनिषद्' का फारसी में अनुवाद किया। उसने एक शोध-ग्रंथ लिखा, जिसमें उसने हिंदू और इसलाम धर्मों की चर्चा करते हुए उनके मिश्रण की संभावना पर अपना मत प्रकट किया और दो 'समंदरों का मिलन' शीर्षक से एक ग्रंथ लिखने का प्रयास भी किया था।

को लेकर यह अफवाह फैलाई थी कि उसने शाहजहाँ को खाने में जहर देकर बीमार किया है। औरंगजेब मन-ही-मन जानता भी था कि यह झूठ है, पर अपनी चालाकी की वजह से वह खुलकर गद्दी के दावेदार के रूप में नहीं आना चाहता था। इसलिए वह अपने बड़े भाई मुराद को गद्दी पर बैठाने के समर्थन में खड़ा हो गया। वलीअहद शुजा, जो बंगाल का गवर्नर था, पहले ही अपना समर्थन मुराद को दे चुका था, लेकिन दुर्भाग्यवश शाहजहाँ की बीमारी में एकाएक सुधार हो गया और उसने सभी वलीअहदों को आदेश दिया कि वे वापस जाकर अपना काम सँभालें। चारों वलीअहदों ने आदेश मानने से इनकार कर दिया और दिल्ली की ओर बढ़ने लगे। उधर औरंगजेब ने एक और चाल चली। उसने शुजा को मुराद के इसलाम धर्म विरोधी विचारों के बारे में आगाह किया कि उसका गद्दी पर बैठना इसलाम के लिए खतरा पैदा कर सकता है। अपने बारे में उसने कहा, 'जहाँ तक मेरा ताल्लुक है, मैं तो यही चाहता हूँ कि हिंदुस्तान की गद्दी पर एक कट्टरपंथी इसलामी बादशाह को बैठा सकूँ। उसके बाद तो मैं खुशी-खुशी संत बनकर अपने दिन गुजार लूँगा।'

जहाँ तक शाही दरबार की सरगर्मियों का सवाल था, वे खूब जोरों पर थीं। शाहजहाँ की दो बेटियों ने अपनी चालों और षड्यंत्रों से पूरा माहौल गरम कर रखा था। बड़ी बेटी जहाँआरा खूबसूरत थी और अपने पिता की दुलारी थी। इसके अलावा विदुषी भी थी। वह नज्में भी लिखती थी। वह अपने भाई दारा से प्रभावित थी, जिसके साथ वह फारसी कवियों की रचनाओं का अध्ययन करती थी और समकालीन संत तबरीजी की रचनाओं पर चर्चा करती थी, जिसके दर्शन का सारांश था—'धर्म क्या है ? अधर्म क्या है ? इन सभी मार्गों का अंतिम लक्ष्य एक ही है, केवल व्याख्याएँ अलग-अलग हैं।' दूसरी बेटी रोशनआरा देखने में अपनी बहन जैसी सुंदर नहीं थी और इसकी पूर्ति वह अपनी वैभवशाली और चमक-दमक की जीवन-शैली से करती थी। वह जानती थी कि उसकी बहन पर पिता ज्यादा मेहरबान थे, जिसका असर अप्रत्यक्ष रूप से दरबार पर भी पड़ता था। इसलिए वह हमेशा कड़वी जुबान में बातें करती थी। उसके मजाक तीखे होते थे। अपने भाई दारा की लोकप्रियता से भी उसे जलन महसूस होती थी। इसलिए उसका रुझान तीसरे भाई औरंगजेब की ओर था। वह औरंगजेब के

षड्यंत्रों में भी अहम भूमिका निभाती थी, जिसके परिणामस्वरूप शाहजहाँ के अनेक फरमान निशक्त हो जाते थे। दरबार में वह हमेशा औरंगजेब को पक्का मजहबी, वफादार, पर गलतफहमी के शिकार बेटे के रूप में प्रस्तुत करती थी, जो उसके अनुसार, कायदे से शाहजहाँ का सही वारिस था।

आखिरकार शाहजहाँ ने अपने बेटों के आपसी झगड़ों से तंग आकर तीनों बेटों को बागी करार दे दिया और उन्हें गिरफ्तार कर बंदी बना लेने का आदेश दिया। इसके साथ ही उसने वलीआहद दारा को मुगल सेना का कमांडर नियुक्त कर दिया। दारा जब अपने वृद्ध पिता से जाने की इजाजत लेने आया तो वृद्ध शाहजहाँ ने रोते हुए अपने बेटे को गले से लगाकर कहा, 'अपनी जान का ध्यान रखना!' जिसके जवाब में दारा ने कहा, 'घबराएँ नहीं अब्बा हुजूर! या तो तख्त होगा या कब्र होगी।' यह कहकर उसने घोड़ा दौड़ा दिया पर तीनों भाइयों की सम्मिलित सेना के सामने टिक नहीं पाया और हार गया। तीनों वलीअहदों की सेनाओं ने आगरा में प्रवेश किया। शाहजहाँ को गद्दी से उतारकर उसे किले में बंदी बना दिया, जहाँ उसकी प्यारी बेटी जहाँआरा को भी बंदी बनाकर रख दिया गया। दोनों को साथ मिला, जबकि छोटी बहन रोशनआरा बड़े आराम से औरंगजेब के साथ खड़ी रही।

उसके बाद औरंगजेब ने एक दिन वलीअहद मुराद को खाने पर बुलाया। खूब शराब पिलाकर उसे बेहोश कर दिया। उसके बाद एक गुलाम कनीज को रिश्वत देकर तैयार किया कि वह प्रेमिका का स्वाँग रचकर मुराद के पास जाए। प्रेम का नाटक करे और मौका पाकर उसकी म्यान में से तलवार निकालकर छिपा दे। जैसे ही उसने मुराद की तलवार निकाली, औरंगजेब के तैयार सैनिकों ने मुराद पर हमला करके गिरफ्तार कर लिया। उसे जंजीरों में जकड़कर रात के अँधेरे में जेल में डाल दिया। अगले दिन सुबह औरंगजेब ने अपने को मुगल तख्त का शहंशाह घोषित कर दिया। एक महीने बाद वलीअहद दारा की हत्या कर दी गई। मरने से पहले उसने ईसाई पादरी बज्जी से मिलने की इच्छा व्यक्त करने के साथ-साथ ईसाई के रूप में मरने की ख्वाहिश की थी, लेकिन इसे नामंजूर कर दिया गया। मरने से पहले दारा ने कहा था—'मुहम्मद ने मुझे बरबाद किया, लेकिन ईश्वर और मरियम का बेटा मुझे जीवन देगा।' उसके कटे सिर

को चाँदी की तश्तरी में रखकर औरंगजेब के सामने पेश किया गया। औरंगजेब ने कटे सिर में अपनी तलवार की नोक घुसाई और नफरत भरी मुसकान से उसे देखने लगा। उसके बाद उसने कटे सिर को तोहफे की शक्ल में ढककर अपने बाप के पास भेजा। शाहजहाँ खुश हुआ कि उसके बेटे ने उसे तोहफा भेजा है। उसने खुशी और उत्सुकता में तोहफा खोला, लेकिन उस तोहफे को देखकर वह बेहोश होकर गिर पड़ा और कुछ ही क्षण में उसने अपने प्राण त्याग दिए।

अपने मृतक भाई को नीचा दिखाने और उसके मान-मर्दन के अंतिम प्रयास के रूप में औरंगजेब ने उसकी बेगम 'राना-ए-दिल' को हथियाने की कोशिश की। राना-ए-दिल एक खूबसूरत हिंदू कनीज थी, जिसके प्यार में गिरफ्त होकर दारा ने उससे शादी कर ली थी और पिता शाहजहाँ से जिद कर उसे 'तैमूरलंग के शाही खानदान की राजकुमारी मुकर्रर करवाया था।' राना-ए-दिल को जब शाही हरम में बुलाया गया तो उसने जवाब में औरंगजेब को लिखा, 'जिस हुस्न की आपको चाहत है, वह अब ढल चुका है, यदि मेरा खून आपको खुश कर सकता है तो वह आपके लिए हाजिर है।' और अपनी कटार निकालकर उसने अपने मुँह को जख्मी कर दिया।

गृहयुद्ध का यह लंबा ड्रामा औरंगजेब ने सभी भाइयों को मारकर समाप्त किया, जिसमें मुराद का सिर उसके धड़ से अलग कर दिया गया। दूसरा भाई शुजा जब बर्मा की तरफ भागा जा रहा था, उसका पीछा करके उसे मार डाला गया। तीसरे भाई के लड़के सुलेमान तक को उसने नहीं छोड़ा। उसे रोजाना खाने में अफीम खिलाई गई, जब तक कि वह कमजोर होकर लकवे से मर न गया। सबसे बड़े भाई दारा के प्रति उसकी नफरत की वजह उसका इसलाम विरोधी रवैया और ईसाई मत के प्रति रुझान था। वह कवि भी था और औरंगजेब को वह 'नमाजी' कहकर अपमानित करता था। इसीलिए औरंगजेब ने बेरहमी से उसकी हत्या करवाई और उसके बेटे तक को जिंदा नहीं छोड़ा। इस प्रकार भाइयों की नृंशस हत्या करने पर ही उसकी नफरत की ज्वाला शांत हो सकी।[1]

□

---

1. इन घटनाओं का संदर्भ मानूसी तथा बर्नियर लिखित पुस्तक : 'हिस्टरी ऑफ दि ग्रेट रेबेलियन इन दि स्टेट्स ऑफ दि ग्रेट मुगल' से लिया गया है।

नवाँ अध्याय

आशा के विरुद्ध औरंगजेब से छुटकारा पाकर बीजापुर सरकार में एक नए जीवन का संचार हो गया। उन्हें यह भली-भाँति समझ में आ गया कि एक-न-एक दिन मुगल फिर लौटेंगे। लेकिन जब तक दिल्ली दरबार की गद्दी की लड़ाई चलेगी, तब तक उन्हें साँस लेने का मौका मिलेगा और यही मौका था, जब सुल्तान की मृत्यु के बाद माँ हुजूर बेगम सल्तनत में एक शक्तिशाली शासक के रूप में उभरकर आई, जिसने अपने शौहर के उत्तराधिकारी अपने उन्नीस बरस के बेटे पर हावी होकर शासन की बागडोर सँभाली थी। वह बुद्धिमान महिला थी और राजनीति में कुशल खिलाड़ी थी। उसने सभी मंत्रियों को फौरन उन जागीरदारों और मनसबदारों पर हमला करके अपने अधीन करने का आदेश दिया, जिनकी गद्दारी की वजह से मुगलों को आसानी से बीजापुर पर चढ़ाई करने का मौका मिला था।

यह जगजाहिर था कि इन जागीरदारों में सबसे आगे शिवाजी का नाम था। इसके बाद से बीजापुर दरबार के लिए शिवाजी एक प्रेतात्मा की तरह हो गए, जिसका जिक्र करते हुए डॉ. फायर ने कहा, 'बीजापुर के लिए वह कटा हुआ गोश्त का टुकड़ा था, जो अपने ही रोब और गरूर में फूला हुआ, अपनी सनक में अपने को हरफनमौला समझे बैठा, एक लुटेरा और एक क्रूर हत्यारा था।'

सन् 1659 के प्रारंभ में माँ हुजूर बेगम ने अपने दरबार के चुनिंदा जागीरदारों को बुलाया और शिवाजी का खात्मा करके पुराने सीमांत किलों को अपने कब्जे में लेने के लिए उनसे कहा कि जो जागीरदार इस काम को पूरा कर सकता है, वह सामने आकर काम का जिम्मा सँभाले। इनमें से पहला जागीरदार खुद

उसका बहनोई अफजल खाँ सामने आया। उसने इस काम को पूरा करने की जिम्मेदारी ली। अफजल खाँ लंबा-चौड़ा अफगान था। वह बहादुर और एक सफल तलवारबाज भी था, जो मुगलों से युद्ध में अपने युद्ध-कौशल की धाक जमा चुका था। उसकी कमान में बड़े पैमाने पर सेना गठित की गई, जिसमें तुर्की तोपखाना भी रखा गया। बीजापुर दरबार में वह अपने युद्ध कौशल और बहादुरी की खुलकर शेखी मारने लगा। उसने कहना शुरू कर दिया कि वह हिंदू लुटेरे को घोड़े पर चढ़ने से पहले ही बंदी बनाकर पिंजरे में चूहे की तरह बंद करके बीजापुर लाएगा और तब बीजापुर की भीड़ उस चूहे को देखेगी और तालियाँ बजाएगी; लेकिन अकेले में वह शिवाजी की बहादुरी की कहानियों को सुनकर डरता था। उसने माँ हुजूर बेगम से मशवरा किया। उसने परामर्श दिया कि बेहतर यह होगा कि वह दोस्ती के नाम पर धोखे से शिवाजी को गिरफ्तार करे।

अफजल खाँ की किस्मत को लेकर एक मुसलिम इतिहासकार ने लिखा था, 'मौत का फरिश्ता उसे गिरहबान से पकड़कर ले गया और उसे मौत के कुएँ में गर्क कर दिया' और वास्तव में युद्ध की तैयारी के दौरान उसे अपने आनेवाले खौफनाक दिनों का अहसास होने लगा था। वह रह-रहकर चौंक जाता था। मराठी परंपरा के अनुसार जब वह बड़ी मसजिद में अपनी जंग में सफलता के लिए इबादत करने गया तो मसजिद का मौलवी उसे देखते ही डर के मारे पीछे हट गया और आतंक में चिल्लाने लगा कि उसे उसके कंधों पर सिर नजर नहीं आ रहा है, सिर्फ खून से लथ-पथ धड़ दिखाई दे रहा है। अफजल ने इसे अपनी मौत का अपशकुन माना और अपने महल में लौट आया, जिसके उदास खँडहर शहर के आखिरी छोर पर भूरे पत्थरों के अंबार के रूप में आज भी नजर आते हैं। यहाँ आकर उसने अपने हरम की चौंसठ औरतों को पानी में डुबो देने का हुक्म दिया, ताकि उसके मर जाने के बाद उन्हें किसी अजनबी के सामने आत्मसमर्पण करने की नौबत न आए। उन बेजुबान औरतों में एक को छोड़कर किसी ने चूँ तक नहीं की और मरना कबूल कर लिया; लेकिन चौंसठवीं औरत ने भागने की कोशिश की, पर रास्ते में उसे भी मार डाला गया। आज सैलानियों को छोटे आकार की तिरसठ कब्रों को दिखाया जाता है, जो एक ही कतार में लगी हुई हैं। इससे थोड़ा हटकर उस गरीब मायूस बीवी की कब्र है, जहाँ भागने की कोशिश में वह मारी गई थी।

इन अपशकुनों के बीच आतंक से बचने के लिए अफजल खाँ आखिरकार अपनी सेना को लेकर चल पड़ा। जैसे-जैसे वह मराठा क्षेत्र में घुसता गया, क्रूरता के पागलपन में उसने हिंदू इमारतों और हिंदू प्रतीकों को तहस-नहस करना शुरू कर दिया। उसकी मंशा थी कि अपनी क्रूरता के कहर से शिवाजी को डराकर आत्मसमर्पण करने के लिए मजबूर कर देगा या फिर शिवाजी को पहाड़ों से पकड़ लाएगा। नफरत और निष्ठुरता के पागलपन में उसने मार्ग के हिंदू मंदिरों को नष्ट कर दिया। मूर्तियों को तोड़कर फेंकवा दिया। गायों की हत्या कर उनके खून को टूटे मंदिरों पर छिड़कवा दिया। इन खूनी कारस्तानियों के बीच के अंतराल में अफजल खाँ ने अपने को खुश करने के लिए लोहे का पिंजरा बनवाना शुरू किया, जिसमें वह शिवाजी को कैद करके रखना चाहता था।

शिवाजी के शिविर में अफजल खाँ के बढ़ने की खबरों से, खासकर उसकी नफरत और क्रूरता की खबरों से, मराठे पहले तो चिंतित दिखाई दिए, क्योंकि अब तक के उनके सैनिक अभियान छोटे-मोटे ही थे और अपने पहाड़ी प्रदेश तक ही सीमित थे, जहाँ छोटे-मोटे शहरों या अनारक्षित किलों पर एकाएक हमला करना, लूटना और भाग जाना से ज्यादा कुछ नहीं था। किसी जंग या आक्रामक सेना से मुठभेड़ का उन्हें कोई अनुभव नहीं था, लेकिन अब एक अरब के नेतृत्व में एक घुड़सवार सेना, अफगानों, पठानों और तुर्कों की पैदल सेना सिर्फ उन पर आक्रमण करने के लिए आ रही है, यह खबर उन्हें आतंकित करने के लिए पर्याप्त थी। शिवाजी की सफलताओं से उनमें जो आत्मविश्वास और हौसला पैदा हुआ था, वह अब शेष नहीं रहा था। युद्ध परिषद् की बैठक में शिवाजी के सभी सलाहकारों ने युद्ध के विरोध में विचार व्यक्त किए और शिवाजी से माँग की कि वे उचित शर्तों पर इसे टालने का प्रयास करें। शिवाजी भी युद्ध टालने के लिए बातचीत करने पर तैयार हो गए। इस बर्बर मुसलिम आततायी को युद्ध से हटाकर कुटनीति के जाल में फँसाने की कला में उस समय शिवाजी से बढ़कर और कौन हो सकता था? लेकिन वे यह भी भली-भाँति समझते थे कि जब तक मराठे युद्ध में मुसलमानों का मुकाबला नहीं करेंगे, तब तक वे कभी स्वतंत्र नहीं हो पाएँगे। पूरी रात युद्ध परिषद् में चर्चा होती रही। रात्रि के अंतिम प्रहर में शिवाजी नींद की झपकी लेने चले गए। कहा जाता है

कि उनके निर्णय लेने की प्रेरणा उन्हें भोर के स्वप्न में मिली थी। नई ऊर्जा और साहस के साथ शिवाजी युद्ध परिषद् में आए और आते ही उन्होंने घोषणा की कि हम मुसलिम फौज का मुकाबला करेंगे। उनके शौर्य और दृढ़ प्रतिज्ञता को देखते हुए सभी पार्षदों ने हारे मन से इसे स्वीकार कर लिया और आनेवाली विभीषिका का अनुमान भी लगा लिया। उसके बाद शिवाजी ने अपनी माता को संदेश भेजा। संदेश पाते ही वह बहादुर महिला तुरंत तैयार होकर पहाड़ों में बसे शिविर में पहुँच गई। जब उन्हें पता चला कि शिवाजी किसी भी हालत में मुसलिम फौज का मुकाबला करने के लिए तैयार हैं तो उन्होंने भी स्वीकार किया कि इसके अलावा शिवाजी के पास अब और कोई उपाय नहीं है।

ऐसे विकट समय में अनपेक्षित रूप से अफजल खाँ द्वारा भेजे गए दूतों का एक दस्ता पैगाम लेकर शिवाजी के शिविर में पहुँचा। पैगाम में कहा गया कि अगर शिवाजी बीजापुर के प्रति नाममात्र की वफादारी पूरी कर दें तो सुल्तान शिवाजी द्वारा अधिकृत तमाम मराठा क्षेत्र को उनकी अधिकृत जागीरदारी में स्वीकार कर लेगा और उन्हें उसका शासक स्वीकार कर लेगा। शिवाजी को चूँकि अफजल खाँ और बीजापुर की माँ हुजूर बेगम के षड्यंत्र के बारे में कोई जानकारी नहीं थी, इसलिए जब उन्हें संधि का यह प्रस्ताव मिला तो स्वाभाविक रूप से वे आश्चर्यचकित हो गए और यह भी तब, जब वे अफजल खाँ की बड़ी-बड़ी डींगों की खबरें सुनते रहे थे कि वह शिवाजी को बंदी बनाने के लिए एक पिंजरा बना रहा है। वह मार्ग के तमाम मंदिरों को रौंदता, मार-काट करता आ रहा है! लेकिन शिवाजी ने अपने आश्चर्य और संदेह को छिपाकर दूतों के दस्ते का मैत्री भाव में सम्मान सहित स्वागत किया। अब दूतों के दस्ते में एक ब्राह्मण देवता भी थे।[1] उसी रात शिवाजी छिपकर उनके तंबू में घुस गए। साष्टांग लेटकर उनके पाँव पकड़ लिये और प्रार्थना की कि यदि वे सच्चे हिंदू हैं और अपनी श्रेष्ठ ज़ाति के प्राचीन गौरव का मान करते हैं तो कृपा करके सच-सच बताएँ कि अफजल खाँ के इस क्षणिक प्रस्ताव की पृष्ठभूमि क्या है? ब्राह्मण

1. शिवाजी के संघर्ष में एक बड़ा लाभ, जो शिवाजी को हमेशा मिलता रहा, वह यह था कि जिन राज्यों से उनके युद्ध हुए, वहाँ के हिंदू अधिकारियों की सहानुभूति उन्हें हमेशा मिलती रही। यूरोप में क्लोविस के उदय का भी यही कारण था।

बड़े पसोपेश में पड़ गया; क्योंकि वह जानता था कि यदि उसकी गद्दारी की भनक अफजल खाँ को मिलेगी तो उन्हें क्या सजा मिलेगी! शिवाजी ने जब यह बताया कि अफजल खाँ ने किस प्रकार मार्ग में पड़नेवाले सभी मंदिरों, धर्मस्थलों को, उनमें प्रतिष्ठित मूर्तियों को बेदर्दी से नष्ट किया है तो ब्राह्मण से रहा नहीं गया और उसने जो कुछ उसे पता था, बता दिया।

ब्राह्मण ने कहा कि उसे स्वयं कोई जानकारी नहीं है, लेकिन उसने अफजल खाँ के अधिकारियों को एक प्रस्ताव पर चर्चा करते हुए सुना जरूर है, जिसमें अफजल ने कहा था कि विद्रोही व्यक्ति को पकड़ने के लिए बुलाया जाएगा और धोखे से बंदी बना लिया जाएगा।

शिवाजी ने ब्राह्मण को धन्यवाद दिया और वायदा किया कि युद्ध के पश्चात् वे उन्हें भूमि के भव्य पुरस्कार से सम्मानित करेंगे। इसके साथ-साथ शिवाजी ने उनसे एक और सहायता की प्रार्थना की। लौटने के बाद क्या वे अफजल खाँ को बता सकते हैं कि उनके डर और आतंक से शिवाजी के हौसले पस्त हो चुके हैं। वह आकर समर्पण करना तो चाहता है, पर आने की हिम्मत साथ नहीं दे रही है। ऐसी स्थिति में क्या अफजल खाँ, जो शेर की तरह बहादुर है, शिवाजी के खेमे में जाकर मिल सकता है?

अगले दिन दूतों का दस्ता लौट गया और अफजल खाँ ने शिवाजी के भय का विवरण ब्राह्मण के मुख से सुना तो गर्व से फूल उठा। उसने कहा, 'क्यों नहीं? जहाँ भी शिवाजी चाहे, वह उससे वहीं मिलेगा।' ब्राह्मण ने शिवाजी से मिलने के स्थान के बारे में सुझाव दिया कि वह शिवाजी से प्रतापगढ़ किले के नीचे की पहाड़ी पर मिले। यहाँ छोटा सा पठार है, जिस पर मिलन का आयोजन किया जा सकता है। यह किला शिवाजी के अधीन है। पठार चारों ओर से खुला है, जहाँ से कोयना घाटी दिखाई देती है। इसके चारों ओर घना जंगल है, जिसके टेढ़े-मेढ़े रास्ते केवल वहाँ के पहाड़ी लोग ही जानते हैं।

शिवाजी ने अपने आदमियों को जंगल के बीच से उस पठार तक एक रास्ता बनाने के काम पर लगा दिया। यह मार्ग पठार तक जाकर समाप्त हो जाता था। कोई भी व्यक्ति यदि जंगल की पगडंडियों को न जानता हो तो वह केवल इसी मार्ग से लौट सकता है। शिवाजी ने अपने आदमियों को जंगल में एक जाल की

तरह छिपे रहने का आदेश दिया। अफजल खाँ से मिलने से पहले की रात शिवाजी देवी माँ के मंदिर गए, जहाँ उन्होंने साष्टांग प्रणाम की मुद्रा में रतजगा किया और देवी से संकट पर विजय प्राप्त करने का आशीर्वाद लिया। भोर में उठकर उन्होंने स्नान-ध्यान और पूजा-पाठ किया, जैसे वे कोई उत्सव मनाने जा रहे हों! उन्होंने धरती माता को प्रणाम किया और प्रार्थना कि वह उनको उस दिन धरा पर खड़े रहने की शक्ति प्रदान करें। सूर्याभिमुख होकर उन्होंने सूर्य देवता को अर्घ्य अर्पित कर संपूर्ण जगत् के रचयिता को प्रणाम किया। उसके बाद उन्होंने सफेद कोट पहना और अंदर जिरह बख्तर भी पहना। पेटी में बिच्छू के आकार की कटार खोंसी और दूसरे हाथ की हथेली में एक छोटा बघनखा पकड़ा, जिसमें लोहे के बने नुकीले दाँतों की कतारें जड़ी हुई थीं, जो शेर के दाँतों की याद दिलाती थी।[1]

शिवाजी को आसन्न संकट का कोई भ्रम नहीं था। उन्होंने अपने अधिकारियों को अपनी मृत्यु की स्थिति में उनके शरीर को परिवार को सौंपने का आदेश दिया। राज्य का प्रशासन और सेना के प्रबंधन के लिए उन्होंने बाकायदा नेतृत्व के उत्तराधिकारियों को चयनित कर दिया। पहाड़ों के गूँजते सन्नाटे में शिवाजी अपने अधिकारियों के साथ खड़े थे, जिनके चेहरों पर आसन्न संकट के आतंक की मलिन छाया दिखाई देती थी। एकाएक जंगल में सरसराहट हुई और सभी ने देखा कि श्वेत वस्त्रों में जीजाबाई जंगल से निकलकर आ रही हैं। लगा, जैसे किसी पुजारिन ने प्रवेश किया हो! वे सिर उठाकर चल रही थीं। उनकी आँखें गें चमक थी। शिवाजी उन्हें देखते ही उनकी ओर दौड़े। पैर छूकर प्रणाम किया। एक क्षण के लिए माँ और बेटे नीले धवल आकाश के नीचे निःशब्द खड़े रहे। अधिकारियों ने झुककर प्रणाम किया। प्रकृति निस्तब्ध, वातावरण शांत, दूर आकाश में चीलें मंथर गति से चक्कर लगा रही थीं। जीजाबाई ने शांति भंग की। उन्होंने शिवाजी के सिर पर हाथ रखकर आशीर्वाद दिया, 'तुम्हारी विजय होगी...'

लेकिन गर्वीली उक्ति अधिक समय तक साथ न दे सकी और शीघ्र ही एक माँ का रूप धारण कर लड़खड़ाती आवाज़ में आहिस्ता से बोली—'ध्यान से रहना, मेरे बेटे...बहुत ध्यान से रहना...'

---

1. यह शस्त्र आज भी सतारा में माता देवी के मंदिर में दर्शनार्थियों को दिखाया जाता है।

उधर अफजल खाँ के खेमे में दिन का आगाज बिगुल और नगाड़ों की गूँजती आवाजों ने किया। घुड़सवार सेना और तोपखानों की सेना धीरे-धीरे पहाड़ के निचले मार्ग तक पहुँचने लगी। इस सुबह भी अपशकुनों ने अफजल खाँ का पीछा नहीं छोड़ा। सेना के आगे चलनेवाला विशाल हाथी एकाएक थम गया। खड़े-खड़े काँपने लग गया। महावत ने चलने का आदेश दिया, लेकिन वह काँपता रहा। ठीक वैसे, जैसे कोई राक्षस दैवी संकेतों का अनदेखा कर अपनी मृत्यु की ओर अग्रसर होता रहता है। अफजल खाँ अपने अंत की ओर अग्रसर हो रहा था। वह खुश था कि शिवाजी अब उसके जाल में फँस गया है और जल्दी ही वह उसे चूहे की तरह पकड़कर पिंजरे में बंद कर देगा। अपने खयालों में वह अपनी फतह के जुलूस को देख रहा था। बीजापुर के सजे-धजे मार्ग में लोग उसका स्वागत कर रहे हैं। शहर के झज्जों से फूल बरसाए जा रहे हैं और वह पालकी में बैठा जनता की जय जयकार को स्वीकार कर रहा है और पालकी के चारों ओर दो रक्षक और विशालकाय तलवारबाज बांडू कदमताल से चल रहा है।

संधि मिलन की शर्तों के मुताबिक अफजल खाँ और शिवाजी अपने साथ तीन सहायक ला सकेंगे। अफजल खाँ का अनुमान था कि वह स्वयं और तलवारबाज बांडू शिवाजी और उसके सहायकों को धरने के लिए पर्याप्त होंगे। इस खुशफहमी में वह मिलने के स्थल की ओर रवाना हो गया। आगे-आगे वह ब्राह्मण राह दिखा रहा था, जिसे अफजल खाँ ने अपने दूतों के दस्ते में शिवाजी के पास भेजा था। वे उस मार्ग से गुजर रहे थे, जिसे शिवाजी के आदमियों ने बनाया था। दोनों तरफ घना जंगल था, जिसमें सैकड़ों आँखें अफजल खाँ को देख रही थीं। राह चलते यदि जंगल से सूखी पत्तियों की खड़-खड़ की आवाज सुनाई देती तो लगता, जैसे कोई जंगली जानवर पैदल आवाज सुनकर हिफाजत के लिए छिपने की कोशिश कर रहा है।

मिलन स्थान पर एक विशाल तंबू लगाया गया था, जिसके फर्श पर दरियाँ बिछी थीं और उन पर रेशमी मसनद रखे गए थे। अफजल खाँ ने अपने सहायकों के साथ तंबू में प्रवेश किया। शिवाजी ने प्रवेश से पहले बांडू को देखा और देखते ही रुक गए। आतंक से पैर सुन्न हो गए। बीजापुर के मैत्री दस्ते में इस

तलवारबाज की क्या जरूरत है? शिवाजी ने वहीं से प्रश्न किया और प्रस्ताव रखा कि वे अपने दो सहायकों में एक को बाहर छोड़ सकते हैं, बशर्ते अफजल खाँ बांडू को बाहर छोड़ दे! अफजल खाँ तैयार हो गया। उसके बाद शिवाजी ने तंबू में प्रवेश किया। अफजल खाँ शुरू से झगड़ने की मंशा से आया था। जिस कार्य के लिए वह आया था, उसकी चर्चा किए बगैर वह जोर-जोर से शिकायत करने लगा कि शिवाजी जैसे छोटे-मोटे जमींदार की यह गुस्ताखी की कि वह अपने तंबू को कीमती दरियों और रेशमी मसनदों से सजाए, जैसे वह खुद कोई शहंशाह का वलीअहद हो!

शिवाजी ने बताया कि यह शानो-शौकत उन्होंने अपने लिए नहीं, बल्कि बीजापुर से आनेवाले प्रतिनिधिमंडल के स्वागत के लिए की है तो प्रत्यक्षत: अफजल खाँ संतुष्ट हो गया और शिवाजी को गले लगाने के लिए हाथ खोलकर खड़ा हो गया। शिवाजी ने भी गले मिलने के लिए कदम बढ़ाया। कद में वे अफजल खाँ से छोटे पड़ते थे, जैसे ही दोनों गले लगने लगे, अफजल खाँ ने अपने हाथों को शिवाजी की पीठ पर रखकर उनके गले को दबाना शुरू कर दिया। उसकी पकड़ मजबूत पहलवान की पकड़ जैसी थी। जैसे ही शिवाजी को लगा कि मजबूत हाथ अब उसकी गरदन दबाने लगा है। उन्हें लगा, जैसे उन पर बेहोशी हावी होनेवाली है, उन्होंने फुरती से अफजल की गिरफ्त से छूटने की कोशिश की[1], किंतु गरदन पर दबाव और मजबूत होने लगा। उस समय यदि वे बिजली की गति से पलटकर हाथ न छुड़ा लेते तो अफजल खाँ ने उन्हें गरदन पकड़कर लटका लिया होता। अपना दायाँ हाथ छुड़ाते ही उन्होंने एक झटके के साथ बायाँ हाथ भी छुड़ाया और हथेली में रखे 'बघनखा' को अफजल खाँ की पीठ में घुसेड़ दिया और दाएँ हाथ से अपनी पेटी में लगी कटार निकालकर उसे अफजल खाँ के पेट में घोंप दी। अफजल खाँ क्रोध और दर्द से चिंघाड़ उठा। उसके सहायक दौड़े। शिवाजी के सहायक भी तैयार थे। वे भी दौड़ पड़े। दोनों में गुत्थम-गुत्था हुई, लेकिन मुसलिम दस्ता जख्मी अफजल खाँ को किसी तरह लेकर भागना चाहता था। वे जैसे-तैसे करके उसे पालकी तक ले गए और मराठों

1. उन्होंने रामदास को बताया। हनुमंत द्वारा लिखित रामदास की जीवनी जिसका विवरण किनकैड और पासनिस में मिलता है।

की भारी मारपीट के बावजूद वे पालकी को लेकर भागने लगे तो मराठों ने उनके पैरों पर वार किया। पालकी गिर गई। शिवाजी ने अपने सहायक के साथ बांडू की हत्या कर दी। एक-एक करके सभी मुसलमान मारे गए या जख्मी होकर गिर गए। तब एक मराठा ने अफजल खाँ का सिर काट दिया और उसे ऊपर उठाकर उसने विजय-घोष किया।

इसके बाद शिवाजी ने अपना बिगुल बजाया, जिसकी गूँज पूरे जंगल, पहाड़ और कोयना घाटी में सुनाई दी। जंगलों में छिपे मराठों ने बिगुल का घोष सुनकर हथियारों को सँभाल लिया। प्रतापगढ़ किले पर रखी विशाल तोप का गर्जन सुनाई दिया। युद्ध के बिगुल बज उठे। मराठा सैनिकों ने पहाड़ों के बीच जमा मुसलिम सेना पर एकाएक हमला बोल दिया। बीजापुर की सेना अभी अफजल खाँ की मृत्यु से बेखबर थी। वे अब तक आराम से शांति-वार्त्ता के परिणाम का इंतजार कर रहे थे। घोड़े आराम से घास चर रहे थे। सैनिक और घुड़सवार सुस्ता रहे थे। तोपों को छोड़ दिया गया था। शस्त्रों को पेड़ों या पत्थरों के पास छोड़कर सैनिक फतह की खबर का इंतजार कर रहे थे। ऐसे में मराठों के हमले से वे सकते में आ गए। पूरी फौज में अफरा-तफरी मच गईं। सैनिकों को एकाएक समझना मुश्किल हो गया कि हमले के वक्त वे क्या करें ? सब तहस-नहस था। हाथियों पर हमला हुआ तो वे चिल्लाने लगे। बीजापुर का सेनापति असहाय की तरह खड़ा अपनी फौज को पिटता देखता रहा। उसके आदेश हमले के शोरगुल में डूब गए। जब मुकाबला करने लायक नहीं रह गया तो वे भागने लगे। दस-दस, बीस-बीस के दल में मुसलिम सेना इधर-उधर जंगलों में पलायन करने लगी। मरे-पिटे भागते रहे। भूख और थकान से जख्मी सैनिक मार्ग के पेड़ों से सटकर जान बचाने की नीयत से पड़े रहे। सैकड़ों की जान मार्गों में ही निकल गईं। जो भागने में कामयाब हुए, वे आगे के जंगलों में भूख-प्यास से मर गए। बचे-खुचे सैनिक दया की भीख माँगते हुए शिवाजी की शरण में पहुँचे।

ऐसे भ्रमोत्पादक वातावरण में भी शिवाजी के आदेशों का पालन हुआ। जिन मुसलिम सैनिकों ने आत्मसमर्पण किया था, उनकी जान बख्श दी गई। सभी महिलाओं, बच्चों, पुजारियों, खेमे के अनुयायियों और असैनिक नागरिकों को सुरक्षा प्रदान करके उनके घरों में भेज दिया गया। बंदी सैनिकों को भी छोड़

दिया गया। सैनिक अधिकारियों और सैनिकों को शिवाजी के समक्ष पेश किया गया। शिवाजी ने उनके दुर्भाग्य पर सहानुभूति दिखाई और उन्हें धन, अनाज और वस्त्रादि देकर आजाद कर दिया।

शिवाजी पराजित शत्रु के प्रति उदार थे और अपने विजयी सैनिक के लिए महान् दाता थे। इस मुठभेड़ में उन्हें पर्याप्त संपत्ति हस्तगत हुई थी, जिसे उन्होंने दिल खोलकर अपने विजयी सैनिक तथा उनके परिवारों को बाँटा। बीजापुर सेना का पूरा तोपखाना, गोला-बारूद, यातायात के घोड़े, खच्चर, सामान-असबाब और खजाना सभी कुछ उन्हें मिल गया। इसके अलावा चार हजार घोड़े, पैंसठ हाथी और बारह सौ ऊँट भी उनके अधिकार में आ गए। खेत रहे मराठा सैनिकों की विधवाओं को शिवाजी ने पेंशन निर्धारित कर दी। घायल सैनिकों को पर्याप्त धन दिया। जिन अधिकारियों और सैनिकों ने युद्ध के दौरान विशिष्ट योग्यता दिखाई, उन्हें हाथियों, आभूषणों तथा सम्मान के पदों से सम्मानित किया गया।

भीषण पराजय की खबर जब बीजापुर पहुँची तो पूरा सल्तनत दरबार विस्मय और प्रचंड शोक की लहर में डूब गया। माँ हुजूर बेगम ने अपने को कमरे में बंद कर लिया और खाना-पीना छोड़ दिया। इसके बाद वे केवल मक्का तीर्थ जाने के लिए कमरे से बाहर आईं।

कुछ समय के लिए ऐसा लगा, जैसे बीजापुर शहर भी मराठों के कब्जे में चला जाएगा; क्योंकि उस समय का आतंक ही ऐसा था, जैसे मुगलों की फौज हमला करने आ रही हो! लेकिन वास्तव में उन्हें यकीन नहीं हो रहा था कि यह कैसे संभव हो गया? जहाँ औरंगजेब के फौलादी घेराबंदी करनेवाले सशस्त्र बल विफल हो गए, वहाँ शिवाजी के मामूली पहाड़ी सैनिक सफल हो जाएँ? बहरहाल, बीजापुर फिर कभी शिवाजी की स्वतंत्रता को चुनौती नहीं दे सका। उसकी अकूत संपदा ने आगे आनेवाले दिनों में उसके सम्मान की रक्षा की। उसके पास इतना धन था कि वह युद्ध में खोए अपने सैनिकों और तोपखानों की भरपाई कर सकता था। लिहाजा भाड़े के सैनिकों से नई रेंजीमेंट बनाई गई और अबीसीनिया के एक साहसी सेना प्रमुख सीडी जौहर को सेनापति नियुक्त किया गया। शिवाजी जब थोड़े से सैनिकों के साथ बीजापुर के क्षेत्र में घुसे तो सीडी जौहर को देखकर घबरा गए और पन्हाला में जा छिपे, जहाँ उन्हें घेर लिया

गया। एक बार फिर उन्होंने कूटनीति का सहारा लिया। उन्होंने आत्मसमर्पण का प्रस्ताव रखा, लेकिन उस दिन नहीं, बल्कि दूसरे दिन। मुसलिम फौज के कमांडर को शिवाजी की चाल को समझ लेना चाहिए था, लेकिन उसने मान लिया और यह समझकर कि शिवाजी का आत्मसमर्पण कल होगा, उसने पहरेबंदी में ढील छोड़ दी और शिवाजी अपने कुछ सैनिकों के साथ रात के अंधकार में पलायन कर उत्तर में स्थित रंगना के संकुचित दर्रे में पहुँच गए, जहाँ मराठों का सैनिक अड्डा था।

शिवाजी के पलायन और उनकी चाल से बीजापुर कमांडर क्रोध में पागल हो गया। वह बजाय इसके कि पन्हाला पर हमला करके उस पर कब्जा जमाता, उसने शिवाजी का पीछा करना शुरू किया। रंगना में मराठा सैनिक अड्डा बहुत छोटा था। किसी भी सूरत में बीजापुर की विशाल सेना का मुकाबला करने में पूर्णत: अक्षम था। इधर शिवाजी का प्रयास था कि जल्द-से-जल्द वे अपने प्रमुख सैनिक अड्डे तक पहुँचकर मोरचा सँभालें। उन्होंने रंगना सेना की कमान बाजी प्रश (जो किसी समय में मोर का सहायक था) को सौंपकर उसे आदेश दिया कि उनके लौटने तक वह मुसलिम फौज को दर्रे में रोकने की कोशिश करे। जब वह बंदूक की आवाज सुने तो समझ ले कि शिवाजी सकुशल लौट आए हैं।

बाजी के पास दर्रे की रक्षा के लिए दो-तीन सौ सैनिकों से अधिक नहीं थे। उसने उन्हें दर्रे में प्रवेश के चारों ओर लगे पत्थरों पर तैनात कर दिया और शेष सैनिकों सहित उनके पीछे मोरचा सँभाल लिया। पूरे दिन मुसलिम सेना के तोपखाने आग के गोले बरसाते रहे और एक-एक करके मराठा सैनिक ढेर होते रहे, पर बाजी मोरचे पर डटा रहा। अब तक वह बुरी तरह से घायल हो चुका था। इसके बावजूद वह मराठा सैनिकों में जोश भरता रहा। एक मराठा ढहता तो दूसरा उसकी जगह ले लेता। इस प्रकार शाम तक जब उसे लगा कि मुकाबले की शक्ति अब क्षीण हो चुकी है, तभी दूर से उसे बंदूक की गूँज सुनाई दी। शिवाजी पहुँच गए थे। गरजती तोपों के बीच भी मराठा सैनिक अपने मरणासन्न कमांडर को टूटी-फूटी डोली में लिटाकर सुरक्षित ले आए।

रंगना की रक्षा की कहानी पश्चिमी भारत में लोककथा के रूप में प्रसिद्ध है। यह कहानी इस सत्य को उजागर करती है कि शिवाजी के अनुयायियों में

शिवाजी के नेतृत्व में कितना अडिग विश्वास था। तुच्छ और तिरस्कृत पहाड़ी लोग, जो समर्पण कर चुके थे, दोबारा उठ खड़े हुए और अपने से चौगुनी सेना से रणबाँकुरों की तरह जा टकराए।

यह लड़ाई निर्बल होकर स्वयं समाप्त हो गई। अब यह स्पष्ट हो गया कि बीजापुर शिवाजी को झुकाने में कभी कामयाब नहीं होगा और न ही मराठे इस स्थिति में बीजापुर पर कब्जा कर सकेंगे। इसमें शक नहीं कि बीजापुर की ताकत अब टूट चुकी थी, फिर भी शिवाजी अपनी स्वतंत्रता को अक्षुण्ण बनाए रखने की शर्त पर संधि-वार्त्ता के लिए तैयार थे। लिहाजा सन् 1662 में एक स्थायी संधि की वार्त्ता शुरू की गई। वार्त्ता के लिए बीजापुर ने अपने प्रतिनधि के रूप में शिवाजी के पिता शाहजी को चुना।

शाहजी ने बचपन में शिवाजी को उसकी शैतानियों, गुस्ताखियों और एक विद्रोही बच्चे के रूप में हमेशा अपने से दूर रखा। उन्हें कभी पसंद नहीं किया, क्योंकि इनकी गुस्ताखियों के कारण ही उन्हें कैदखाने तक में डाल दिया गया था, लेकिन वही शैतान बालक अब विजेता बन चुका है, एक स्वतंत्र राजा है और अपने देशवासियों का दुलारा बन गया है।

संधि-वार्त्ता में बाप और बेटा दोनों में एक अनजानी उत्सुकता रही होगी। शिवाजी उन्नीस बरस के बाद पहली बार अपने पिता से मिल रहे थे। शिवाजी एक जाने-माने योद्धा बन चुके थे। उनके चेहरे पर पड़ी लकीरें उनकी बहादुरी की गवाह थीं। गाँव की बंडी, जिसे पहनाकर जीजाबाई उन्हें बीजापुर लाई थीं, उसकी जगह आज वह एक राजा की पोशाक में थे। लेकिन शिवाजी ने यह भूलकर कि बचपन में उनके पिता ने उनसे कैसा दुर्व्यवहार किया था, उन्होंने अपने पिता का पूरे विनय और सम्मान के साथ स्वागत किया। बालक के रूप में उन्होंने बीजापुर के सुल्तान के सामने झुकने से इनकार कर दिया था, लेकिन आज उनका नाम सुल्तान से भी ज्यादा भय पैदा करता था। इसके बावजूद उन्होंने हाथ जोड़कर, सिर झुकाकर प्रणाम करने के बाद साष्टांग दंडवत् किया। प्रेम से अभिभूत शाहजी ने शिवाजी को उठाकर गले लगा लिया। शिवाजी ने अपने पिता के लिए एक शाही पालकी की व्यवस्था की थी और स्वयं नंगे पैर पालकी के साथ चलते रहे। वे अपने पिता को विशाल मंडप में ले गए, जहाँ

वार्त्ता के साथ अल्पाहार की व्यवस्था की गई थी। वहाँ भी उन्होंने अपने पिता के समक्ष बैठने से इनकार कर दिया और अपने सीने पर हाथ बाँधे उनके सामने खड़े रहे। शाहजी ने उनसे अपने पास बैठने की विनती की तो शिवाजी ने कहा कि वे तब तक नहीं बैठेंगे, जब तक उनके पिता उस गलती को माफ नहीं कर देते, जिसके परिणामस्वरूप उन्हें कारावास में डाल दिया गया था। शाहजी फिर दुःखी होकर रो पड़े और कहने लगे कि वह पिछली सभी बातों को मन से निकाल दे। तब जाकर पिता-पुत्र में समझौता हुआ और दोनों ने साथ बैठकर वार्त्ता की थी। बीजापुर दरबार ने शाहजी को दरबार की पूरी शक्तियाँ प्रदान करके भेजा था, इसलिए शिवाजी की सारी माँगें स्वीकार कर ली गई। उनकी स्वतंत्रता पर मोहर लगा दी गई और उन्हें बंबई से गोवा तक के तटीय प्रदेश के अलावा दक्षिण पठार (पूर्व में इनदापुर तक) तथा सभी अधिकृत किलों के शासक के रूप में स्वीकार कर लिया गया।

□

भाग–3

सरदार

दसवाँ अध्याय

बीजापुर से शांति संधि से पूर्व ही शिवाजी का अंग्रेजों से साक्षात्कार हो चुका था। इस संधि से दो वर्ष पूर्व अंग्रेजों ने बंबई को पुर्तगालियों से ले लिया था। ईस्ट इंडिया कंपनी का मुख्यालय अभी तक सूरत में ही था, जहाँ अंग्रेजों को रहने और व्यापार करने का अधिकार शहंशाह जहाँगीर ने सन् 1608 प्रदान कर दिया था। सन् 1615 में सर थॉमस रो मुगल दरबार में आया था। उसने अपनी ईमानदारी और साहस[1] से शहंशाह को प्रभावित करके उसके मन में अंग्रेजों के लिए सम्मान का दरजा पैदा कर दिया था। अंग्रेजों की समुद्री यात्राएँ लोकप्रिय होती जा रही थीं, लेकिन अंग्रेज अभी तक केवल व्यापारी थे। इसके अलावा उनके मन में और कोई रुचि अथवा अभिलाषा नहीं थी। ऐसे में राजापुर के अंग्रेज कारिंदों का बीजापुर को तोपों की पूर्ति करना बेवकूफी से कम नहीं था, क्योंकि इनसे बीजापुर उन तोपों की पूर्ति कर रहा था, जो अफजल खाँ के युद्ध में बरबाद हो गई थीं और इससे भी ज्यादा मूर्ख वे अंग्रेज किरानी निकले, जो अपने रोजाना के गोलमिर्च और इलायची की बिक्री से ऊबकर मन बहलाने के लिए तोपखानों के साथ-साथ चल निकले और शिवाजी के रंगना जाने से पहले ही पन्हाला पहुँच गए।

शिवाजी को उड़ती खबर मिल चुकी थी और उन्होंने सन् 1660 राजापुर पर आक्रमण करके कंपनी के चार अंग्रेज कारिंदों को अगुआ कर लिया और

---

1. सम्राज्ञी (शहंशाह की बेगम) उस पोनीटेलवाले विदेशी की अपने चरित्र संबंधी डींगों की परीक्षा लेना चाहती थी। उसने रात में उस विदेशी के बिस्तर पर एक वेश्या को भेजा। सर थॉमस की शिष्टता का सौभाग्य ही था, जब उसने पाया कि वह स्त्री पैंतालीस बरस की वृद्ध महिला है।

उन्हें तीन बरस तक बंदी बनाए रखा। इस बीच शिवाजी ने कंपनी द्वारा तटस्थता भंग करने और उसकी क्षतिपूर्ति का दावा कर दिया। इसके विपरीत, कंपनी ने भी शिवाजी से राजापुर में अपने गोदामों की बरबादी का मुआवजा माँगना शुरू कर दिया।

चारों व्यापारियों के साथ बंदीगृह में अच्छा व्यवहार किया गया। इसके बावजूद वे असंतुष्ट रहे और उन्होंने भागने का भी असफल प्रयास किया। सूरत में स्थित कंपनी की कौंसिल ने क्रोध में शिवाजी को 'वो महान् विद्रोही सेवाजी' बताते हुए उन पर दोषारोपण किया और दुःखी होकर कहा कि वे अब तक उसे इसलिए नहीं पकड़ पाए हैं, क्योंकि न तो उनके पास सेना है और न ही इतना समय है; लेकिन जब बंदियों का धैर्य समाप्त हो गया और उन्होंने परिषद् को क्रोध में पत्र लिखकर माँग की कि वह उनकी विकट स्थिति पर अधिक ध्यान दे और उन्हें कैद से छुटकारा दिलाए। क्रोध में लिखे इस पत्र को पाकर परिषद् उनकी गुस्ताखी पर चिढ़ गई और जवाब में लिख भेजा, 'यह मत भूलो कि तुम लोग जेल में क्यों और कैसे गए हो? तुम अच्छी तरह से यह जानते हो कि तुम कंपनी के माल की हिफाजत करने नहीं गए, बल्कि पन्हाला मस्ती करने गए थे।'

शिवाजी ने बीजापुर से संधि के बाद उन कैदियों को बिना किसी शर्त के आजाद कर दिया, लेकिन कंपनी ने मुआवजा माँगना जारी रखा। शिवाजी ने प्रत्येक प्रतिनिधि से सम्मानपूर्वक व्यवहार किया। यहाँ तक कि एक प्रतिनिधि श्री निकोलस को अपने सिंहासन में अपने साथ बैठाया भी, लेकिन जब जवाब में शिवाजी ने प्रस्ताव विरोधी तर्कों के अलावा कुछ नहीं लिखा तो परेशान होकर कौंसिल ने शिवाजी की इस धूर्तता, स्वनीति और चालाकी को खेदजनक करार देते हुए उनसे बदला लेने की धमकी दी, किंतु शिवाजी ने कौंसिल को कभी मुआवजा नहीं दिया। इसके लिए शिवाजी पर दोष लगाना मुश्किल है, क्योंकि अंग्रेज लोग कम चालाक नहीं थे। शिवाजी और कंपनी के बीच औपचारिक शीतयुद्ध के लंबे अंतराल के बावजूद अंग्रेज शिवाजी के गुणों से बहुत प्रभावित थे और प्रशंसा भी करते थे। औरंगजेब का ध्यान जब मराठों को कुचलने की ओर गया, तब अधिकांश लोगों का कहना था कि नया मराठा राज्य ज्यादा दिन

टिकनेवाला नहीं है; लेकिन बंबई के अंग्रेज गवर्नर ने मुगलों की सफलता को मुश्किल बताते हुए कहा था, 'सभी जानते हैं कि शिवाजी एक ही खिलाड़ी हैं, जो बड़ी-से-बड़ी आपदाओं से निकलने में कितने माहिर हैं और इसीलिए इस महान् विद्रोही की प्रशंसा में लोग इन्हें 'प्रिय दोस्त' के नाम से भी पुकारते हैं।'

राजापुर के चार अंग्रेज कारिंदों को रायगढ़ किले में बंदी बनाकर रखा गया था। उस दौरान शिवाजी इस किले को मजबूत कर उसे राजधानी बनाने की कोशिश कर रहे थे। यह किला उनके सभी किलों में सबसे बड़ा था। आज भी सैलानी उसे देखकर उसकी भव्यता से प्रभावित हुए बगैर नहीं रहते। डॉ. फ्रायर सन् 1673 में राजदूत की हैसियत से एक प्रतिनिधिमंडल लेकर रायगढ़ गया था। उसने अपने विवरण में किले की भव्यता की चर्चा करते हुए लिखा है, 'इस किले को शिल्पकला से ज्यादा प्रकृति ने सुरक्षा प्रदान की है। इसका एक ही द्वार है, जिसमें प्रवेश के लिए दो सँकरे द्वार हैं। ऊपर की मजबूत दीवार बहुत ऊपर तक जाती है, जिस पर सुरक्षा बुर्ज बना हुआ है। पहाड़ी पर राजदरबार और अन्य मंत्रियों के आवास जैसे मजबूत भवन हैं।' राजदरबार की काररवाई के बारे में राजदूत लिखता है, 'राजा एक विशाल सिंहासन पर बैठा हुआ था। सभी राजदरबारी अलंकृत वेशभूषा में राजा के समक्ष खड़े हुए थे। शेष सभी राज और सैन्य अधिकारी भी अपने स्थान पर आदर सहित खड़े थे। अंग्रेज आगंतुक दूर से ही राजा का अभिवादन कर सकते हैं...राजा (शिवाजी) ने इस दूरी पर गौर किया और आज्ञा दी कि हम आगे उनके सिंहासन के निकट तक आ जाएँ, जहाँ प्रतिनिधिमंडल के अभिवादन को स्वीकार कर उनसे अपेक्षा की गई कि वे चले जाएँगे, किंतु वे तुरंत वापस नहीं गए, बल्कि आश्चर्य और कौतूहल से सिंहासन के इर्द-गिर्द शोभा के अलंकरणों को देखने लगे। सिंहासन के दोनों ओर स्वर्णमंडित शस्त्रों पर अनेक रियासतों के राजचिह्न और पताकाएँ लगी हुई थीं। दाईं ओर स्वर्ण निर्मित मछलियों के विशाल खुले मुंडों को जड़ा गया था, जिसमें मछली के बड़े-बड़े दाँत दिखाई देते थे। बाईं ओर घोड़े की अनेक पूँछें एक कतार में लटकी हुई थीं। इसके पीछे एक स्तंभ पर इंसाफ की तराजू लगी हुई थी। लौटते समय उन्हें राजमहल के द्वार के दोनों ओर खड़े दो छोटे हाथी दिखाई दिए। इनके साथ ही दो सफेद घोड़े खड़े थे, जिनकी लगाम तथा हौदा

स्वर्ण अलंकृत जाजम से निर्मित किया गया था। राजदूत कौतूहल से देख रहे थे और आश्चर्य कर रहे थे कि इन हाथियों को कैसे पहाड़ी के ऊपर लाया गया होगा, क्योंकि किले का मार्ग मुश्किल और खतरनाक भी है।'

बहरहाल इस शान और आडंबर को शिवाजी के राज्याधिकार के उत्तरोत्तर बढ़ती अभिलाषा के लक्षण मान लेना सही नहीं होगा। यह तो मुख्य रूप से विदेशी और अन्य राज्यों से आनेवाले मेहमानों और दर्शनार्थियों की सुविधा के लिए रखा जाता था। साधारणत: शिवाजी के दरबार की विशिष्टता आडंबररहित पूर्ण सादगी थी, जैसे कि इतिहासकार श्री ओर्मे को यह जानकर आश्चर्यचकित हुआ था कि 'उनका जीवन बहुत ही सादा था। उनका आचरण और व्यवहार आडंबर, अशिष्टता और क्रोध से मुक्त था। एक राजा के रूप में उनका दृष्टिकोण मानवीय था। वे अपनी प्रजा के प्रति दया और सहानुभूति रखते थे। वहीं शासकीय खर्चों में किफायत की नीति लागू होती थी। शिवाजी का खुद का व्यक्तित्व इतना विशाल और सादगीपूर्ण था, जिसे देखकर उनका कोई भी अधिकारी अपनी क्षमता से अधिक की अपेक्षा नहीं करता था। वैयक्तिक गतिविधि में सर्वोपरि थे। आपातकाल के समय वे दृढ़ता और धैर्य से तुरंत निर्णय लेते थे। अपने राज्य के स्वनिर्माता के रूप में वे राज्य के रक्षक की हैसियत से अपनी प्रजा का सुख-दु:ख बाँटते थे और अकेले, बिना किसी रक्षक के जनता के बीच विचरण करते थे।'

उन्हें अपने महल से अच्छा सैनिकों के बीच रहना पसंद था। शायद इसीलिए डॉ. फ्रॉयर जैसे सभ्य-शिष्ट व्यक्ति की नजरों में शिवाजी महज एक जंगली लड़ाकू थे, जो यूरोप में पिछली सदी में पाए जानेवाले जंगली डाकुओं की तरह थे, जिन्हें वंशी की सुरीली तान में घोड़ों की हिनहिनाहट में युद्ध की भेरी सुनाई देती थी। यदि डॉ. फ्रॉयर जैसे कुलीन इतिहासकार जब शिवाजी को देखकर उन्हें अशिष्ट और असभ्य सरदार से ज्यादा मानने को तैयार नहीं होते, तो जाहिर है कि वे शिवाजी के धार्मिक और कला पक्ष से अछूते रहे थे, क्योंकि शिवाजी का अपने धर्म से गहरा नाता था और उतना ही लगाव उन्हें कविता से था। ऐसी स्थिति में डॉ. फ्रॉयर जैसे विदेशी और उनके माध्यम से आम अंग्रेज लोग कैसे जान सकते थे कि शिवाजी का संत तुकाराम के गीतों और दोहों से कितना प्रेम और श्रद्धा थी?

वे संत तुकाराम की भक्ति में इतने ओत-प्रोत थे कि जीवन में अनेक बार ऐसी स्थितियाँ आईं, जब वे संत तुकाराम की भक्ति में डूबकर संसार त्यागकर एक संन्यासी बनने को तैयार हो गए थे। शिवाजी के इस पक्ष से अज्ञात एक विदेशी को शिवाजी गिद्ध की शक्ल का, बड़ी-बड़ी आँखोंवाला, कमर में तलवार लटकाए एक दुबला-पतला सिपाही दिखाई देता था, जिसका चेहरा बोलने पर मुसकान से खिल उठता था।

विशेष अवसरों पर जिस प्रकार शिवाजी के दरबार में शान और शौकत की गहमा-गहमी दिखाई देती थी, उसकी तुलना में मराठी सेना की छवि बहुत ही दयनीय थी। फ्रॉयर ने तो उनके बारे में लिखते हुए उन्हें, 'भूखे बदमाश लोग कहा है, जिन्हें मोटा खाना, तेज भागना आता था। आराम की, जिन्हें जरूरत नहीं थी।' वास्तव में ब्रिटेन के प्राचीन निवासी, आधे नंगे और खूँखार थे, लेकिन यही आलोचक शिवाजी के सैनिकों को कुछ मायनों में मुसलिम सैनिकों की तुलना में ऊँचा दरज़ा प्रदान करते हुए लिखते हैं, 'व्यवहार में अधिक कठोर, शरीर से अधिक मजबूत और गाने बजाने, शानो-शौकत से बहुत दूर हैं। मुगल सैनिकों से ठीक विपरीत उनका अनुशासन कठोर था। आदेश की अवमानना का अर्थ मृत्युदंड था। शिविर में स्त्री अथवा प्रेमिका का प्रवेश निषिद्ध था। सैनिक अभियान के दौरान भी कोई सैनिक अपनी स्त्री या प्रेमिका को नहीं ले जा सकता था।' यही कुछ ऐसी विशिष्टिताएँ थीं, जो उस सदी में एशिया और यूरोप (कुछ नए उदाहरणों को छोड़कर) में अद्भुत एवं अपूर्व थीं, जिन्होंने शिवाजी की सेना को वह तेजी और रवानगी प्रदान की, जिससे तब तक के हिंदुस्तानी योद्धा अछूते थे।

युद्ध के दौरान मराठों के शिविर के प्रभाव जानने से पहले बेहतर होगा कि हम उस भावुक कैप्टन ब्राउटन[1] को याद कर लें, जिसका मराठी भक्तों का विवरण आज तक याद किया जाता है। उसने शिवाजी के शिविर के बारे में लिखा है कि 'युद्ध की तैयारी के दिन सेना का अधीक्षक सुबह तड़के ही मैदान में पहुँच जाता है और जहाँ शिविर लगनेवाला है, वहाँ एक सफेद झंडा लगा

1. वह शिवाजी की मृत्यु के एक सदी बाद लिख रहा है, लेकिन विशिष्टियाँ बहुत ही कम बदली हैं।

देता है। इस स्थल पर महाराज अर्थात् कैंप के कमांडर का टेंट लगाया जाता है, जिसे 'ड्योढ़ी' पुकारते हैं। इसके बाद शिविर में विभिन्न बाजारों को एक पंक्ति में लगाया जाता है। सैनिकों के लिए दुकानें लगाई जाती हैं, जहाँ से वे सामान खरीद सकते हैं। इन दुकानों को भी दो समानांतर पंक्तियों में लगाया जाता है। इस प्रकार शिविर दो प्रमुख मार्गों में विभाजित हो जाता है। मुख्य मार्ग पर विभिन प्रमुखों के टेंट होते हैं। प्रत्येक टेंट के बाहर आग जलाकर धुआँ किया जाता है, जो पूरे शिविर में फैलकर लोगों को गरमाई पहुँचाने के साथ-साथ पशुओं से मच्छरों और मक्खियों को भगाता है और अब तक सुस्ती में पड़े सैनिकों को सजग करता है।'

इस सजग कैप्टन ने मराठी सेना के युद्ध शिविर का वर्णन भी पूर्ण रूप से किया है, किंतु शिवाजी के अनेक युद्ध अभियानों में केवल घुड़सवार सेना ही होती थी, जिसका पड़ाव बिल्कुल अलग होता था। सन् 1788 में एक अज्ञात अंग्रेज[1] ने लिखा कि उसने कई दिनों तक पचास मील प्रति घंटे की दर पर साठ से सत्तर हजार मराठा घुड़सवार[2] को बढ़ते देखा है।

उसके अनुसार प्रत्येक घोड़ा औसतन 'दुबला और बीमार लगता था, पर उसकी काठी मजबूत होती थी। उसके सवार सैनिक के पास रुई की बंडी के अतिरिक्त आत्मरक्षा का कोई हथियार नहीं होता था। उसका आवश्यक भोजन और असबाब एक छोटे से थैले में सीट के पीछे बँधा रहता था। भोजन के नाम पर कुछ पकी हुई मोटी रोटियाँ, थोड़ा सा आटा और चावल तथा नमक होता था··· घोड़ों के लिए लहसुन और गरम मसाले में पिसे काले चने के लड्डू होते थे। इन लड्डुओं को पौष्टिक फलों के रस से गोल-गोल करके बाँधा जाता था, ताकि उन्हें खाने के बाद घोड़ों में नई ताकत और स्फूर्ति आ सके।' पैदल सेना की रेजीमेंटों के विपरीत, घुड़सवारों की सेना में टेंटों का प्रयोग बहुत ही कम होता था। यहाँ तक कि अधिकारियों के पास भी बैठने और सोने के लिए एक छोटी सी दरी के अलावा कुछ नहीं होता था। सेनापति का सारा सामान एक

1. पुस्तक 'प्रेसेंट स्टेट ऑफ नेटिव पावर्स इन हिंदुस्तान' के लेखक।
2. बहुत कम अवसर आए, जब शिवाजी के समय में मराठी सेना की संख्या 30,000 से अधिक रही।

ऊँट पर लदा होता था। घुड़सवार अपने घोड़े को दाना-पानी देने के बाद अपना भोजन करके घोड़े के पास ही पूर्णतः संतुष्ट होकर लेट जाता था और जैसे ही नगाड़े की आवाज सुनता, तुरंत उछलकर घोड़े पर सवार हो जाता। नगाड़े की आवाज से प्रथम प्रहर में शिविर में सैनिक गतिविधि प्रारंभ हो जाती थी। सुबह के अल्पाहार के बाद सैनिक आग जलाकर उसके चारों ओर बैठ जाते और कूच के समय द्रुत गति से शिविर को उठाकर पूरी सेना गायब हो जाती और उस स्थान पर पड़ाव का कोई चिह्न तक नहीं छोड़ती थी। इसी अज्ञात लेखक ने लिखा है कि मराठा सैनिक अपने घोड़ों से कितना प्यार करते थे और किस प्रकार उन्हें प्रशिक्षित करते थे। हर वक्त अपने सवारों के साथ रहकर घोड़ो में भी अपने सवारों से लगाव हो जाता था। घुड़सवार हमेशा अपने घोड़ों की गरदन सहलाकर प्यार प्रदर्शित करते और उनसे बातें करते, जिसके परिणामस्वरूप घोड़ों में भी एक प्रकार की सजगता और पालतू होने का प्रेम पैदा हो जाता था और वे अपने मालिकों के लिए घरेलू पशुओं जैसे बन जाते थे। रुकने के आदेश पर वे रुक जाते। पलटकर भागने के इशारे को भली-भाँति समझकर वे ऐसी पलटी मारकर सरपट दौड़ते, जैसे उन्हें करंट लगा हो।

घुड़सवार सेना नियमित और अनियमित श्रेणी में विभाजित थी। नियमित रेजीमेंटों के सैनिकों को घोड़े के साथ बारह रुपए प्रति माहवार वेतन दिया जाता था। घोड़े के नियोजक को लगभग आठ सौ रुपए मिलते थे। अनियमित घुड़सवारों में बहुत कम थे, जिन्हें अच्छा वेतन मिलता था। उन्हें अपने घोड़े का स्वयं प्रबंध करना पड़ता था। दोनों श्रेणियों के घुड़सवारों को राशन समकालीन पश्चिमी और मुगल सैनिकों की तुलना में बहुत कम मिलता था; लेकिन फिर शिवाजी भी दिन में एक ही बार भोजन करते थे।

पैदल सेना को वेतन के स्थान पर राशन आदि दिया जाता था। केवल शिवाजी के रक्षक अपवाद थे। इनकी संख्या दो हजार थी। ये चुने हुए पहाड़ी सैनिक थे। इन्हें अच्छा वेतन मिलता था और चुस्त और बढ़िया पोशाक दी जाती थी।

शिवाजी की सेना में उगाही, राजकीय भरती अथवा नागरिक सेना जैसी कोई व्यवस्था नहीं थी। सेना की सेवा दुर्लभ उपलब्धि मानी जाती थी और

प्रार्थी को इसकी योग्यता को प्रदर्शित करना होता था। सैनिकों की भरती के लिए शिवाजी स्वयं साक्षात्कार लेते थे और दो सैनिकों को एक नव सैनिक की जमानत देनी पड़ती थी।

शिवाजी के पूरे शासनकाल के दौरान मराठी सेना तोपखाने को लेकर कमजोर बनी रही। उनके पास हिंदुस्तान में ही बनी कुछ तोपें थीं और वे भी पुरानी और जर्जर किस्म की थीं। डच यात्री ने उन तोपों का वर्णन करते हुए बताया था कि 'वे लंबे और चौड़े लोहे की छड़ों से बनाई गई थीं, जिन्हें लोहे के कुंदों से जोड़ दिया गया था।' शिवाजी तोपखाने के लिए मुख्यत: पुर्तगालियों और अंग्रेजों पर निर्भर रहते थे। अंग्रेजों ने अब कहना शुरू कर दिया था कि चूँकि तोप देने की कारवाई तटस्थता को भंग करती है, इसलिए वे शिवाजी को तोप नहीं दे सकते; लेकिन जब उन्होंने देखा कि फ्रांसीसी और पुर्तगाली आराम से समझौते का उल्लंघन कर मराठों को तोपों की सप्लाई कर रहे हैं तो उन्होंने भी शिवाजी को तोपें देना शुरू कर दिया और सन् 1670 के बाद सूरत की फैक्टरी के खातों में शिवाजी को तोप देने का जो विवरण मिलता है, उससे पता चलता है कि अंग्रेजी तोपों के साथ एक इंजीनियर भी भेजा जाता था। विवरण से यह भी मालूम हुआ कि तोप के साथ इंजीनियर भेजने की सिफारिश कंपनी के बंबई स्थित फैक्टरी के कारिंदों के कहने पर की थी, लेकिन अकसर अंग्रेज बदमाशी से बाज नहीं आते थे। वे किसी-न-किसी कारण तोप की सप्लाई रोक देते थे। ऐसी एक घटना के बाद शिवाजी को कंपनी के प्रेसीडेंट को बहुत विनयपूर्वक पत्र लिखकर एक तोहफा भी भेजना पड़ा था। बहरहाल ये तोपें अकसर उनके मूल्य पर खरी नहीं उतरती थीं और अंग्रेज कारिंदे अपनी इन बदमाशियों पर खुश होकर कहा करते थे कि हमने खराब तोप बेचकर मराठों को मूर्ख बनाया है। सन् 1671 में भेजी गई तोपों को खस्ताहाल और कुछ समय तक ही चलने के लायक बताया। 1672 में भेजी गई तोपों को पुरानी दोषपूर्ण बताया, जिनमें बड़े-बड़े छेद थे और 1673 में भेजे गए माल को पुराना और दोषपूर्ण बताते हुए उन्हें शहद का छत्ता बताया, यानी उनमें छत्ते जितने छेद हैं। कभी-कभी तो अंग्रेज लोग शिवाजी को तोपें, यहाँ तक कि जहाज तक देने का विश्वास दिलाते थे। समझौता भी करते थे, लेकिन समझौते में कोई-न-कोई कमी बताकर समय पर धोखा दे जाते थे।

शिवाजी के नए राज्य के सैनिक संगठन में सभी किलों का एक संगठित जाल था, जिसमें बीजापुर के अधिकारियों द्वारा निर्मित वे सभी किले थे, जिन्हें जीतकर शिवाजी ने उनका पुनर्निर्माण करवाया था। इसके अलावा वे किले भी थे, जिनका निर्माण स्वयं शिवाजी ने अपनी रियासतों के सामरिक स्थलों पर करवाया था। प्रत्येक किले में मराठा सरदार के अधीन पहाड़ी सैनिकों की छावनी थी। किले का इंजीनियर प्रभु जाति का और सिविल अधिकारी ब्राह्मण[1] होता था। किलों के बाहर नीची जाति के कबाइली लोगों को नए गाँवों में बसाया गया था, ताकि वे आक्रमण से पूर्व सूचना दे सकें।

सभी किलों में रायगढ़ किला उनकी राजधानी थी, जिस पर शिवाजी बहुत ध्यान देते थे और प्रयास करते थे कि वह आक्रमणकारियों से पूर्णतः सुरक्षित बना रहे। निर्माण के बाद जब वे दुर्ग को अभेद्य बताकर खुश हो रहे थे और कहा करते थे कि कोई भी मनुष्य किले के अंदर या बाहर मुख्य द्वार को छोड़कर नहीं जा सकता, एक किसान औरत हीराकनी ने उनके दावे की हवा निकाल दी। हीराकनी दरअसल रायगढ़ किले की छावनी के लिए दूध लाया करती थी। वह किले के बाहर किले की दीवार के नीचे रहा करती थी। दिन में एक बार आती और दूध देकर शाम होने से पहले लौट जाती। एक दिन उसे जाने में देरी हो गई। उसने किले के संतरियों से बहुत विनती की कि उसे जाने दें, लेकिन संतरियों ने किसी भी सूरत में द्वार खोलने से इनकार कर दिया। घर में उसका छोटा बच्चा था और यह सोचकर कि वह भूखा रहेगा, हिराकनी बहुत विचलित थी। बच्चे की याद में वह छटपटाने लगी और जाने के लिए कुछ भी करने को तैयार हो गई। रात के अंधकार में उसने एक साहसपूर्ण कदम उठाया। वह किले की दीवार पर चढ़ गई और दीवार की दूसरी तरफ बड़े एहतियात से रफ्ता-रफ्ता करते हुए उतरकर अपने घर पहुँच गई। जब शिवाजी ने उस औरत की बहादुरी की खबर सुनी तो उन्होंने उसे इनाम दिया और किले के ऊपर एक टावर बनवाया और उसका नाम दूधवाली के सम्मान में 'हीराकनी टावर' रखा। आज भी खँडहरों में उसका नाम बरकरार है।

□

1. यह मार्के की बात है कि दो विभिन्न जातियाँ गद्दारी में भी एकजुट नहीं हो सकीं।

ग्यारहवाँ अध्याय

औरंगजेब शिवाजी की छापामारियों को कभी नहीं भूल पाया था, जो शिवाजी ने उसके बीजापुर पर हमले के दौरान की थी, लेकिन अब, जबकि वह मुगल साम्राज्य का निर्विवाद बादशाह बन चुका था, उसने उस 'कुत्ते के पिल्ले' को सजा देने का फैसला किया। सन् 1663 में उसने अपने चाचा और साम्राज्य के प्रतिष्ठित व्यक्ति शाइस्ता खाँ को यह काम सौंपा। शाइस्ता खाँ उस समय दक्षिण भारत का गवर्नर था, जिसके नियंत्रण में एक हजार घुड़सवार सेना, एक पठान रेजीमेंट और भारी संख्या में तोप और बारूद का भंडार था। इधर शिवाजी की बीजापुर से लड़ाई अभी समाप्त ही हुई थी कि उन्हें फिर से एक लंबी लड़ाई में शामिल होना पड़ा और इस बार का दुश्मन बीजापुर से भी बड़ा और खतरनाक था।

फरवरी के अंत में मुगलों की शाही फौज ने हमला शुरू किया और शिवाजी के क्षेत्र में घुस आई। उस समय मराठों के पास दस हजार सैनिकों से ज्यादा नहीं थे। ऐसी स्थिति में मैदानी युद्ध में मुगलों का सामना करने का प्रश्न ही नहीं उठता था। यह सोचकर शिवाजी पीछे हटकर पहाड़ों में चले गए, लेकिन उनके घुड़सवारों को छापामारी की भूख बराबर बनी हुई थी। मौका मिलने पर वे शाही फौज पर छापा मारकर हथियारों को लूट लेते थे। बहरहाल मुगलों की सेना और मराठे घुड़सवारों के बीच दो-एक झड़पें हुईं, जिसमें मुख्य तौर पर मुगल ही सफल हुए। लिहाजा मुगल लश्कर बिना किसी विशेष विरोध के धीमी गति से आगे बढ़ता रहा, क्योंकि उसके सैनिकों की संख्या हजारों में थी। मई में पूना पर खतरे के बादल मँडराने लगे और शिवाजी को वह शहर छोड़ना पड़ा,

जहाँ उन्होंने अपना बचपन गुजारा था। वह शहर, जिसे उन्होंने पहली बार एक उजाड़ और भग्नावशेष के रूप में देखा था और जिसे उनके गुरु दादाजी ने अपने कुशल प्रशासन से एक संपन्न शहर बनाया था। इसी शहर में शाइस्ता खाँ ने बहुत धूमधाम से प्रवेश किया और समझ लिया कि उसके सैनिक अभियान का प्रथम चरण पूरा हो गया। उसने मराठों को पहाड़ों में भागने पर मजबूर कर दिया है तथा सोचा कि बरसात समाप्त होने पर वह उनका रहा-सहा जोश भी खत्म करके उन्हें घुटने टेकने पर मजबूर कर देगा।

जल्दी ही बरसात शुरू हो गई और सैनिक कारवाइयों पर विराम लग गया। शाइस्ता खाँ ने पूना में अपने रहने के लिए रंगमहल या रंगीन महल को चुना, जिसे दादाजी ने शिवाजी और उनकी माँ के पूना लौटने पर बनवाया था। शाइस्ता खाँ महल की चौड़ी खिड़कियों से बरसात की बूँदों को नीचे मकानों और झोंपड़ियों पर गिरता देखता; महल की दीवारों पर लटकी फूस की चिकों से चूते पानी को देखता और अपने बैचेनी को संयत करने की चेष्टा करता।

अपनी बढ़ती बैचेनी की गिरफ्त में उसने अपने पद की गरिमा का भी खयाल नहीं किया और शिवाजी को पहाड़ों से निकालने के अनेक असफल प्रयास किए। उसने शिवाजी का मजाक उड़ाने के लिए फारसी में ऐसे शेर लिखकर भेजना शुरू किए, जिनमें शिवाजी को एक बुजदिल बंदर बताकर उन्हें चुनौती दी गई कि अगर हिम्मत है तो वे पहाड़ों से बाहर निकलें और एक मर्द की तरह मुकाबला करें। शिवाजी ने इस शेर के जवाब में अपना लिखा एक दोहा भेजा, जिसमें उन्होंने यह माना कि उनके कुछ गुण बंदरों जैसे हैं, लेकिन शाइस्ता खाँ को यह नहीं भूलना चाहिए कि हिंदू धार्मिक गाथा में इन्हीं बंदरों ने राक्षसों के निर्दयी राजा को बरबाद कर दिया था। इस जवाब से शाइस्ता खाँ की बेसब्री शायद ही दूर हुई हो, क्योंकि ज्यादा समय नहीं बीता, जब उसे शिवाजी को पहाड़ों से बुलाने पर पछतावा करना पड़ा।

पूना के एक मंदिर में प्रसिद्ध भजन गायक का कार्यक्रम था, जिसमें वह संत तुकाराम के भजनों को जनता के सामने गानेवाला था। शिवाजी को जब पता चला तो उनमें संत तुकाराम के भजनों को फिर से सुनने की इच्छा जाग्रत् हो गई, क्योंकि अपने युद्धकाल में भी वे संत की वाणी के मोह को छोड़ नहीं पाए थे।

अपनी बलवती इच्छा को पूरा करने के लिए वे बिना किसी को बताए शाम के धुँधलके में मैदानी इलाके में पहुँच गए।

शाइस्ता खाँ शिवाजी की 'कायरतापूर्ण' छापामारी की घटनाओं के बारे में सुन चुका था। इसलिए उनकी हरकतों से सावधान रहने के लिए उसने पूना में प्रवेश के सभी मार्गों पर सख्त पहरा बैठा दिया, लेकिन शिवाजी अपनी असाधारण चपलता और सूझ-बूझ से कुछ ही घंटों में पूना में प्रवेश करके उस मंदिर में पहुँच गए, जहाँ कार्यक्रम आयोजित हो रहा था। रात के क्षीण प्रकाश में अपने सिर पर साफा पहनकर वे श्रद्धालुओं के बीच मंदिर के आँगन में बैठ गए। कार्यक्रम के अंत तक उन्हें कोई भी पहचान नहीं सका, लेकिन जैसे ही वे बाजार से गुजरने लगे तो किसी की नजर उन पर पड़ गई और कुछ ही क्षणों में यह बात फैल गई कि शिवाजी को शहर में देखा गया है। यह खबर जब अफगानी भड़ैत सैनिकों के पास पहुँची तो उन्होंने मंदिर को घेर लिया और अपनी सफलता पर मन-ही-मन यह सोचकर खुश होने लगे कि जब वे शिवाजी को शाइस्ता खाँ के सामने पेश करेंगे तो उन्हें कितना इनाम मिलेगा! मंदिर में भजन गायक एक ऊँचे तख्त पर पालथी मारे बैठा था और अपने दाएँ हाथ से इकतारा बजाते हुए भजन में डूबा हुआ था। उसके पास जलते दीपक की पीली लौ में उसकी छाया मंदिर की दीवारों पर पड़ रही थी। तभी मंदिर के द्वार पर किसी ने भयभीत स्वर में सूचना दी कि मंदिर को अफगान सैनिकों ने घेर लिया है। भय और आतंक से अफरा-तफरी मच गई। केवल शिवाजी ही जानते थे कि मंदिर को क्यों घेरा गया है और अब उनके भागने की कोई गुंजाइश नहीं रह गई थी, लेकिन वे शांतचित्त होकर बैठे रहे। भजन संध्या समाप्त हो गई। मंदिर की भीड़ एक-एक करके छँट गई। मंदिर का आँगन सूना हो गया और उस लंबी भीड़ में केवल छाया और जलती-बुझती रोशनियाँ दिखाई दे रही थीं। चारों ओर सन्नाटा छा गया। इस अप्रत्याशित शांति पर शिवाजी को किंचित् आश्चर्य हुआ। वे उठकर मंदिर के बाहर सड़क पर आ गए, लेकिन कहीं कोई अफगान सैनिक नजर नहीं आया।

मराठी लोक-परंपरा की बात मानें तो हुआ यह होगा कि जैसे ही अफगान सैनिक मंदिर की घेराबंदी के लिए दौड़े, तभी चादर में लिपटी एक छाया मंदिर के छोटे द्वार से निकली और सड़क ही पर दौड़ पड़ी। अफगानों ने उसे देखते ही

शोर मचा दिया कि उनका शिकार भागा जा रहा है। लिपटी छाया की रफ्तार और तेज हो गई। अफगान जी-जान से उसका पीछा करते रहे, लेकिन उस रहस्यमय छाया तक नहीं पहुँच पाए। यह कहा नहीं जा सकता कि रहस्यमय छाया का भाग्य था या (जैसा मराठों की मान्यता है) एक आत्मा थी, जिसने शिवाजी को बचाया। शिवाजी सकुशल अपने शिविर में लौट आए।

इस अद्भुत घटना के बाद शिवाजी ने जल्दी ही पूना की दूसरी यात्रा की।

पूना शहर में कोई हिंदू न तो आ सकता और न ही जा सकता था। शहर के द्वार और दीवारों पर दिन और रात सख्त पहरा था, लेकिन कुछ अवसर ऐसे भी आते थे, जब इस पहरे में ढील दे दी जाती थी। उदाहरण के लिए हिंदू सैनिक, जो मुगलों की सेना में भरती थे और शहर की हिंदू जनता, जिस पर शिवाजी के प्रति सहानुभूति का संदेह किया जा सकता था, मुगल इन दोनों में भेद करते थे। जब सरकारी सेवा में नियुक्त कुछ हिंदुओं ने पूना के मुगल के असैनिक राज्यपाल से अपने एक मित्र की बरात को हिंदू रस्म के अनुसार पूना में प्रवेश की आज्ञा माँगी तो राज्यपाल ने उसे ठुकरा देना गैर-वाजिब मानकर बरात लाने की आज्ञा दे दी। हिंदू सैनिकों ने राज्यपाल को उसकी उदारता के लिए धन्यवाद दिया और अपने कार्यक्रम में लग गए।

शाम को बारात ने पूना में प्रवेश किया। स्वर्ण-मंडित शॉल से अलंकृत दूल्हा सजे हुए घोड़े पर बैठा था। उसके चेहरा चंपक पुष्पों के सेहरे में ढका था। उसके पीछे बैंड से घिरे बराती थे, जिनमें दूल्हे के परिवार के सदस्य, रिश्तेदार और दोस्त शामिल थे। सभी लोग बढ़िया पोशाकों में हँसते बात करते जा रहे थे। संतरियों ने बरात को बिना किसी संदेह के नगर में आने दिया।

उसके कुछ ही देर बाद द्वार से शाही घुड़सवारों ने प्रवेश किया, जो अनेक मराठा बंदियों को निर्दयता से हाँक रहे थे, उनसे मारपीट कर रहे थे। जब संतरियों ने घुड़सवारों से युद्धबंदियों के बारे में पूछा तो उन्हें बताया गया ये लोग मुगलों की सैनिक चौकी पर हमला करने और पहाड़ों में छापामारी के लिए पकड़े गए हैं। यह सुनकर संतरियों ने ठहाका मारा और घुड़सवारों को उनकी बहादुरी के लिए दाद दी। उनके सामने मराठा बंदी मार से घायल होकर गिरते रहे।

जल्दी ही रात के साए ने शहर को अपने आगोश में डुबो दिया और शहर

के द्वार बंद कर दिए गए। शहर के किसी गोपनीय स्थल पर शादी की बरात, शाही सैनिकों के दल और मराठा बंदियों का मिलन हुआ। मिलते ही उन्होंने अपने ऊपरी वस्त्रों को उतार दिया। ये सभी वस्तुत: शिवाजी के ही आदमी थे। वे शिवाजी ही थे, जिन्होंने शाही सैनिक के भेस में राज्यपाल से शहर में बरात लाने की आज्ञा माँगी थी और बैंड में ड्रम बजानेवाले भी वे ही थे। रात की कालिमा सब जगह व्याप्त थी। हाथ को हाथ नहीं सूझता था। उस रात का वर्णन करते हुए इतिहासकार ने लिखा 'वह रात काली थी। ठीक वैसी, जैसे कि उस समय स्वयं शिवाजी का हृदय काला था' और इसी काली रात में झमककर पानी बरसने लगा। मानसून की घनघोर वर्षा थी। शिवाजी अपने आदमियों को लेकर इस भरी बरसात में शहर की गलियों से गुजरते हुए नदी के तट पर पहुँचे, जहाँ शिवाजी का पुराना घर 'रंगमहल' अंधकार में और भी विराट् लग रहा था। कुछ क्षण वे लोग खड़े रहे, आहट लेते रहे।

नदी अपने उफान पर थी। वर्षा की बौछारें नदी पर पड़कर बाढ़ का रूप दे रही थीं। ऐसे समय में मराठों की कोई भी हरकत पानी के शोर में डूब जाती थी। महल में सन्नाटा था। कोई हरकत सुनाई नहीं देती थी। न प्रकाश था, न कोई आवाज थी। सुरक्षा प्रहरी यदि थे भी तो वर्षा से बचने के लिए किसी सुरक्षित स्थान पर सुस्ता रहे थे। ऐसे में शिवाजी के दीवार पर चढ़कर बगीचे में पहुँचने में कहीं कोई आवाज सुनाई नहीं दी। एक बार महल पहुँच जाने पर शिवाजी का शत्रु अब खतरे में आ गया था, क्योंकि वे महल के चप्पे-चप्पे से वाकिफ थे। उन्होंने अपने अधिकांश अनुयायियों को बगीचे में इंतजार करने को कहा और बीस आदमियों को लेकर महल के मुख्य द्वार की ओर बढ़े, लेकिन वहाँ रोशनी थी। कुछ हिजड़े वहाँ बैठे बातें कर रहे थे। शिवाजी एक साए की तरह दीवार से सटकर सरकते रहे और रसोई के दरवाजे तक पहुँच गए। कुछ रसोइए प्रात:कालीन आहार बनाने में व्यस्त थे। दरवाजा खुला हुआ था। शिवाजी ने आहिस्ता से दरवाजा खोल दिया। रसोइए उधर मुँह किए रसोई के बरतनों पर झुके हुए थे। मराठों ने बिजली की फुरती से हमला किया और एक ही झटके से जमीन पर गिराकर उनका गला घोंट दिया। सब काम एक मिनट में पूरा हो गया और कोई आवाज तक न हुई। अब शिवाजी को याद आया कि रसोई और

शयनकक्ष के बीच केवल मिट्टी की दीवार है, जहाँ बचपन में वे सोया करते थे और जिसमें शाइस्ता खाँ सो रहा होगा। उन्होंने अपने आदमियों से बगीचे में रखे औजार लाने को कहा और उन सभी ने गैंती और फावड़ों के साथ दीवार को तोड़ना शुरू किया। शाइस्ता खाँ का एक नौकर दीवार से सटकर सो रहा था। गैंती की धीमी धमक से उसकी आँखें खुल गईं। उसने उठकर अपने आका शाइस्ता खाँ को जगाया। शाइस्ता खाँ आँखें मलते हुए जम्हाइयाँ ले रहा था। वह अब भी नींद में था और नौकर का शक उसे बकवास लगा। रसोई में आवाज? वह झल्लाया और कहने लगा, 'अरे भई, रसोइए काम कर रहे होंगे।' उसने एक क्षण चुप रहकर आवाज सुनने की कोशिश, फिर झुँझलाकर बोला, 'वह चक-चक की आवाज?' वह तो खूँटा ठोकने की आवाज है, जो आँगन से आ रही है।[1] घोड़े के साईस घोड़ों को बाँधने के लिए खूँटा ठोक रहे हैं, और वह नौकर को गाली देने लगा कि उसने झूठे ही उसकी नींद खराब कर दी। बड़बड़ाते हुए वह फिर से पलंग पर लेट गया और सोने की कोशिश करने लगा। कुछ ही क्षणों में मराठे दीवार में छेद करने में सफल हो गए।

शिवाजी तलवार लेकर छेद से कमरे में घुसे और तेजी से सोए हुए शाइस्ता पर टूट पड़े। आसन्न संकट से आतंकित शाइस्ता खाँ चौंककर बिजली की गति से करवट मार गया और शिवाजी का वार शाइस्ता खाँ के अँगूठे पर पड़ा। नजारा देखकर शाइस्ता खाँ के नौकर ने अपने मालिक को बचाने के लिए रोशनी को गुल कर दिया और अंधकार का फायदा उठाकर शाइस्ता खाँ भागा और अपनी गुलाम औरतों के हरम में जा छिपा। मराठों ने उसका पीछा किया। रास्ते में उन्होंने दो औरतों को मार गिराया, यह जाने बिना कि वे मर्द हैं या औरतें! इतने में शाइस्ता के बेटे ने अपने पिता को बचाने में बहादुरी दिखाई और शाइस्ता खाँ को महल से भागने का मौका दे दिया। उसके सैनिक उसे छिपाकर अंधकार में विलीन हो गए। पूरे महल में अफरा-तफरी मच गई। हिजड़े भय से चिल्लाने लगे और नगाड़े पीटकर संतरियों को बुलाने लगे, लेकिन जब सुरक्षाकर्मी आए तो कोई यह नहीं बता पाया कि दुशमन कहाँ है? उनकी संख्या कितनी है और है कौन? सुरक्षाकर्मियों ने आकर और भी आतंक फैला दिया। वे अँधेरे में बरामदों

1. मानूसी।

में भागने लगे। इसी दौड़ में उन्होंने डरी हुई औरतों को कुचल दिया। उलझन में नौकरों से भी मारपीट करने लगे।

इसी बीच बगीचे में मौजूद शिवाजी के सैनिक मुख्य द्वार पर पहुँच गए और उन्होंने पहरे देनेवाले संतरियों को मारकर खुशी में उद्घोष किया, 'ऐसे संतरियों का फायदा?' और महल में घुस गए। उनमें से कुछ मराठे मुख्य द्वार के बुर्ज नौबतखाने में पहुँच गए। वहाँ पहुँचकर तलवार की नोक पर संगीतज्ञों को उठाया और उनसे कहा कि वे खुशी की धुन को जोर-जोर से बजाएँ। संगीत की तेज धुन ने पूरे महल और आस-पास के इलाके में उलझन पैदा कर दी। लोग समझ नहीं पा रहे थे कि दुश्मन के हमले में यह खुशी की धुन कैसे बज उठी है! मुगल सैनिक महल के बाहर रुककर महल में परिस्थिति का अनुमान लगाने लगे। उन्हें समझ में नहीं आ रहा था कि वे अंदर घुसें या खुशियाँ मनाएँ?

इस बीच अंधकार में शिवाजी ने एक मुगल अधिकारी को खिड़की से भागते देखा। उन्होंने समझा कि शाइस्ता खाँ भाग रहा है। वे उसके पीछे दौड़ पड़े, लेकिन वह भागने में सफल हो गया। बाद में उन्हें पता लगा कि वह शाइस्ता खाँ नहीं था। शिवाजी ने देर नहीं की और अपनी दक्षता से अपने सैनिकों को एकत्र किया और खस्ताहाल महल को छोड़कर मुख्य द्वार से निकलकर शहर के द्वार की ओर भागे। वहाँ पहुँचकर उनके सैनिकों ने मुगल सैनिकों पर हमला करके उन्हें निहत्था कर दिया। शिवाजी ने सामने खड़े युद्ध-हाथी की सूँड़ को तलवार के एक ही झटके में काट दिया। हाथी को दुश्मन रोकने के लिए खड़ा किया गया था। उसके बाद शिवाजी नगर द्वार खोलकर अपने साथियों के साथ रात के अंधकार में निकल भागे।

शहर के बाहर मुगलों की दस हजार घुड़सवारों की भारी फौज की छावनी थी। उसके कमांडर को जब शिवाजी के हमले और उनके भागने की खबर मिली तो उसने शिवाजी का पीछा करके उन्हें पकड़ने का आदेश दिया। सेना को सतर्क करने के लिए नगाड़े बजने लगे। जल्दी मुगल सेना का एक मजबूत दल शिवाजी का पीछा करते हुए पहाड़ों की ओर रवाना हो गया। शिवाजी ने बुद्धि से काम लिया। उन्होंने अपनी पुरानी छलावे की तरकीब का इस्तेमाल किया। वे सड़क के किनारे में उगी ऊँची झाड़ियों में रुक गए और अपने सैनिकों को आदेश दिया

कि रास्ते के सभी पेड़ों पर जलती मशालें लगा दी जाएँ। जब मुगल सैनिक दस्ते ने दूर ही से जली मशालों की रोशनी को देखा तो अपने घोड़ों को रोक दिया। एक किनारे रुककर उन्होंने आपस में मशविरा किया। उन्हें लगा कि आगे शायद मराठा सेना की पूरी छावनी है, जिसमें सैनिकों की संख्या न जाने कितनी हो? इसलिए उन्होंने आगे बढ़ने के बजाय लौटना ही श्रेयस्कर समझा।

शिवाजी के हमले से शाइस्ता खाँ के हौसले पस्त हो गए। उसका मानसिक संतुलन बिगड़ गया। उसके लिए खीझ और क्रोध को दबाना मुश्किल हो गया। दूसरे दिन सुबह जब उसके दरबारियों ने एकत्र होकर उसके कटे अँगूठे पर अफसोस जाहिर किया तो वह प्रत्यक्षत: तो चुप रहा, पर क्रोध में उसके होंठ फड़फड़ाने लगे। एकाएक उसकी नजर जोधपुर के महाराजा पर पड़ी, जिसकी वफादारी पर उसे मुगल सेना की मदद के लिए दिल्ली दरबार ने भेजा था। उसको देखते ही शाइस्ता खाँ क्रोध से फड़फड़ा उठा और महाराजा को बुजदिल करार करते हुए उस पर गफलत का दोष लगाया। उसने गरजते हुए कहा, 'जब दुश्मन ने मेरे ऊपर हमला किया, तब तुम भूल गए कि तुम दिल्ली के शहंशाह की नौकरी करते हो।' जोधपुर का महाराजा क्रोध में दरबार से उठकर बाहर चला गया। उसके बाद शाइस्ता खाँ बिन घुड़सवारों की (जिसे भरी बरसात में ले जाने से मुश्किलें और भी बढ़ सकती थीं।) एक अव्यवस्थित फौज को लेकर पहाड़ों की ओर चला। उसने पहाड़ी मार्ग और इलाके का पूर्व आकलन भी नहीं किया और उसकी यही भूल मराठों के लिए लाभकारी सिद्ध हुई, क्योंकि मराठा तोपची अपनी तोपों को पहाड़ी जंगल-झाड़ी में छिपाए बैठे थे, जैसे ही मुगल सेना उनके रेंज में आई, उन्होंने तोपों से हमला कर दिया। हमला बहुत खतरनाक सिद्ध हुआ। शाइस्ता खाँ का हाथी मारा गया। इस घटना से जैसे ही मुगल सेना भगदड़ में पीछे हटी, मराठों के घुड़सवार अपना उद्घोष करते हुए मुगल सेना पर टूट पड़े।

शाइस्ता खाँ अपने छितरे सैनिकों को पीछे हटते हुए देखकर 'धोखा' और 'गद्दारी' शब्दों को बड़बड़ाता रहा और किसी तरह दिन ढलने तक पूना लौट पाया। रास्ते में उसने पीछे मुड़कर देखा कि पहाड़ों की चोटियों पर विजय की खुशी में मराठों ने आग जला दी है और जैसे-जैसे आग में और लकड़ियाँ डाली

जा रही थीं, आग की लौ से झुटपुटे की शाम में आसमान गुलाबी हो रहा था।

शाइस्ता खाँ मायूसी में महलों में चला गया, जहाँ वह कुछ दिनों तक एकांत में पड़ा रहा और जब निकला तो उसका पहला आदेश था कि पूना को खाली कर दिया जाए।[1]

शिवाजी के अद्‌भुत पराक्रम की खबरों से दिल्ली में एक प्रकार से भय मिश्रित आश्चर्य का वातावरण पैदा हो गया। जादू-टोना करनेवाले संतों और फकीरों ने उन्हें जादूगर कहना शुरू कर दिया। अंग्रेजों ने कहा, 'खबरें उसे हवा में उड़नेवाला शख्स बताती हैं, अन्यथा यह कैसे हो सकता है कि एक शख्स एक साथ इतनी जगह देखा जा सकता है! उन्होंने शिवाजी को हरक्युलिस की तरह शक्तिमान बताते हुए कहा कि उसका नाम जन-जन की जुबान पर चढ़ गया है!' शिवाजी के बहादुरी के किस्सों पर पुर्तगालियों ने ऐसा अचंभा व्यक्त किया और गोवा के सेनहोर-द-गौर्दा ने लिखा कि यह प्रश्न अभी बरकरार है कि 'शिवाजी ने या तो अपने विकल्प बना लिये हैं या वे खुद जादूगर हैं या फिर भूत-प्रेत हैं।'[2]

दिल्ली के दरबारी हलकों में शहंशाह के चाचा की भद्द उड़ रही थी और उसके शर्मनाक व्यवहार को लेकर चारों ओर तीखी भर्त्सना हो रही थी। उसे साम्राज्य का मान-मर्दन मानकर लोग निंदा कर रहे थे। बाजारों में (जहाँ वलीअहद दारा की याद अभी बरकरार थी) लोग साम्राज्य के प्रमुख मनसबदार के अँगूठा कटे चित्र को देखकर मजाक कर रहे थे कि इतने बहादुर कमांडर अपनी जान बचाने के लिए कैसे हरम की गुलाम औरतों की गोद में जा छिपा!

---

1. शिवाजी की मृत्यु के बाद इस घटना की नकल की गई थी। दो हजार मराठा सैनिकों को लेकर उन्होंने शाही शिविर पर हमला किया और औरंगजेब के तंबू में पहुँच गए, लेकिन जैसा धोखेबाज औरंगजेब था, वह उस तंबू में कभी सोया ही नहीं। शिवाजी यादगार के लिए तंबू के स्वर्ग-मंडित पोल लेकर लौटे थे।
2. शिवाजी पर पुर्तगाली टिप्पणी इतिहासकार सेन की पुस्तक 'मिलिटरी सिस्टम ऑफ दि मराठाज' से ली गई है। पूना पर दो हमलों में दूसरे हमले का वर्णन न केवल मराठी इतिहासकारों ने किया है, बल्कि समकालीन बर्नियर और मानुसी जैसे यूरोप के इतिहासकारों ने भी किया है। पहले हमले का साक्ष्य केवल मराठी परंपरा पर आधारित है और नास्तिक भले ही इसे कपोल-कल्पित कहें, मैंने यह कहानी इसलिए वर्णित की है, क्योंकि प्रत्येक मराठा इसमें यकीन करता है।

शहंशाह ने अपने चाचा को एक सख्त फरमान भेजकर दक्षिण भारत की कमान से हटाकर बंगाल का राज्यपाल बना दिया, जो राज्यों को देखते हुए एक नीचे दर्जे का पद था। लूटपाट के असीमित अवसर प्रदान करने के बावजूद बंगाल अस्वास्थ्यकर जलवायु के कारण नापसंद किया जाता था। कुछ अंग्रेज लेखकों ने शाइस्ता खाँ के प्रति सहानुभूति दिखाई है, किंतु वह इसके योग्य नहीं लगता। दक्षिण में अपनी छीछालेदर कराने के बाद उसने बंगाल में लूटपाट, अपहरण और बलात्कार में इतना नाम कमाया, जिसे आज तक याद किया जाता है।[1]

दक्षिण में शहंशाह का बेटा वलीअहद मुअज्जम शाइस्ता खाँ का उत्तराधिकारी बनकर आया।

इस समय औरंगजेब यदि दक्षिण भारत की कमान खुद सँभाल लेता तो मुगल साम्राज्य का पतन इतनी जल्दी नहीं होता, क्योंकि वह एक सक्षम सैनिक और कमांडर था, जबकि उसका बेटा एक मनमौजी किस्म का इनसान था, जिसकी दिलचस्पी सेना से ज्यादा पोलो खेलने और शिकार करने में थी। लेकिन बात दरअसल यह थी कि औरंगजेब की लाड़ली बहन रोशनआरा, जिसने दारा के खिलाफ षड्यंत्र रचकर औरंगजेब को दिल्ली की गद्दी दिलवाई थी, ठीक इसी समय कश्मीर जाने की जिद कर बैठी और औरंगजेब को उसके साथ कश्मीर जाने का वायदा करना पड़ा, लेकिन जाते समय भी औरंगजेब ने यह कल्पना कभी नहीं की होगी कि मराठों से युद्ध उसके लिए एक अल्सर जैसा नासूर बन जाएगा और इतना विकराल रूप धारण कर लेगा कि उसे अपनी बहन को हिंदुस्तान के स्वर्ग में ले जाने का वायदा तोड़ना पड़ जाएगा।

औरंगजेब के लिए एकमात्र रोशनआरा ही थी, जिसकी वह परवाह करता था। हालाँकि रोशनआरा की रुचि औरंगजेब की सात्त्विक और धार्मिक कट्टरपन से ठीक विपरीत थी। वह जिंदगी में तड़क-भड़क और विलासतापूर्ण ऐश्वर्य को पसंद करती थी। उसकी सवारी जब निकलती थी तो लोग आश्चर्य से ठगे रह जाते थे। उसका सिंहासन बर्मा के हाथी पर होता था, जिसके चारों ओर अनेक घंटियाँ लगी होतीं, जो हाथी के चलने पर घुंघरू जैसी आवाज पैदा करती थीं।

1. यह शब्द बदनाम अधिकारियों की निंदा करने के लिए इस्तेमाल किया जाता है, जैसे उत्तर-पश्चिमी भारत में नादिरशाह का नाम लिया जाता है।

हाथी पर सोने का हौदा होता था, जिसे जामुनी रंग के बिल्लौर से सुसज्जित किया जाता था। चारों ओर झालर तथा सिर के ऊपर रेशमी छत्र हाथी की मंद चाल पर थिरकता दिखाई देता था। रोशनआरा कीमती किमखाब और रेशमी कपड़ों में बैठी मुसकराती और गुलाम लौंडियाँ दोनों ओर मोर के पंखों से हवा झलती हुई चलती थीं। हाथी के दोनों ओर सजे-धजे हिजड़ों की कतारें चलतीं, जिनके हाथों में चाँदी की लाठियाँ होतीं और गुलामों का एक झुंड डंडे लिये सवारी के लिए रास्ता बनाते हुए चलता था। रोशनआरा की सवारी के पीछे एक बड़े जुलूस में साठ शाही हाथी और बड़ी संख्या में शाही प्यादे चलते थे। इन हाथियों पर रोशनआरा की मुख्य निजी सहायक खातूनें अपने शाही लिबास में बैठी होती थीं। रोशनआरा की इतनी शान और शौकत से सवारी को देखकर फ्रांसीसी मॉनसियोर बर्नियर जैसा आलोचक भी मोहित हुए बिना नहीं रह सका और उसने ऐसे भव्य ऐश्वर्य को अपनी दार्शनिक उदासीनता से कहीं ऊपर उठकर देखा और जिस शिद्दत से महसूस किया है, उसे पढ़कर मुझे हिंदुस्तानी कवियों की उड़ानों को मान लेना चाहिए, जिनमें वे हाथियों को देवी-देवताओं के रूप में देखते हैं और उनकी पूजा करते हैं।

मॉनसियोर बर्नियर ने जहाँपनाह के साथ कश्मीर की यात्रा की थी।[1] यात्रा की धीमी गति और रास्ते की गरमी और असुविधाओं से उसे जरूर परेशानी हुई, पर शाही शिविर की सैनिक शानो-शौकत को देखकर वह चकित रह गया। जहाँपनाह का शिविर गहरे लाल रंग की रेशमी दरी से सजाया गया था, जिस पर हाथ से रँगे रेशम के रूमालों पर सोने-चाँदी के काम से विभिन्न चित्रकारियाँ की गई थीं, जिनके नीचे बूटेदार झालरें लटकी थीं। शिविर की रक्षा के लिए चुने हुए नौजवान मुगल साम्राज्य का शाही चिह्न प्रदर्शित करते हुए पहरा देते थे। स्वर्ण-मंडित शाही चिह्न पर चाँदी की दो मछलियाँ, पंखवाले दो अजगर, एक तराजू और आदेश के पालन के प्रतीकस्वरूप ऊपर उठे हुए दो हाथ जुड़े होते

1. वह कश्मीर जाने के लिए इसलिए उत्सुक था, क्योंकि वह जानना चाहता था कि क्या वहाँ के लोग ईसाई हैं ? क्योंकि उसने वहाँ मूसा और सोलोमन जैसे नाम सुने थे। दूसरे, अंग्रेज इतिहासकार अलबर्नी ने कश्मीर की यात्रा का जो विवरण लिखा था, उसमें दसवीं शताब्दी में वहाँ ज्यू व्यापारियों के होने की बात कही थी, किंतु इस विषय पर प्रचलित कुछ आधुनिक मतों के बावजूद, वस्तुतः कश्मीरी लोग ईसाई नहीं हैं।

थे। शहंशाह के बैठने के लिए शेर के मुखौटे का गद्‌देदार सिंहासन था, जिसके पीछे से लगा छायादार स्वर्ण-मंडित क्षेत्र था। शाम के झुटपुटे में जहाँपनाह को सम्मान देने और कदमबोसी के लिए जब शाही सिपहसालार और मनसबदार मशाल लिये शाही शिविर की ओर बढ़ते तो नजारा देखने लायक होता। ये तमाम अफसर शाही सलामी के बाद जुलूस में वापस आते और अपने खूबसूरत तंबुओं में चले जाते, जिनकी दीवारें रंग-बिरंगे फूलोंवाली मछलीपट्टम की छींटों से सजी होती थीं।

पूरब की मशहूर शाही सवारी की सुस्ती शिकार यात्रा में गायब हो जाती थी। औरंगजेब अन्य मुगल शहंशाहों की तरह शिकार-यात्रा पर जाता था, लेकिन अपने सात्त्विक विचारों के कारण वह इस यात्रा को आमोद-प्रमोद या मनोरंजन के बजाय सेहत बनाने की वर्जिश के रूप में लेता था। उसके इतिहासकारों ने उसकी शिकार-यात्रा का बाकायदा वर्णन करते हुए लिखा है, 'जहाँपनाह अपनी शिकार-यात्राओं को अपनी रियाया के बारे में जानकारी हासिल करने का जरिया मानते हैं। इन्हीं ऊँचे खयालों को लेकर जहाँपनाह शिकार की यात्रा पर जाते हैं। कुछ फूहड़ पर्यवेक्षक भले ही समझते हों कि जहाँपनाह केवल शिकार करने जाते हैं, उनका कोई दूसरा उद्‌देश्य नहीं होता, लेकिन जानकार और अनुमान लगानेवाले लोग जानते हैं कि दरअसल में उनका लक्ष्य कितना महान् होता है।'

□

बारहवाँ अध्याय

कश्मीर की खुशगवार वादियों में जब शहंशाह की शाही सवारी अपनी मंद गति से बढ़ने लगी और मध्य भारत का गवर्नर वलीअहद मुअज्जम जब पोलो खेलने और पार्टियों में मस्त हो गया, उस समय शिवाजी ने पूना का बदला लेने के लिए मुगल साम्राज्य के एक आर्थिक स्रोत को हड़पने की योजना बनाई।

उस समय भारत का सबसे बड़ा बाजार सूरत था। यहीं से मुसलिम तीर्थयात्रियों से भरे जहाज मक्का के लिए रवाना होते थे और यहीं अरबी बेड़े, चीनी बजरे, अंग्रेज, फ्रांसीसी, डच, पुर्तगाली सौदागर यूरोप, अफ्रीकी माल और वस्तुओं को लेकर सूरत के बाजार को मालामाल करते थे। इसके अलावा दुनिया की तमाम कौमों तथा जातियों के व्यापारी यहाँ अपनी विशेष वस्तुओं की तिजारत करने के लिए हमेशा मौजूद रहते थे। इसलिए ताप्ती नदी के किनारे स्थित सूरत में दुनिया के सभी मुल्कों के श्रेष्ठ धनी सौदागरों के वैभवशाली आरामगाह थे, जहाँ उन देशों की पताकाएँ नगर की शोभा बढ़ाती थीं। इस व्यापारिक केंद्र में विदेशी माल की आमद का अंदाजा इसी से लगाया जा सकता है कि केवल सूरत का सालाना राजस्व उस समय की मुद्रा में सत्तर हजार पाउंड था। सूरत का समुद्री मार्ग ताप्ती नदी से शुरू होता था, जिसका बहाव तेज था। समय-समय पर ज्वार-भाटे का भी प्रभाव पड़ता था। शिवाजी के समय में एक हजार टन के मजबूत जहाज शहर के पास लंगर डालते थे। उनके माल को पचास टनवाली बड़ी नौकाएँ ताप्ती नदी के जरिए सूरत पहुँचाती थीं। आमतौर पर सौदागरों के कारिंदे सूरत के बंदरगाह 'स्वेली' में डेरा डालते थे, जहाँ सौ से अधिक छोटे विदेशी जहाजों की हमेशा लाइन लगी रहती थी। इनमें मुख्यतः अंग्रेज और डच

नौकाओं के साथ-साथ अरब से आए सुर्ख लाल रंग के रेशम में लिपटे विशाल बेड़े अपनी अलग पहचान बनाते थे। तट के घाट पर विदेशी सौदागरों के बड़े-बड़े गोदाम थे, जिनकी छतों पर उनके देश की रंग-बिरंगी पताकाएँ लगी थीं। मुगल साम्राज्य के इस बंदरगाह पर प्रत्येक यात्री और सौदागर को कस्टम हाउस से गुजरना पड़ता था। यहाँ तक पहुँचने के लिए भी सौदागरों को माल ढोनेवाले मजदूरों से भाड़े के लिए अंतहीन चक चक करनी पड़ती थी। माल का परीक्षण कस्टम के मुख्य अधिकारी की देख-रेख में होता था, जिसके साथ गुलाम नीग्रो का दल हाथों में हंटर लिये चलता था। परीक्षण में सख्ती बरती जाती थी। माल के प्रत्येक गट्ठर को खोलकर देखा जाता था। इस सख्ती का वर्णन फ्रांसीसी यात्री थेवेनॉट ने शिकायत के रूप में किया है। कस्टम हाउस के बाद उन्हें एक्सचेंज ऑफिस जाना होता था, जहाँ विदेशी मुद्रा का भारतीय मुद्रा में विनिमय होता था और जिन विदेशी सौदागरों का खाता भारतीय बैंकों में होता था, वहाँ 'हुंडी'[1] से भुगतान किया जाता था।

उसके बाद यात्री किराए के रथों पर सूरत के लिए प्रस्थान करते थे। जो धनाढ्य थे, वे भारी-भरकम सजी-धजी बैलगाड़ियों में यात्रा करते थे। सड़कें अच्छी और आरामदेह थीं। दोनों ओर छायादार पेड़ थे, जिनके पीछे गन्ने और तंबाकू के खेत थे। जैसे ही यात्री शहर के निकट पहुँचते थे, हरे-भरे बागों को देखकर उनका मन प्रसन्न हो जाता था। इन बागों को हरा-भरा रखने के लिए पास में बने तालाब और जलस्रोत के अनेक साधन थे। यही कारण था कि यहाँ विदेशी सौदागरों के सैरगाह बन गए थे, जहाँ वे छुट्टियाँ मनाने आते थे। यहाँ तक कि गंभीर किस्म के अंग्रेजों का भी यदि घूमने का मन होता तो वे यहीं आते थे और अपनी यात्रा राजकीय बैलगाड़ियों में करते थे, जिनके दरवाजों पर चाँदी की मूँढ़ें लगी होती थीं।[2] इन सार्वजनिक पार्कों के अतिरिक्त धनाढ्य सौदागर अपने निजी पार्कों अथवा 'समर हाउसों' में सुहावनी छतरियों के नीचे गलीचों पर बैठकर दावतों का आयोजन करते थे। उनके चारों ओर फव्वारों की कतारें

1. चेक की यह प्रणाली भारत में सदियों से प्रचलित रही है और आज भी मुद्रा के विनिमय में काम आती है।
2. ओविंगटन।

होती थीं।[1] शहर में प्रवेश करते ही सौदागरों के वैभवशाली महलों को देखकर यात्री ठगे रह जाते, जिनकी सपाट छतों के नीचे प्लास्टर वाली टैरेस लगी होतीं, लेकिन यदि यात्री यूरोप का होता तो उसे पता लगता कि इनमें से कुछ ही महलों में काँच की खिड़कियाँ हैं। इसकी वजह यह भी थी कि काँच का उत्पादन यहाँ नहीं होता था, बल्कि वेनिस अथवा कुस्तुनतुनिया से आयात किया जाता था, इसलिए आमतौर खिड़कियों पर लकड़ियों के खाँचों में चिक या मछलियों का सरेस जड़ा होता। इन महलों में अमीर सौदागर विलास और वैभव में अपनी रंगीन जिंदगी का मजा लूटते थे।[2]

नगर का प्रशासन राज्यपाल, उपराज्यपाल, न्यायमूर्ति और एक पुलिस अध्यक्ष के मातहत था। राज्यपाल की सवारी रोज सुबह नगर से होती हुई न्यायालय जाया करती थी, जिसमें तीन सौ पैदल सिपाही, स्वर्ण वस्त्रों से ढके तीन युद्ध-हाथी, चालीस घुड़सवार सिपाही और चौबीस राजकीय झंडे होते थे। इसके बाद न्यायाधीश की उतनी ही बड़ी सवारी निकलती। इन सवारियों के आगे-पीछे विशाल तुरहियों की आवाजों के साथ नगाड़ों के डम-डम का शोर पूरे वातावरण में व्याप्त हो जाता था। मुख्य पुलिस अध्यक्ष दिन में कम दिखलाई देता था, किंतु रात में उसकी सवारी धूमधाम से निकलती, जिसमें नगाड़ों की आवाजों के बीच वह अपने सिपाहियों को आदेश देता हुआ सुनाई देता था, जो अपनी ड्यूटी से ज्यादा रात की चकाचौंध और जलती मशालों को देखने में मग्न रहते थे।[3]

विदेशी सौदागर भी स्थानीय अधिकारियों की तरह अपनी सवारी को उतनी ही धूमधाम से निकालने में अपनी शान समझते थे। इस होड़ में अंग्रेज कंपनी का अध्यक्ष भी शामिल था और अपनी सवारी राजकीय दरबार के स्तर पर निकालता था, जिसके आगे आगे विशिष्ट अलंकरणों से सुसज्जित सफेद घोड़ा होता था। उसके साथ तुरही और दुंदुभि बजानेवालों की कतारों के बीच संत जॉर्ज की मूर्ति होती थी। इसके पीछे वह अपनी सुसज्जित पालकी में अर्ध लेटा दिखाई देता। उसके नौकर शतुरमुर्गों के पंखों से बनी चँवरों से दोनों ओर हवा करते रहते।

---

1. फ्रायर।
2. इदम।
3. थेवनॉट।

उसकी फैक्टरी सूरत की सबसे धनी फैक्टरी थी, जहाँ चीनी, चाय, चीनीमिट्टी के बरतनों के अतिरिक्त चीन से आयातित कच्चे ताँबे (जिसे भारत लाने में अरबी जहाजों और बजर का इस्तेमाल किया जाता था), स्याम से आयातित कौड़ियों और सुमात्रा से आए सोने तथा हाथीदाँतों का व्यापार होता था। लेकिन अंग्रेज इन सभी वस्तुओं से अधिक अपनी चाय को मूल्यवान् समझते थे, क्योंकि अंग्रेज इतिहासकार ओविगंटन के अनुसार, 'अंग्रेजों के लिए चाय सिर दर्द, सर्दी-जुकाम, हाथ-पैरों में दर्द, नजला, गठिया और पथरी जैसी बीमारियों में उनकी पसंदीदा दवा थी।' डच लोग मुख्य रूप से आभूषण और मसालों का व्यापार करते थे, जिन्हें वे बटेविया से लाते थे। फ्रांसीसी फैक्टरी का महत्त्व इससे कम था, क्योंकि वे लोग अरबी वस्तुओं को बेचकर पैसा कमाने के बजाय अपने फ्रांसीसी अधिकारियों के उपयोग के लिए रखते थे।

शहंशाह अकबर ने एक सदी पहले ही नगर की सुरक्षा का बाकायदा इंतजाम कर उसे मजबूत बना दिया था और राज्यपाल को नगर की छावनी सुरक्षित रखने के लिए हर वर्ष एक बड़ी रकम भेजी जाती थी। दुर्भाग्यवश साम्राज्य का वर्तमान राज्यपाल भ्रष्ट और डरपोक था। उसने लालच के कारण किसी-न-किसी बहाने अपने अधिकांश सैनिकों का स्थानांतरण कर दिया और उनके वेतनों को हड़प गया। पूरब के अन्य व्यापारिक शहरों में धनाढ्य सौदागर अपनी तथा अपने माल-गोदामों की सुरक्षा के लिए निजी रक्षक बहाल करते थे। यह परंपरा बहुत पहले से चली आ रही थी, लेकिन सूरत में मुगल साम्राज्य की सुरक्षा इतनी तगड़ी थी कि यह परंपरा अब समाप्तप्राय हो चुकी थी।

सन् 1663 के दिसंबर महीने में एक भिखारी भीख का कटोरा लिये लाठी टेकते हुए सूरत[6] की सड़कों पर चलता दिखाई दिया। कपड़ों के नाम पर उसके शरीर पर चिथड़े थे। वह हारा-थका था, किंतु बहुत प्रयास से बाजार तक पहुँच गया था, जहाँ भीड़-भाड़ में साधु-संन्यासी और भिखारी भी थे। इसलिए किसी ने उस लँगड़े भिखारी पर ध्यान नहीं दिया। बाजार में सौदागरों के कारिंदों और आमजन के नागरिकों का भी आवागमन था। साथ में ठलुआ लोग झुंड बनाकर रोजमर्रा की चर्चा में मशगूल थे। ऐसे में यदि वह लँगड़ा भिखारी किसी झुंड के पास बैठा देखा गया तो किसी को क्या जरूरत थी कि वह उस भिखारी पर नजर

अपने पड़ोसियों को भी सुरक्षा प्रदान की[1]। उन्होंने उस धनी मुसलिम सौदागर सैद नेग की भी सहायता की, जिसे शिवाजी ने बंधक के रूप में बुलाया था। अंग्रेजों ने उसके घर के चारों ओर बंदूकधारी सैनिकों को तैनात कर दिया, जिन्होंने मराठा सैनिकों के आने पर गोली चला दी। शिवाजी ने तुरंत अंग्रेजों को आदेश दिया कि वे उनके सैनिकों की राह में अड़चन न पैदा करें, लेक्रिन अंग्रेज कंपनी के अध्यक्ष सर जार्ज ऑक्सिनडन के स्वाभिमान को यह मंजूर नहीं हुआ। उसने 'एक अंग्रेज होने के नाते अपनी और अपने माल की सुरक्षा के लिए तैयार हो जाने का फैसला किया और थोड़े से बचे-खुचे आदमियों को नगाड़े और बिगुल के साथ तैयार कर उसने शिवाजी को चुनौती भरा जवाब दिया। हम मुकाबले के लिए तैयार हैं और पीछे हटनेवाले नहीं हैं।'

अंग्रेज अध्यक्ष के साहस की सर्वत्र प्रशंसा हुईं। उसने अपनी और अपने सौदागरों की जिस बहादुरी से रक्षा की, उसके लिए मुगल साम्राज्य ने उसे सरोपा (सिर से पैर तक ढकनेवाला सम्मान का चोगा) पहनाकर सम्मानित करने के साथ कंपनी को कस्टम में आधे भुगतान की छूट दे दी। परिणामस्वरूप, उसके मालिक ने भी उसके साहस और बहादुरी के लिए उसे स्वर्ण पदक प्रदान किया।[2]

स्वयं शिवाजी इन विदेशी व्यापारियों के साहस और दृढ़ता से प्रभावित हुए और उन्होंने दोबारा उनके खिलाफ कोई काररवाई नहीं की। लेकिन हिंदुस्तानी व्यापारियों की, जो न तो भाग सके और न ही, जिन्हें ऐसा सहयोगी मिला, हालत शोचनीय थी। ऐसे में अनेक ऐसी घटनाएँ हुईं, जिनमें शिवाजी का मानवीय दृष्टिकोण दिखाई दिया। ईसाई पादरियों के घरों और उनकी संपत्ति को शिवाजी ने सुरक्षा प्रदान की। उन्हें कोई नुकसान नहीं होने दिया। शिवाजी ने अपने सैनिकों से कहा कि फ्रांसीसी पादरी भले लोग हैं। उन पर कोई काररवाई न की जाए[3], पर फ्रांसीसी पादरी ने शिवाजी के समक्ष उपस्थित होकर अपने धर्मांतरित लोगों और गिरजे के सेवकों को बख्श देने की प्रार्थना की। शिवाजी ने उसका स्वागत किया और फरमान जारी किया कि फादर एम्ब्रांस तथा उसके सभी लोगों के

---

1. बर्नियर।
2. फायर।
3. बर्नियर।

घरों को कोई नुकसान न पहुँचाया जाए। इसके अतिरिक्त जब शिवाजी को पता चला था कि कुछ धनी सौदागर इसाई मिशनरियों को दान देते रहे हैं और साल भर उन्हें चावल, सब्जियाँ और मक्खन पहुँचाते रहे हैं, तो उन्होंने उनकी संपत्तियों को छोड़ दिया और सैनिक भेजकर उनके घरों और खेतों को सुरक्षा प्रदान की।

इसके बावजूद लूटने का काम बड़े आराम से पूरा हुआ। बुधवार से लेकर शनिवार तक घरों, फैक्टरियों और दुकानों को सिलसिलेवार और व्यवस्थित रूप से लूटा गया। कुछे स्थानों पर मराठा सैनिकों और किले में बैठे राज्यपाल के रक्षकों के बीच गोलीबारी हुई, जिसकी वजह से कुछ घरों में आग लग गई। इस आगजनी में देखा गया कि इसके जिम्मेदार राज्यपाल के रक्षक ही थे, क्योंकि उन्होंने बिना किसी प्रयोजन के घबराहट और हड़बड़ी में गोली चलाई थी, जिनसे कोई आहत तो नहीं हुआ, लेकिन घरों में आग लग गई। शुक्रवार तक नगर का दो–तिहाई भाग आग से नष्ट हो चुका था। एक अंग्रेज पादरी ने लिखा, 'भयानक आगजनी से उठे धुएँ ने दिन को भी रात में बदल दिया और लगा, जैसे सूरज भी बादल बन गया है।' अनेक शाही सैनिक, जो राज्यपाल की सेवा में किले में रसद पहुँचा रहे थे, बंदी बना लिये गए, किंतु बृहस्पतिवार को एक ऐसी दुर्दांत घटना घटी, जिसने इस लूट को हत्याकांड में बदल दिया। मुगल राज्यपाल दो दिनों तक किले में छिपा हुआ था। हमले से भयभीत होकर उत्तेजना में उसने एक नौजवान अधिकारी को शिवाजी की हत्या के लिए भेजा। इस अधिकारी ने अपने को राज्यपाल का दूत बताते हुए कहा कि वह राज्यपाल की ओर से किले के समर्पण का प्रस्ताव लाया है। शिवाजी को इसमें कतई दिलचस्पी नहीं थी, क्योंकि उनकी नगर पर कब्जा करने की कोई योजना ही नहीं थी। वे किले पर हमला करने या उस पर कब्जा करने में अपने सैनिकों के जीवन को जोखिम में डालने को तैयार नहीं थे, लेकिन जब उस अधिकारी ने शिवाजी से मिलने की प्रार्थना की तो वे तैयार हो गए। उस अधिकारी को जब शिविर में लाया गया तो शिवाजी को शाइस्ता खाँ से अपनी भेंट याद आ गई, जिसमें उसने शिवाजी पर बुजदिली का व्यंग्य किया था। उसे याद करके शिवाजी ने वेसे ही शब्दों से अधिकारी का स्वागत करते हुए कहा, 'तुम्हारा आका लड़की की तरह शरमाकर घर में छिपा बैठा है।' अधिकारी, जिसने अनिच्छा से इस काम को स्वीकार किया था, क्रोध

तेरहवाँ अध्याय

शहंशाह सूरत की खबर पाकर बहुत दुःखी और अपमानित हुआ था। उसके अहं को ठेस लगी थी। दरवेश और फकीर खुलेआम शहंशाह की निंदा करते हुए कह रहे थे कि खुद इतने खुदाबंद होते हुए भी शहंशाह ने सूरत जैसे पाक शहर को एक काफिर द्वारा लुट जाने दिया! वह शहर, जहाँ हजरत मुहम्मद के जन्मस्थान के दर्शन करने के लिए हज यात्री इकट्ठे होते हैं और जो मक्का जाने का द्वार भी है।

शाही महल की औरतों ने शाइस्ता खाँ की बीवी की रहनुमाई में विलाप करना शुरू कर दिया। शाइस्ता खाँ की बीवी अपने शौहर के साथ बंगाल नहीं गई थी, बल्कि दरबार में रहकर राजकुमारी रोशनआरा से दोस्ती बढ़ा रही थी, ताकि वह उस हिंदू बागी के खिलाफ शहंशाह के क्रोध को भड़का सके, जिसने उसके बेटे की हत्या की है और उसके शहर से नीचतापूर्ण बदला लिया है।

शहंशाह अभी शोक और संताप में डूबा ही हुआ था कि उसे दुर्गति के और भी संदेश मिलने लगे। उसके बेटे वलीअहद को सिंहगढ़ के हमले में शिकस्त मिली है। इससे पहले वह न सिर्फ सूरत की हिफाजत करने में हारा था, बल्कि लूट के बाद भागते हुए शिवाजी को पकड़ने में भी कामयाब नहीं हुआ था। शहंशाह की डाँट-फटकार के बाद उसने शिवाजी के इलाके में घुसने की बचकानी कोशिश की थी, जहाँ उसकी हार हुई थी। उसकी सेना के जीवन में कोई दिलचस्पी नहीं थी और पोलो खेलते समय या शिकार पर जाते समय वह अकसर अपने दोस्तों से सैनिक जीवन की कठिनाइयों पर झुँझलाता था। सिंहगढ़ की शिकस्त के बाद उसने कोई सैनिक काररवाई नहीं की और बरसात

शुरू होने तक सीमांत क्षेत्रों में यूँ ही भटकता रहा। किसी आदेश के अभाव में सेना का तोपखाना और अन्य सशस्त्र सेना भी जहाँ-तहाँ पड़ी रही, लेकिन शिवाजी के घुड़सवारों के लिए बरसात कोई समस्या नहीं थी और 1664 की पूरी बरसात शिवाजी ने मुगलों के संपर्कों को तोड़ने और इलाके को पूरी तरह जीतने में बिताई।

अंग्रेज संवाददाता के शब्दों में, 'शिवाजी और उसके भेदियों का राज देश भर में फैल गया है। जहाँ भी वे जाते हैं, तलवार और आगजनी से कब्जा कर रहे हैं।'

कुछ समय के लिए मुगल भी इस दुश्मन के सामने असहाय दिखे, जो 'हर जगह मौजूद है और किसी भी मुसीबत के लिए हरदम तैयार है।' जिस बिजली की गति से वह हमला करता है, उससे मुकाबले के सारे प्लान फेल हो जाते हैं, क्योंकि उसकी गतिविधियों का अंदाजा लगाना मुश्किल है। सेना की जिन छावनियों को मजबूत किया गया था, मराठों की छापामारियों ने उन्हें रसद पहुँचानेवाले संपर्क साधनों को नष्ट कर दिया, लिहाजा वे मुख्य सेना से अलग-थलग होकर निरुपाय हो गईं। सीमांत चौकियों को फिर से कुमुक भेजकर देखा गया कि चौकी नष्ट हो चुकी है, धुआँ उड़ रहा है।

अंग्रेज कारिंदे ने लिखा, 'वह बहुत चुस्त और चपल है। उसने अपने को श्रम से इतना बलवान् बना लिया है कि वह हर कठिनाई झेल सकता है। उसने अपने सहयोगी को पूरी दक्षता से इधर-उधर उड़ने के लिए तैयार कर दिया है। इससे पहले शिवाजी जैसा दक्ष छापामार कभी नहीं हुआ। मुगल उसकी कार्यकुशलता से हैरान हैं। मराठा इलाकों पर कब्जा करना तो दूर, वे अपने इलाकों को हमलों और छापामार डकैतियों से भी नहीं बचा पा रहे हैं। परिणामस्वरूप, पूरा देश उलझन और भ्रम की स्थिति में पड़ गया है।' इस उलझन का फायदा उठाकर बीजापुर के अनेक मुसलिम सामंतों ने भी उन जिलों को लूटना शुरू कर दिया, जो शिवाजी ने जीते थे। अंग्रेज कारिंदे ने लिखा, 'इनमें रुस्तम नाम का सामंत था। उसे लूटने का चस्का पड़ गया था और अब वह चाहने लगा है कि इसी काम में लग जाए, क्योंकि इसमें फायदा ही फायदा है।'

शिवाजी ने मुगलों से पहले ही समुद्री ताकत के महत्त्व को समझ लिया

दिया और मराठे उसका सामना नहीं कर पाए और मोरचा छोड़कर पलायन कर गए। सूरत कौंसिल जहाजी बेड़े की भूमिका से नाराज थी। उसकी नजर में यह विजय और भी प्रभावशाली होनी चाहिए थी। वे विशेष रूप से सार्जेंट मॉलेवर्र और उसके साथियों के अशोभनीय आचरण से नाराज थे। उन्होंने लिखा, 'हमने पूरी स्थिति का विवेचन किया और पाया कि सार्जेंट मालेवर्र और उसके साथियों ने युद्ध के दौरान जिस बुजदिली से आचरण किया है, उसके लिए हम आदेश देते हैं कि उन्हें नौकरी से निकाल दिया जाए, लेकिन इसके साथ-साथ हम यह भी नहीं चाहते कि वे बरबाद हो जाएँ, इसलिए उन्हें गुजारे के लिए कुछ भत्ता देने की सिफारिश भी करते हैं।'

इस नौसैनिक मुठभेड़ के बावजूद अंग्रेज खंडेरी से मराठों को नहीं निकलवा पाए। जब सूरत कौंसिल ने शिकायत करते हुए खंडेरी को सेना और रसद से और शक्तिशाली बनाने को कहा तो अंग्रेजों ने जवाब में लिखा कि खंडेरी को शक्तिशाली बनाना उतना कारगर नहीं होगा, क्योंकि शिवाजी यदि समुद्र से बंबई पर दबाव नहीं दे पाए तो वे मैदानी जंग में अंग्रेजों को धराशायी कर सकते हैं और ऐसा ही हुआ। शिवाजी ने अपने चार हजार सैनिकों को अंग्रेजों के इलाके की सीमा पर तैनात कर दिया। इसे देखकर सूरत कौंसिल ने अपने फैसले में कहा, 'बेहतर होगा कि हम समय पर सम्मान सहित हथियार डाल दें।' कौंसिल ने शिवाजी को भी एक नाराजगी का पत्र लिखकर शिकायत की, 'उनका यह खतरनाक व्यवहार एक श्रेष्ठ और शिक्षित राजा के अनुकूल नहीं है, फिर भी निष्पक्षता दिखाते हुए हम उसे बीती घटना मानकर भूल जाना चाहते हैं।' और इस प्रकार समुद्री ताकत में अंग्रेजो की श्रेष्ठता होने के बावजूद खंडेरी मराठों के कब्जे में ही बना रहा।[1]

और केवल अंग्रेज ही नहीं थे, जो समुद्री ताकत में मराठे से आगे थे। जनजीरा द्वीपों के एबीसीनिया के समुद्री डाकू भी थे, जिन्होंने अपने मजबूत द्वीपों पर मराठों के सभी हमलों को नाकाम कर दिया था, लेकिन शिवाजी अपने पस्त

1. यहाँ यह याद रखनेवाली बात है कि समुद्री लड़ाई जैसी घटनाएँ दरअसल कोई दो देशों के युद्ध जैसी नहीं होती थीं, जैसे कि अगली सदी के दौरान अमेरिका में अंग्रेज और फ्रांसीसी उपनिवेश जब आपस में लड़ा करते थे तो उनकी सरकारें भी उनका साथ देती थीं।

हौसले के बावजूद जनजीरा और दंडा राजपुरी द्वीपों पर नियमित रूप से हमले करते थे। उन्होंने ठान लिया था कि वे किसी भी कीमत पर उस राजमहल को लेकर रहेंगे।

इसीलिए उन्होंने एक तैरता तोपखाना बनवाया; समुद्र के पार तक बाँध बनवाने का प्रयास किया, यहाँ तक कि अंग्रेजों से षड्यंत्र रचकर उनसे श्रेष्ठ नौसैनिक तोपखाने को उधार के तौर पर माँगा, जिसके जवाब में अंग्रेज अध्यक्ष ने बड़ी धूर्तता से न तो 'हाँ' कहा और न ही स्पष्ट रूप से इनकार किया और इस प्रकार शिवाजी का प्रत्येक प्रयास विफलता में समाप्त हुआ। इसका वर्णन करते हुए मराठा इतिहासकार लिखता है—'इस प्रकार महाराज की सेना निराश होकर लौट आई।' आज भी जनजीरा[1] द्वीपों पर डाकुओं के सरदार के उत्तराधिकारियों का राज है, जिनके पुरखों के खिलाफ शिवाजी ने युद्ध किए थे।

सन् 1664 की वर्षाऋतु के अंत तक मुगल शाही दरबार के लिए शिवाजी एक प्रमुख चुनौती बन गए। शाही दरबार ने साम्राज्य की अन्य सभी चुनौतियों को एक तरफ रखकर शिवाजी पर ध्यान देना शुरू किया; और जहाँ तक औरंगजेब का प्रश्न था, वह पहले से ही शिवाजी से चिढ़ा बैठा था। उसके लिए शिवाजी पहाड़ी चूहा था, जिसके बारे में वह न तो सुनना चाहता और न ही कुछ कहना चाहता था। अंततः 30 सितंबर को औरंगजेब ने विशेष दरबार का आयोजन किया। दरबारियों से बधाइयाँ स्वीकार करने के बाद उसने अपने जन्मदिन के अवसर पर सम्मान घोषित करने का फरमान जारी किया। इसका पहला सम्मान राजा जयसिंह को दिया गया, जिसे वलीअहद मुअज्जम के उत्तराधिकारी के रूप में दक्षिण का सैनिक कमांडर नियुक्त किया गया।

औरंगजेब जैसे शाही धर्मांध को अपने चाचा और बेटे की लगातार असफलताओं पर उनकी जगह एक हिंदू कमांडर को नियुक्त करने से बड़ा क्षोभ और पश्चात्ताप हुआ होगा।

लेकिन जो भी हो, जयसिंह का चुनाव प्रशंसनीय था, क्योंकि जयसिंह एक सक्षम सेनाधिकारी होने के साथ राजपूतों के प्रसिद्ध जयपुर घराने का सैंतीसवाँ उत्तराधिकारी था। मांता-पिता के देहावसान के बाद बारह वर्ष की अनाथावस्था

1. मराठी शब्द 'जनजीरा' अरबी भाषा के शब्द 'जजीरा' का था।

चौदहवाँ अध्याय

दक्षिण जाने से पहले जयसिंह ने शहंशाह से अपने नियंत्रण में आनेवाले सभी ज़िलों के लिए सभी सैनिक एवं असैनिक शक्तियों की माँग की। यदि उसे इस सैनिक अभियान को तेजी से पूरा करना है तो अपने शासन और कार्यप्रणाली में किसी के दखल की जरूरत नहीं है। वह नहीं चाहता कि दिल्ली में बैठा कोई सलाहकार समय-समय पर संदेश भेजकर उसके काम में दखलंदाजी करे। वह यह भी नहीं चाहता कि कोई मंत्री आदेश दे और जो इलाके वे जीतें, उन्हें शाही रिश्तेदार के दरबारियों को आवंटित कर दिए जाएँ। किसी भी मुगल कमांडर को अब तक ऐसे अधिकार नहीं दिए गए। औरंगजेब को इस वक्त मुगलों की गद्दी पर बैठने की परिस्थितियों की याद आईं। वह इतनी शक्तियाँ अपने बेटे या चचाजात भाई तो क्या किसी मुगल मनसबदार तक को देने में हिचकता, पर उसे जयसिंह की मंशा पर किसी प्रकार का संदेह नहीं था। उसने जयसिंह की सभी माँगों को स्वीकार कर लिया।

लेकिन पूरे अभियान के दौरान नेपोलियन की तरह जयसिंह को सुझाव और आदेश देने के अपने अधिकार को रोक नहीं पाया और नेपोलियन की तरह उसके आदेश और सुझाव भी जब तक शिवाजी तक पहुँचे, बहुत देर हो चुकी थी। ठीक इसी प्रकार नेपोलियन के आदेश जब तक स्पेन स्थित उसके कमांडर तक पहुँचे, तब तक देर हो चुकी थी। लेकिन जयसिंह ने अपनी सामरिक योजना के तहत उन पर ध्यान नहीं दिया या जब कभी विशिष्ट रूप से जवाब माँगा गया तो उसने शांत भाव से औपचारिकता निभाते हुए अस्पष्ट जवाब में कहा कि 'वह अपने काम में लगा हुआ है, जिसके लिए वह भेजा गया है।'

जयसिंह ने चुपचाप अपनी तैयारी शुरू कर दी। उसने अपने सैनिक दस्ते में चौदह हजार घुड़सवारों को शामिल किया, जिनमें अनेक उसके राजपूत वंशज के थे। इसके अलावा एक मजबूत पैदल सेना को तैयार किया, जिसकी कमान उसने एक सक्षम अफगान वीर योद्धा दिलिर खाँ को सौंपी। दिलिर खाँ अपनी खुराक और शारीरिक ताकत के लिए प्रसिद्ध था। धनुष खींचने में कोई उसका सानी नहीं था। एक बार जब वह दिल्ली के पूर्वी दरवाजे से होकर जा रहा था तो उसने दरवाजे पर लगी नुकीली कील को एक ही हाथ से मोड़ दिया था। 'वह मुड़ी कील आज भी देखी जा सकती है।'[1]

अपने तोपखाना सेना के प्रमुख कमांडर के रूप में जयसिंह ने अपने इटालियन मित्र मानूसी को चुना, जिसने उसे 'होंबर' नाम का खेल सिखाया था और तभी से वह उसका करीबी मित्र बन गया था। वे रात-रात भर ताश खेलते थे, जिसमें मानूसी जयसिंह से बड़ी-बड़ी रकमें जीत लेता था। इस गुण के सिवाय उसमें ऐसी कोई विशिष्टिता नहीं थी, जिसके आधार पर जयसिंह ने उसे इतनी बड़ी जिम्मेदारी का पद सौंपा था, लेकिन बाद में पता लगा कि उसकी यह पहल प्रशंसनीय थी, क्योंकि मानूसी ने तीन यूरोपियनों को अपने सहायक के रूप में बहाल किया। इनमें एक फ्रांसीसी, एक अंग्रेज तथा तीसरा पुर्तगाली था। तीनों ने मिलकर जयसिंह के तोपखाने का न केवल नए सिरे से गठन किया, बल्कि जयसिंह की घुड़सवार सेना को यूरोपियन घुड़सवार सैनिकों की तरह भागते हुए पिस्तौल चलाने का प्रशिक्षण भी दिया। हाथी पर बैठे जयसिंह ने प्रशिक्षण को बड़े चाव से देखा और मानूसी से कहा कि वे उसे यूरोपियन घुड़सवारों की एक सेना को किराए पर लाने के लिए यूरोप भेजेगा।

मानूसी अपने अन्य शाही अफसरों को भ्रम में डालने के लिए राजपूतों की तरह मूँछ रखता और दाईं ओर बटनोंवाला मुसलिम कोट पहनता (हिंदुओं के कोटों के बटन बाईं ओर होते थे) तो उसके साथी कहा करते कि 'तुम्हें देखकर तो यही लगता है कि तुम आधे हिंदू हो और आधे मुसलमान, लेकिन तुम्हारा धर्म क्या है ?' जब मानूसी स्पष्टीकरण देता, 'मैं ईसाई हूँ', तो वे पूछते, 'ठीक है भाई, पर हिंदू ईसाई या मुसलिम ईसाई ?'

1. इरविन का लिखा 'स्टोरिया दा मोगोर', जिसमें ओ.डी. 45 रिजर्व वर्णित है।

सन् 1665 के अंत तक जयसिंह की नवगठिन सेना तैयार हो गई। जयसिंह तैयारी में सजग था और काम में फुरतीला था। वह दक्षिण की ओर तेज रफ्तार से कूच कर गया। उसकी रफ्तार को देखकर शिवाजी शाबाशी दिए बगैर नहीं रहते। बिना रुके जयसिंह के घुड़सवारों, तोपखानों और पैदल सैनिकों का यह दस्ता दक्षिण के मैदानों की तेज गरमी में तपती जमीन के ऊबड़-खाबड़, कँटीले रास्तों और झुलसे पेड़ों को रौंदता और धूल उड़ाता आगे बढ़ता गया। थकान का अभ्यस्त यह राजपूत कमांडर माथे पर तिलक लगाए और एक हाथ में तलवार लिये सेना में बराबर जोश भरता गया तथा एक महीने में दक्षिणी कमान के मुख्यालय पहुँच गया। पहुँचते ही उसने अपने सैनिक दस्ते को महीनों से पड़ी थकी-हारी सेना में बड़ी कुशलता से बाँट दिया। इसके एक महीने के भीतर मराठा क्षेत्र में दाखिल होकर उसने पूना में दस्तक दी।

शिवाजी के लिए यह पहला और अंतिम अवसर था कि उनके सामने उनकी बराबरी का सैनिक कमांडर था। दोनों ने एक-दूसरे की क्षमता को आँकने और अपनी सामरिक योजना बनाने के लिए कुछ समय लिया। गरमी के मौसम ने अपना प्रभाव दिखाना शुरू कर दिया था। इधर पूना के सँकरे मार्ग और घनी आबादी वाले मुहल्ले हमलावार के लिए परेशानी का कारण बन गए। दिन में चिलचिलाती धूप और रातों की स्थिरता नींद में अड़चन डालती थी, लेकिन मौसम की गरमी, एक-दूसरे से सटे घरों, भिनभिनाती मक्खियों और रात के मच्छरों की परवाह किए बगैर जयसिंह बड़े मनोयोग से अपनी सामरिक योजना को अमलीजामा पहनाने के काम में लगा रहा।

उसका पहला काम शिवाजी के इलाके को चारों तरफ से घेरकर उसको अलग-थलग करना था। यदि मुगल सेना यह काम न भी कर पाए तो मुगल दरबार के मित्र देशों से मदद माँगी जा सकती है। उसने बीजापुर को उकसाया कि वह शिवाजी के पीछेवाले प्रदेश पर हमला करके अपने हारे हुए क्षेत्रों पर कब्जा कर ले। उसने विशेष रूप से अफजल खाँ के बेटे से अपील की कि यही मौका है, जब वह अपने बाप की मौत का बदला ले सकता है। बेटा फौरन तैयार हो गया और कुछ सैनिकों को लेकर पहुँच गया। जयसिंह ने अपने विशेष दूत भेजकर पश्चिमी बंदरगाहों पर स्थित फैक्टरियों के यूरोपियन व्यापारियों को

समझाया कि मराठों की बढ़ती समुद्री ताकत किस प्रकार उनके व्यापार को चौपट करनेवाली है और उनसे माँग की कि वे मराठों को नष्ट करने में मुगल दरबार का साथ दें। मानूसी को उसने विशेष रूप से तट के जंगली इलाकों में भेजा, ताकि वह कबीले के छोटे-मोटे सरदारों को शिवाजी की सीमांत चौकियों पर हमला करने के लिए रिश्वत देकर उन्हें तैयार करे।

मानूसी ने कूटनीति में अपनी दक्षता दिखाई। उसने रामनगर के राजा से भेंट की, जिसके राज्य का क्षेत्र जंगल और पहाड़ों के बीच में पड़ता था। मानूसी ने राजा को रंगीन तसवीरें दिखाकर मुगल सेना की ताकत और दबदबे से भयभीत कर दिया। इसके साथ-साथ उसने मुगल सेना का साथ देने के लिए बड़े पुरस्कार का लालच भी दिया। राजा सहायता के लिए तैयार हो गया, मगर उसने इसके लिए समय माँगा, ताकि वह अपने अन्य जंगली राजाओं से मशविरा कर सके और मानूसी ने वे कुछ दिन खूब मजे में बिताए। उसने बहती नदी में मछलियाँ पकड़ीं और जंगली मुर्गाबियों का शिकार किया। गरमियों की दोपहरों में शांत खड़े टीक के विशाल पेड़ों के बीच सरसराती धूल भरी हवाओं और चाँदी जैसे पंखों में फड़फड़ाती सोने की चिड़िया की आवाज की गूँज में मानूसी चुपचाप बैठकर अपनी आगे की कूटनीति पर विचार करता रहा। उसे शायद यह मालूम नहीं था कि चट्टानों के निःशब्द जोहड़ों और गुफाओं में तंत्र-मंत्र और जादू बढ़-चढ़कर बोलता है। एक जंगली राजकुमार को मानूसी का घोड़ा, जिसे जयसिंह ने दिया था, पसंद आ गया। उसने घोड़े पर जादू कर दिया। घोड़ा जड़वत् हो गया। न हिलता-डुलता और न चलने का प्रयास करता। अंत में जब मानूसी घोड़े को तीन हजार रुपए में बेचने को राजी हुआ, तब जाकर घोड़ा फिर से जीवंत हुआ। इसी प्रकार मानूसी का एक सेवक मूलियों के खेत से गुजर रहा था। उसने हाथ बढ़ाकर मूली को उखाड़ना चाहा तो उसे लगा कि उसका हाथ वहीं जड़वत् हो गया है। न तो मूली को उखाड़ पा रहा है और न ही उसे छोड़ पा रहा है। वह सेवक इसी प्रकार झुकी मुद्रा में तब तक खड़ा रहा, जब तक मानूसी नहीं आ गया। मानूसी को खेत के मालिक को बुलाना पड़ा और नौकर के हाथ छोड़ने के लिए रिश्वत देनी पड़ी। खेत में मालिक ने झुककर मूली से कुछ शब्द कहे, जिसके बाद नौकर का हाथ मूली से छूटा।

और अंत में जयसिंह ने अपना आखिरी दाँव चला। उसने अपने ज़ासूसों को भेजकर शिवाजी के अधिकारियों को सोने की ढेरियाँ देकर भ्रष्ट करने का प्रयास किया, लेकिन इस अंतिम प्रयास में वह असफल रहा, क्योंकि केवल दो अधिकारी मुगल जासूसों के जाल में फँस पाए और वे दोनों ही मराठे नहीं थे।

तीन सप्ताह की कूटनीति के बाद जयसिंह ने अब सैनिक काररवाई पर ध्यान केंद्रित किया। मुगल सेना का एक वही कमांडर था, जिसने तीन किलों के पुल के महत्त्व को पूरी तरह से समझा था, जो जरा याद कीजिए, शिवाजी की शक्ति का केंद्रबिंदु था और जो उनके क्षेत्र को पूरब तथा पश्चिम में पश्चिमी घाट से जोड़ता था। यदि ये किले दुश्मन के हाथ लग जाएँ तो मराठा सेना को युद्ध के लिए मजबूरन मैदान में आना पड़ेगा, जहाँ उनकी छोटी सेना पर विशाल और श्रेष्ठ सेना आसानी से हावी हो जाएगी। अब तक के कमांडर ऐसा कुछ सोचने के नाम पर कतराते थे, क्योंकि वे इन तीनों बदनाम किलों पर हमला करने की भयानक कठिनाइयों से भली-भाँति परिचित थे। यह सर्वविदित था कि ये किले अपनी रक्षात्मक निर्माण शिल्प के कारण पूरी तरह से अभेद्य थे। दूसरे पहाड़ों पर इन किलों के आदिवासी रक्षक हरदम सिर पर कफन बाँधे मर-मिटने के लिए तैयार रहते थे और किसी भी हमलावार को जिंदा नहीं छोड़ते। ताज्जुब की बात यह थी कि पूरे हिंदुस्तान में उस समय तक ऐसे अभेद्य किलों में प्रवेश की तकनीक का विकास नहीं हो पाया था, जबकि यूरोप में सैनिक किलों का निर्माण शिल्प विकसित हो चुका था। यहाँ तक कि अकबर भी कई बार किसी एक किले की विरोध क्षमता पर ताज्जुब किया करता था। ऐसे मौकों पर शहंशाह जब किसी कमांडर को युद्ध के लिए भेजता था तो उसके लिए मुसीबत खड़ी हो जाती थी। यदि घेराबंदी की अवधि बढ़ती जाती तो शहंशाह की डाँट-फटकार के साथ बदनामी का भी डर बना रहता था, क्योंकि दरबार में तब तक कानाफूसी का बाजार गरम हो जाता कि कहीं कमांडर दुश्मन के प्रति मेहरबान तो नहीं हो रहा है! और उधर शहंशाह की डाँट-फटकार और क्रोध का पारा बढ़ जाता। ऐसी स्थिति में कमांडरों के लिए संजीवनी का काम उनके भेजे गए संदेश होते थे, जिनमें वे खूब बढ़ा-चढ़ाकर सैनिक कदमों का बखान करते कि जैसे जीत उन्हीं की होनेवाली है।

भारत की युद्ध परंपरा यही रही है कि जीत के बाद दुश्मन के किले अकसर एक मृत वृक्ष की डालियों की तरह एक के बाद एक गिरने लगते हैं, लेकिन मराठों का दुर्ग-जाल उनकी समस्त सैन्यशक्ति का केंद्रीय आधार था। मराठों के लिए युद्ध क्षेत्र में सफलता का अर्थ था—रक्तरंजित शरीर अथवा प्राणों की आहुति। दूसरी अन्य भारतीय सेनाओं में मराठों जैसी एकरूपता नहीं थी। उनके गठन में विभिन्न कौमों और धर्मों के राजाओं और सामंतों के सैनिकों के अतिरिक्त भाड़े के सैनिक भी होते थे। इन सबकी एकता का एकमात्र आधार उनकी दरबार के प्रति वफादारी होती थी और यह वफादारी भी दूर की ही होती थी, जबकि मराठा सेना एक संगठित शक्ति थी, जिसकी वफादारी से अधिक केवल एक व्यक्ति के प्रति भक्ति थी, जो अविभाजित होने के साथ-साथ धार्मिक और राष्ट्रीयता के जोश से ओत-प्रोत थी। यही विशिष्टताएँ थीं, जिनके बल पर मराठी सेना अपने राष्ट्रीय क्षेत्र की रक्षा के लिए एकजुट हो जाती थी।

लेकिन यह बात भी तय थी कि कोई भी बड़ी सेना यदि एक बार उस राष्ट्रीय क्षेत्र को हथिया ले तो वह शिवाजी को आसानी से पराजित कर सकती है और जयसिंह समझ गया था कि युद्ध का केंद्रबिंदु 'वह राष्ट्रीय क्षेत्र' अर्थात् दुर्गों का पुल है। इसलिए उसने सभी संभावनाओं को दरकिनार करते हुए उन तीनों दुर्गों को एक-एक करके ध्वस्त करने का फैसला किया।

उसने पहला निशाना पुरंदर के किले को बनाया, जिसे शिवाजी ने आपस में लड़नेवाले तीन भाइयों से लिया था। यह पूना के दक्षिण-पश्चिम की ओर चार हजार फीट से भी ज्यादा ऊँचाई पर स्थित एक सुरक्षित किला है। बरसात के दिनों में इसकी ऊँचाई बादलों में छिप जाती है। ऊपर जाकर उसकी दो चोटियाँ हैं। एक पर दुर्ग की मुख्य गढ़ी है। दूसरी चोटी को 'शिवाजी की माला' कहते हैं। शिवाजी ने इसे भी छावनी बना दिया है। इसका उभार किले के पश्चिमी भाग को ढककर हमलावर सेना से सुरक्षा प्रदान करता है।

जयसिंह ने पहला काम यह किया कि पुरंदर जाने के सभी मार्गों की बसावट को रौंद दिया, ताकि वहाँ से कोई रसद न पहुँचाई जा सके। उसके बाद मार्च के अंत में सेना की एक छावनी को पूना में छोड़कर मुख्य फौज के साथ जयसिंह पूना से छह मील दूर सास्वद पठार पर पहुँच गया। उसका उद्देश्य था

कि सहायता के लिए आनेवाली सेना को रोक सके। जब पुरंदर किला चारों ओर से घिर गया तो उसने दिलिर खाँ को अफगान सेना के साथ आक्रमण करने का आदेश दिया।

पुरंदर किले की छावनी में उस समय केवल एक हजार सैनिक थे। उनकी कमान मुरार नाम के अधिकारी के पास थी। इनके खिलाफ आक्रमणकारी फौज में लगभग बीस हजार सैनिक थे, जिनकी सहायता के लिए जयसिंह का यूरोपियन तोपखाना भी था। अफगान सेना पूरी शक्ति से आगे बढ़ती जा रही थी। इस बीच उसने मराठों के हमलों का नाकाम कर उन्हें पीछे धकेल दिया और अंतत: वह खड़ी चट्टान के नीचे पहुँच गई, जिसके ऊपर शिवाजी की माला की चोटी थी और यही जयसिंह का पहला लक्ष्य था।

अब बड़ी-बड़ी तोपों को पहाड़ों के ऊपर पहुँचाने के लिए अफगान सैनिकों ने तोपों को रस्सियों से बाँधकर ऊपर से खींचना शुरू किया। एक-एक तोप खींचने में अफगानों को तपती दोपहर में पसीना छूट गया। हाँफते हुए वे तोपों को खींचकर ऊपर पहुँचाते रहे। उधर मराठी सेना बराबर तीरों से हमला करती रही और भारी पत्थरों को लुढ़काकर, पुराने नगाड़ों में भर-भरकर बारूद फेंककर अफगानों को रोकने का प्रयास करती रही। प्रत्येक दिन जयसिंह मोरचे पर आकर सैनिकों की हिम्मत बढ़ाता, उनके साहस की तारीफ करता और उन सैनिकों को पुरस्कृत करता जिन्होंने कल की मोरचाबंदी में विशिष्टता दिखाई।

हमलावार फौज को शिवाजी की माला के मुख्य द्वार के सामने तोप लगाने में एक सप्ताह लग गया। उसके बाद तोपों ने बमबारी शुरू कर दी। इसके साथ ही जयसिंह ने सैनिकों को द्वार के चारों ओर की दीवार को छेदने में लगा दिया। परिणामस्वरूप तोपों की शक्तिशाली बमबारी से द्वार भराभराकर गिर गया, लेकिन मराठे डटे रहे। वे मलबे के पीछे से हमला करते रहे। इसके बाद दूसरी बमबारी में द्वार का बड़ा भाग टूटकर बिखर गया। मराठों ने फिर से हमला किया। इस बार दिलिर खाँ ने कई तोपों के साथ हमला किया तो द्वार का रहा-सहा भाग भरभराकर गिर गया। मराठों ने पीछे हटकर अब अंतिम मोरचाबंदी के लिए अपने को तैयार कर लिया।

इस बीच मुख्य दुर्ग के कमांडर ने स्थिति का जायजा लिया। उसने सोचा

कि अगर शिवाजी की माला गिर जाती है तो दुर्ग की रक्षा करना असंभव हो जाएगा। इसलिए दुश्मन का ध्यान हटाने के लिए क्यों न इस वक्त उसे गुमराह किया जाए? उसने कुल सैनिकों में से आधे सैनिकों को लेकर पहाड़ी की ढलान से होकर अफगानों के शिविर पर जबरदस्त हमला कर दिया। उसका यह आक्रमण अचानक और इतना भीषण था कि अफगान सेना अपने को सँभाल नहीं पाई। मराठे लड़ते-लड़ते मुख्य शिविर में पहुँचे। उन्होंने सात सौ से अधिक अफगान सैनिकों को मृत्यु के घाट उतार दिया। इस झड़प में तीन सौ मराठे शहीद हुए। दिलिर खाँ हाथी पर बैठा अपनी फौज की हौसला-अफजाई कर रहा था। मराठों के हमलों को बहुत धैर्य से देख रहा था। जैसे ही मराठा कमांडर मुरार उसके निशाने में आया; उसने पूरे मनोयोग से गोली चलाकर उसे धराशायी कर दिया। अपने नेता की मृत्यु से मराठों के हौसले पस्त हो गए। वे निरुत्साहित होकर पीछे की ओर हटने लगे। रास्ते में अफगानों ने, जो उन पर अचानक हमले से पुनः सक्रिय हो गए थे, उन्हें मारने की भरसक कोशिश की, किंतु वे किले तक लौटने में कामयाब हो गए।

उस पूरी रात दिलिर खाँ शिवाजी माला की सैनिक बैरकों पर हमला करता रहा। सुबह होने पर जयसिंह स्वयं मोरचे पर आया। उसके साथ चुने हुए राजपूत सैनिक थे। मराठी सेना निरंतर हमलों से पूर्णतः थक चुकी थी। उनका गोला-बारूद समाप्त हो गया था। किले की दीवार से लगे वे दुश्मन के अंतिम हमले की प्रतीक्षा कर रहे थे। ऐसे अवसर पर जयसिंह ने उनकी बहादुरी की प्रशंसा की। वह बिना शस्त्र लिये मराठे सैनिकों के बीच पहुँच गया। उसने उनके सामने संभावित शर्तें रखीं। मराठे सैनिकों ने कंधे झुका दिए। उनके पास शर्तों को स्वीकार करने के अलावा कोई उपाय नहीं था। वे किले से निकलकर धूप में आए। वे सभी घायलावस्था में थे। उनके चेहरे धुएँ से मलिन हो गए थे। जयसिंह ने पूर्ण राजपूत शौर्य के साथ उनका स्वागत किया। एक हिंदू के नाते उसने उनके साहस और बहादुरी की प्रशंसा की। उसने अपनी अलंकृत पोशाक की परवाह न करते हुए उनके रक्तरंजित बदनों को गले से लगाया और उन्हें 'सम्मान पुरस्कार' स्वरूप अँगरखा पहनाया। उनके उज्ज्वल भविष्य की कामना के साथ उसने उन सभी सैनिकों को उनके घर भिजवा दिया।

उसके बाद मुख्य दुर्ग के शेष सैनिकों को उन्हीं शर्तों को स्वीकार करने का प्रस्ताव भेजा। घोषणा में कहा गया, 'हथियार डाल दो मराठा सैनिको! तुम्हारे कमांडर की मृत्यु हो चुकी है।'

मराठों ने उत्तर में दहाड़कर जवाब दिया, 'हम भी उसकी तरह मरना चाहते हैं।'

परिणामस्वरूप, तोपों को दोबारा दुर्ग की ओर तैनात कर दिया गया। आक्रमण फिर से शुरू हो गया।

इस बीच शिवाजी इस भयानक स्थिति से उबरने के लिए कोई युक्ति सोचने में लगे हुए थे। सास्वद में जो अफगान सेना थी, उससे मैदानी युद्ध में वे मुकाबला नहीं कर सकते, क्योंकि यदि वे अपनी सेना को बढ़ाने का प्रयास भी करते, तो भी उनकी सेना चार के मुकाबले तीन से ज्यादा नहीं बढ़ सकती थी। उनके पास केवल अफगान सेना के विभाजन का मार्ग था। इसके लिए उन्हें कहीं दूसरा मोरचा खोलना जरूरी था, ताकि जयसिंह के सामने दो मोरचे हो जाएँ और शिवाजी को नए सिरे से आक्रमण करने का अवसर मिल जाए। उनकी कार्यक्षमता और कुशलता को देखकर दुश्मन भी आश्चर्यचकित हो जाते थे। खफी खाँ ने रात में हमला करके दुश्मन की चौकियों पर कब्जा करने और जंगलों को जलाने जैसी उनकी गतिविधियों का वर्णन किया है। अपनी नौसेना को लेकर उन्होंने गुजरात में मुगलों के बंदरगाहों पर हमला किया और बीजापुर द्वारा मुगलों की सहायता का बदला लेने के लिए उसके समुद्री व्यापार को नष्ट कर दिया, लेकिन जयसिंह ने इन सब पर कोई ध्यान नहीं दिया। उसने बदले की छोटी-मोटी घटनाओं और स्थानीय क्षतियों की परवाह नहीं की। वह पुरंदर का घेरा डाले पड़ा रहा और शहंशाह को विश्वास दिलाता रहा कि शाही फौज यहाँ एक-एक दिन में जो काम कर रही है, वह दूसरी जगह एक महीने में करती थी। इससे पहले शहंशाह को जब शिवाजी के गुजरात तट पर किए गए हमलों के बारे में पता चला था तो उसने जयसिंह को पत्र लिखकर चिंता जताई थी।

जयसिंह ने जब यह देखा कि पुरंदर पर विजय अब कुछ दिनों की बात रह गई है तो उसने दिलिर को खाँ पर्याप्त सेना के साथ घेराबंदी पर छोड़ दिया और अपनी मुख्य सेना को लेकर पूरब में स्थित पहाड़ों की ओर कूच कर गया।

पहाड़ों पर सफर करते समय पहाड़ी लोगों की छिटपुट झड़पों को रौंदता हुआ, इससे पहले कि शिवाजी को पता चलता, वह रायगढ़ पहुँच गया और जैसा कि उसके जासूसों ने खबर दी थी, रायगढ़ में शिवाजी का परिवार था। उसने पूरी व्यवस्था और मनोयोग से रायगढ़ पर घेरा डाल दिया। जैसे ही किले की बाड़बंदी के लिए खाइयों को खोदने का काम पूरा हुआ, जयसिंह ने किले के सभी मार्गों पर सैनिक तैनात कर दिए, ताकि कोई भी सैनिक सहायता के लिए किले के अंदर न जा सके। इसके बाद उसने पहाड़ों की तलहटी में मराठों के गाँवों को बर्बरतापूर्ण हमला करके नष्ट करने के लिए अपने सैनिक दस्तों को लगा दिया। इसके साथ उसने दोमुँही कूटनीति अपनाई। जिन मराठों ने समर्पण किया, उनके साथ उसने दयापूर्ण व्यवहार किया। उसे आशा थी कि ऐसा करके वह उन मराठों के शिवाजी के प्रति आकर्षण और वफादारी को समाप्त कर पाएगा। शिवाजी अपने राज्य को नष्ट होते देख रहे थे। पुरंदर को बचाने के उनके सभी प्रयास विफल हो चुके थे और जयसिंह ने रायगढ़ पर कब्जा करने का प्रयास शुरू कर दिया था। उसे लगता था कि दिन-पर-दिन उसकी पकड़ मजबूत होती जाएगी और अंत में वह शिवाजी के परिवार को बंदी बनाने में कामयाब हो जाएगा और उसे बंधक के रूप में इस्तेमाल करेगा।

इन सभी स्थितियों के आकलन के बाद उन्हें अचानक एक उपाय सूझा। इससे पहले कि स्थिति और बदतर हो जाए, क्यों न संधि की शर्तों पर विचार किया जाए? शिवाजी के इस अचानक विश्वास हनन के कारणों को लेकर इतिहासकारों में भले ही विवाद हो, पर शिवाजी वस्तुत: अवसरवादी व्यक्ति थे। वे भली प्रकार जान चुके थे कि जयसिंह कितना कट्टर विरोधी है, लेकिन साथ-साथ वह एक सम्मानित व्यक्ति भी है, जिससे वार्त्ता की जा सकती है। इस लंबी और शायद असफल लड़ाई में एक विशाल और हरदम और मजबूत होती गई सेना के विरुद्ध उनके सैनिक कब तक मुकाबला करते रहेंगे? शिवाजी के पास समय है। यदि दूरदर्शी होकर देखा जाए तो आज की लड़ाई समाप्त करके भविष्य में उपयुक्त समय पर उसे फिर से शुरू किया जा सकता है। इस समय हार को स्वीकार कर लेने में शर्म की बात इसलिए नहीं होनी चाहिए, क्योंकि पिछले तीन वर्षों से यह नवगठित राज्य अनेक बार मुगल साम्राज्य से बराबरी

के आधार पर युद्ध करता रहा है और अभूतपूर्व सफलता प्राप्त करता रहा है।

जून के प्रारंभ में शिवाजी ने जयसिंह को सुलह का प्रस्ताव भेजा। जयसिंह ने बिना शर्त सर्मपण के बगैर किसी संधि प्रस्ताव को स्वीकार करने से इनकार कर दिया। तब शिवाजी ने व्यक्तिगत समर्पण के लिए जयसिंह के शाही शिविर में जाकर भेंट करने की अनुमति माँगी। जयसिंह ने शिवाजी को शिविर में आने पर सुरक्षा का वचन दिया। अपने वचन को पुष्ट करने के लिए उसने शिवाजी के दूत के समक्ष पवित्र तुलसी की टहनी को लेकर वचन दिया कि वह स्वयं शिवाजी की रक्षा करेगा। एक राजपूत के वचन पर संदेह नहीं किया जा सकता, इसलिए उन्होंने अपने सफेद घोड़े के स्थान पर पालकी में जाने का निश्चय किया। जयसिंह रायगढ़ की घेराबंदी को सुनिश्चित करने के बाद पुरंदर में स्थित अपने शिविर में लौटा था। जब उसने सुना कि शिवाजी आ रहे हैं तो उसने एक ब्राह्मण को यह पूछने के लिए भेजा कि क्या वे वास्तव में शांति चाहते हैं? शिवाजी ने पालकी में सिर हिलाकर हामी भरी। उसके बाद उसने अपने वरिष्ठ राजपूत मनसबदार को शिवाजी की अगवानी के लिए भेजा।

शिवाजी की इतनी प्रसिद्धि थी कि शाही सेना यह मानने के लिए तैयार नहीं थी कि शिवाजी वाकई शांति वार्त्ता के लिए आ रहे हैं। उनके मन में शंका थी कि शिवाजी शांति वार्त्ता के लिए भले ही आ रहे हों, पर उनका प्रयास फिर किसी छापामारी हमले का होगा। यहाँ तक कि मानूसी के साथियों की व्याकुलता बढ़ी जा रही थी और जब यह घोषणा हुई कि शिवाजी शिविर में पहुँचने ही वाले हैं तो लोगों को यह समझाना मुश्किल हो गया कि वे अकेले हैं और सैनिकों ने भागकर चिल्लाना शुरू कर दिया कि शिवाजी हमला करनेवाले हैं।

रंगीन साटन से मढ़ा और किमखाब व गलीचों से सुसज्जित उस विशाल शाही शिविर को देखकर यही लगता था कि युद्ध वार्त्ता के लिए नहीं, बल्कि स्वागत-सत्कार के लिए सजाया गया है। इसी शिविर में बैठा जयसिंह उत्सुकता से अभ्यागत की प्रतीक्षा कर रहा था। उसके चारों चुने हुए अंगरक्षक मौजूद थे, जिनके हाथो में नंगी तलवारें, सिर पर पीछे की ओर झुका साफा और ठोड़ी के मध्य में बाँटती दाढ़ी थी। जैसे ही शिवाजी ने प्रवेश किया, राजपूत रक्षक उनके करीब आ गए। जयसिंह ने एक नजर शिवाजी को देखा। स्वस्थ, इकहरी काठी,

चिंतामग्न पर धीमी मुसकान जड़ित चेहरा···क्या यही जन-जन का लोकनायक है? क्या यही जादूगर है···आकाश-पुरुष है···चालाक···? इसलिए जयसिंह कोई भूल-चूक नहीं करना चाहता था, लेकिन जब शिवाजी ने सिर झुकाकर अभिवादन किया तो जयसिंह ने अपने सिंहासन से उठकर शिवाजी को अपनी बाँहों में ले लिया।

'आपने शहंशाह से अच्छे से लड़ाई लड़ी है,' उसने कहा, 'अब आप ऐसी लड़ाई उनके लिए लड़ें,' यह कहते हुए जयसिंह ने शिवाजी को अपने बगल में रखे सिंहासन पर बैठाया।

जयसिंह के शब्दों में सच्चाई झलकती थी। उसे स्वतंत्र हिंदू राज्यों से कोई आशा नहीं थी। आज नहीं तो कल उन पर कब्जा हो ही जाना है। जब राजपूत जैसे हिंदू धर्म के परंपरागत प्रवर्तक शक्तिशाली शाही दरबार को नहीं हटा सके तो पहाड़ी लोगों से बना एक छोटा सा राज्य क्या आशा कर सकता है, जहाँ योद्धाओं का अभाव है? और अगर जयपुर के राजघराने का राजा शाही दरबार की सेवा को अपमान नहीं समझता तो एक छोटे से मराठे राजा के अपमान और दुर्व्यवहार जैसे शब्द क्या मायने रखते हैं? जयसिंह ने शिवाजी की सैनिक योग्यता की प्रशंसा करते हुए कहा कि उनकी सैनिक योग्यता के लिए शाही सेना में विहंगम क्षेत्र मिलेगा, जहाँ वे न केवल उसका खुलकर प्रयोग कर पाएँगे, बल्कि वे दुनिया की बड़ी-से-बड़ी सेना के कमांडर बनकर पश्चिमी घाट के जंगली झड़पों के मुकाबले तुर्किस्तान और बर्मा जैसे देशों की बड़ी लड़ाइयों में भाग ले पाएँगे। 'अगर आप समर्पण करते हैं तो,' जयसिंह ने समझाते हुए कहा, 'आप अपनी पैतृक भूमि को, जिसे आपने बीजापुर से जीता है, अपने अधीन रख सकते हैं, लेकिन इसे आपको वफादारी के नाम शाही दरबार के पास बंधक के तौर पर रखना होगा। अगर आप आशावादी हैं तो आप शाही सेना में सर्वोच्च पद तक पहुँच सकेंगे।'

शिवाजी ने समर्पण की शर्तों के बारे में पूछा। शर्तें सख्त जरूर थीं, लेकिन गलत नहीं थीं। शिवाजी को एक निश्चित मुआवजे की रकम भुगतान करनी होगी और अपने इक्कीस दुर्गों को समर्पित करके उन्हें मुगल सेना की छावनियों से जोड़ देना होगा। पहले तो शिवाजी ने इन शर्तों को मानने से इनकार कर दिया। वे

जयसिंह से शर्तों पर बहस करने लगे। इतने में भयानक चीख-पुकार की आवाजें वातावरण में गूँजने लगीं।

ये आवाजें सुनकर शिवाजी चौंक उठे।

एक अंगरक्षक ने शिविर के द्वार का परदा हटा दिया। शिवाजी ने देखा कि ये सैनिकों की चीत्कार थी, जो पुरंदर के ढहते दुर्ग से आ रही थी। धूल के गुबार में दिलिर खाँ ने पुरंदर पर फिर से एक हमला किया था। गरमी अब उस अंतिम चरम बिंदु पर पहुँच चुकी थी, जिसके बाद गरजती बिजलियों में मानसून की झमाझम शुरू होती है, जो दुनिया के सारे रंगों को निचोड़कर सूखे पेड़-पौधों को एक नया जीवन प्रदान कर देती है।

जयसिंह और शिवाजी एक-दूसरे के पास खड़े जड़वत्, दूर आकाश तले कीड़े-मकोड़ों की तरह लड़ते हुए विजेता और विजित को देख रहे थे। दूर से फिर चीत्कारों और गरजती तोपों की आवाजें किले की चट्टानों से टकरा गईं। एक बुर्ज भरभराकर टूट गया और अपने भरभराते मलबे में किले के रक्षकों को दफनाते हुए किले की तलहटी में जा गिरा। मलबे के धुएँ में अफगान आगे बढ़े। दो बुर्ज ध्वस्त हो चुके थे। अफगानों ने कब्जा कर लिया था। केवल अंतिम बुर्ज शेष रह गया था, जिसको हथियाने के लिए तोपों को सामने ढकेला जा रहा था। वह अंतिम बुर्ज था, जिस पर मराठों का गेरुवा झंडा कटी हालत में अब भी धुएँ और गर्द में फहराता दिखाई दे रहा था।

शिवाजी से रहा नहीं गया। उन्होंने मुड़कर जयसिंह से इस व्यर्थ हत्याकांड को समाप्त करने की प्रार्थना की।

'क्या आपके सैनिक समर्पण कर देंगे?' जयसिंह ने प्रश्न किया।

'कभी नहीं, जब तक मैं नहीं कहूँगा,' शिवाजी ने जवाब दिया।

तब जयसिंह ने कहा कि यदि शिवाजी अपने सैनिकों को सम्मान सहित समर्पण करने की आदेश देते हैं तो वह दिलिर खाँ को हमला रोकने का संदेश भेजने को तैयार है। शिवाजी मान गए। उन्होंने अपने पत्र के साथ अपने एक अधिकारी को भेजा, लेकिन उन मराठों ने यह भली प्रकार जानते हुए कि वे एक दिन भी किले की रक्षा करने की स्थिति में नहीं है, यह मानने से इनक़ार कर दिया कि शिवाजी ने ऐसा कोई आदेश दिया होगा और शिवाजी को अपने आदेश को

सत्य साबित करने के लिए एक दूसरा संदेशवाहक भेजना पड़ा।

दिलिर खाँ भी असंतुष्ट था। उसे लगा कि संधि के इस मामूली प्रस्ताव ने उसे अंतिम हमले के गौरव से वंचित कर दिया है। उसने क्रोध में अपना साफा उतारकर जमीन पर दे मारा और पागलों की तरह अपनी कलाई को दाँतों से काट लिया। अगले दिन जयसिंह ने उसके पास संदेश भेजा, जिसमें उसने प्रार्थना की कि वह शिवाजी की अगवानी करे। संदेश मिलते ही दिलिर खाँ एक बार फिर क्रोध में पागल हो गया, लेकिन जब जयसिंह ने जोर दिया तो अंततः दुःखी मन से शिवाजी के स्वागत के लिए तैयार हो गया। जैसे ही उसने शिवाजी को देखा, वह उनकी अवर्णनीय बेबाक चितवन के जादू में आ गया, जिसके बारे में उन सभी ने प्रमाणित किया है, जो उनसे मिल चुके थे। उसने शिवाजी को अपनी तलवार और अपनी पसंद के दो घोड़े भेंटस्वरूप दिए। जयसिंह इस अनिश्चित भेंटवार्त्ता की सफलता से बहुत ही प्रसन्न हुआ। उसने शिवाजी को विशिष्ट जामा पहनाकर सम्मानित किया और शिवाजी को आभूषणों से मंडित साफा पहनाया और शाही हाथी भेंट में दिया।

उस रात जब शिवाजी ने जयसिंह के तंबू में प्रवेश किया तो उन्होंने जयसिंह को अपने मित्र मानूसी से ताश खेलते हुए पाया। दोनों का परिचय हुआ और मानूसी के शब्दों में जब शिवाजी ने मानूसी को देखा कि 'गठीला नौजवान जयसिंह के सामने बैठा है।' उन्होंने उसके व्यक्तित्व की प्रशंसा करते हुए आशा व्यक्त की कि वह अपने देश में अवश्य ही कोई राजा होगा। मानूसी अपनी प्रशंसा सुनकर फूला नहीं समाया और अब जयसिंह भी इस चाटुकारिता में शामिल हो गया। वह मानूसी की इस कमजोरी को पहचानता था। उसने उसे आश्वस्त करते हुए कहा कि प्रकृति ने जो शरीर और मस्तिष्क उसे दिया है, वह औरों से अलग है। इतनी प्रशंसा सुनकर मानूसी गर्व से फूल उठा। उसने यूरोप के राजाओं की शान में शेखी मारना शुरू कर दिया। उनके श्रेष्ठ गुणों की चर्चा करते हुए उसने कहा कि भारत के राजाओं के मुकाबले में बहुत महान् हैं। शिवाजी ने यूरोप के राजाओं की शक्तियों के बारे में अपने वंचित ज्ञान को खेदजनक बताते हुए कहा कि उन्होंने सुना तो केवल पुर्तगाल के राजा के बारे में है, क्या और भी राजा हैं? लेकिन लगता है कि यह उन्होंने मानूसी को चिढ़ाने के लिए कहा था, क्योंकि

अंग्रेज और डच राजाओं के बारे में उन्हें तब से ही जानकारी थी, जब सूरत में उन्हें दोनों से लड़ाई लड़नी पड़ी थी। बहरहाल शिवाजी को यूरोप के अन्य राजाओं के बारे में जानकारी देकर मानूसी बहुत खुश हुआ।

दूसरे दिन पुरंदर ने साम्राज्य की सेना के समक्ष समर्पण कर दिया और मराठी सेना सम्मान सहित मार्च करती हुई किले के बाहर निकल गई। उसके बाद शिवाजी ने अपने तेईस किलों को सौंपने और इस संबंध में सहायता की माँग करते हुए शहंशाह को पत्र लिखना स्वीकार किया। इसी पत्र के साथ जयसिंह ने औरंगजेब को गोपनीय पत्र लिखकर अनुरोध किया कि वे शिवाजी के पत्र का मित्रतापूर्ण जवाब दें। उसने लिखा कि ऐसे वक्त में स्नेहपूर्ण रवैया शिवाजी की आहत भरी मायूसी को कृतज्ञता के साथ पूर्ण वफादारी में बदल देगा। लेकिन औरंगजेब की प्रकृति में ऐसी उदारता नहीं थी। उसने रूखेपन से जवाब दिया, 'आपका विनती भरा खत हमें मिला है। यह जानकर हमें तसल्ली हुई कि आपने अपने आचरण के लिए माफी माँगी है और यह कि आपको अपने किए गए कामों का पछतावा भी है। इस बारे में हमारा जवाब यह है कि आपका आचरण इतना बदतर रहा है कि वह माफी के लायक हरगिज नहीं है। इसके बाजवूद राजा जयसिंह की सिफारिश पर हम आपको एक आम माफी अता फरमाते हैं।' ऐसा पत्र एक हारे हुए दुश्मन को एक उत्साही वफादार में कैसे बदल सकता है? बहरहाल शिवाजी ने जयसिंह से संधि की अपनी शर्तों को पूरा किया। अपने किलों में शाही राज्यपालों को नियुक्त करवा दिया और जयसिंह की अध्यक्षता में मुगल सेना में भरती हो गए।

जयसिंह यदि मध्य भारत का वायसरॉय बना रहता तो उसके अधीन शिवाजी शहंशाह के वफादार बने रहते, लेकिन दुर्भाग्यवश औरंगजेब बहुत शक्की मिजाज का शहंशाह था। हरदम उसकी आँखें अपने दरबरियों की वफादारी पर लगी रहती थीं। उसने जयसिंह की वफादारी पर शक करना शुरू किया कि उसने आखिर शिवाजी जैसे बागी से इतना मैत्रीपूर्ण व्यवहार क्यों किया?

क्या इसलिए कि दोनों हिंदू हैं? क्या यह मुमकिन नहीं कि जयसिंह जैसा राजपूत शाही दरबार के प्रति वफादार होने के बावजूद अपने सहधर्मी के प्रति नरमी बरत रहा हो? जयसिंह को भेजा गया था कि वह शिवाजी को नष्ट करके

मराठों की आजादी की लड़ाई को जड़ से समाप्त करे। इसके बजाय उसने बागी मराठों की लाभकारी शर्तों पर संधि कर ली! और क्या गारंटी है कि शिवाजी उन शर्तों को भी मानने से इनकार नहीं करेगा या फिर वह चालाक मराठा जयसिंह को ही अपने पक्ष में पटा ले?

शाइस्ता खाँ के सभी दोस्तों और सहयोगियों के गुटों ने पूरे मुगल में अफवाहों का बाजार गरम कर दिया था, जिसकी पृष्ठभूमि में शाइस्ता की विधवा बेगम थी। जाहिर था कि अफवाहों की इस बाढ़ में औरंगजेब के शक्की मिजाज में पलीता लगा दिया।

उस रूखे माफीनामा के तुरंत बाद ही शिवाजी को एक दूसरा पत्र प्राप्त हुआ, जिसकी भाषा और मंतव्य बिल्कुल अलग था, 'आप इस वक्त हमारे शिविर की सेवा में नियुक्त हैं···आपकी सेवा के सम्मान में एक खूबसूरत पोशाक और एक छोटी सी सुंदर अलंकृत तलवार भेजी जा रही है।' शहंशाह चाटुकारिता की भाषा से अनभिज्ञ था और उस जैसे तीखी जुबान के अत्याचारी शासक के हाथ से 'सुंदर अलंकृत' जैसे शब्दों का प्रयोग संकेत दे रहा था कि यह बाघ को फँसाने का एक जाल है। तीसरा पत्र और भी प्यारा था—'हमारे मन में आपके लिए बहुत सम्मान है,' से शुरू हुए इस पत्र में शीघ्र ही औरंगजेब अपनी चाल पर आ गया, 'इसलिए हम चाहते हैं कि जितना जल्दी हो सके, आप यहाँ आ जाएँ, जहाँ हम आप से मुलाकात करेंगे और आपको सम्मानित करेंगे और इसके फौरन बाद ही आपको लौट जाने की रुख्सत दे देंगे।'

प्रत्यक्षतः औरंगजेब की इच्छा में कोई अनुचित उद्देश्य नहीं लगता था। जैसा कि इंग्लैंड का राजा 'लुइस षष्टम' किया करता था, वैसे ही मुगल शहंशाह भी चाहते थे कि उनके सबसे शक्तिशाली वायसरॉय, मनसबदार, राज्यपालों के अतिरिक्त वफादार राजा, महाराजा, नवाब, वज़ीरदार अपने राज्यों, सूबों और राजधानियों के बजाय दरबार में मौजूद रहें; क्योंकि उन्हें आशंका थी कि अपने राज्यों की आरामतलब जिंदगी में उन्हें अपनी अभिलाषाओं को पालने का वक्त मिलेगा, जो मुगल सल्तनत के लिए नुकसानदेह हो सकती है। यहाँ तक कि राजपूताना के श्रेष्ठ राजपूत राजा शहंशाह की खिदमत में दरबार में मौजूद रहते थे। इनमें से केवल उदयपुर के महाराजा (जिन्हें सूर्य देवता का अर्ध दैवी वंशज होने

के कारण उस समय और आज भी हिंदू राजाओं का मुखिया माना जाता था।) को इस परंपरा से मुक्त किया गया था। शिवाजी ने चूँकि मुगलों से युद्ध करना हाल ही में छोड़ा था, इसलिए उदयपुर की तरह इस परंपरा से मुक्ति मिलने के बारे में वे कैसे सोच सकते थे? इन सबके बावजूद अचानक प्यार भरी मेहमाननवाजी के इस न्योते में कुछ तो विचित्र था!

शिवाजी पसोपेश में थे। यदि वे औरंगजेब के आमंत्रण को इनकार करते हैं तो वे अपनी गिरफ्तारी का उन्हें एक मौका देते हैं और संभवतः किसी मनगढ़ंत आरोप में उन्हें फाँसी दी जा सकती है; लेकिन यदि इसे स्वीकार करके मुगल दरबार जाते हैं तो वे अपनी भूमि और अपने लोगों से हजारों मील दूर वस्तुतः बंदी बन सकते हैं। कोई भी व्यक्ति, जो औरंगजेब को जरा भी जानता था, वह उसके रवैए में अचानक इस परिवर्तन की सच्चाई पर यकीन करने को तैयार नहीं था और न ही सुरक्षित वापसी के उसके वायदे से आश्वस्त था।

शिवाजी जब कभी ऐसी दुविधा में फँसते थे तो अपनी माँ जीजाबाई की शरण में जाते थे। इस बार भी ऐसा ही हुआ। इस समस्या के समाधान के लिए वे जीजाबाई के पास पहुँचे। जीजाबाई ने बहुत सोच-विचार के बाद उन्हें शहंशाह के न्योते को स्वीकार करने का परामर्श दिया। इसके बाद शिवाजी ने जयसिंह से मशविरा किया। जाहिर था, उसने दरबार जाने की सलाह दी। वह स्वयं शिवाजी के गुणों से प्रभावित था और उसे विश्वास था कि राजधानी में उनका उज्ज्वल भविष्य प्रतीक्षा कर रहा है। मराठा की निश्चल और मृदुल मुसकान औरंगजेब के सभी शक-शुबाह को धराशायी कर देगी और शिवाजी औरंगजेब की अगवानी और दरबारियों की चाटुकारिता से अपनी स्थानीय अभिलाषाओं को भूलकर शाही दरबार की सेवा में ही अपना भविष्य देखेंगे। शिवाजी ने जब झिझकते हुए संदेह प्रकट किया कि शायद यह न्योता उन्हें फँसाने का जाल हो तो जयसिंह ने औरंगजेब के अच्छे आचरण पर विश्वास जमाने के लिए अपने पुत्र को बंधक के रूप में प्रस्तुत कर दिया। 'वह आपके साथ मुगल दरबार जाएगा और आपके साथ ही रहेगा।' जब से शिवाजी मुगल शिविर में आए थे, तब से रामसिंह अंगरक्षक की तरह बड़ी सतर्कता से उनके साथ रहा था। रामसिंह ने भी अपने पिता के प्रस्ताव का समर्थन किया, क्योंकि वह भी शिवाजी के साहचर्य से प्रसन्न था।

अंततः शिवाजी ने न्योता स्वीकार कर लिया, किंतु उनका मन संदेहों और अनिष्ट आशंकाओं से त्रस्त था। अपने कभी न लौटने की दशा में उन्होंने अपने ठिकाने को अपनी माता के नाम कर दिया। अपने स्थान पर शासन की देखभाल करने के लिए उन्हें रीजेंट के पद पर नियुक्त कर दिया और जीजाबाई ने भी अपनी पूजा-पाठ और गृहस्थी के काम-काज को त्याग मेसोडोनिया की राजकुमारी की भाँति शिवाजी की राजकीय शासन की बागड़ोर सँभाल ली। उसके बाद शिवाजी ने अपने मंत्रियों से जाने की अनुमति माँगी। उन सभी ने विलाप करते हुए उन्हें गले लगाया। उन्होंने आखिरी बार अपनी भूमि के पीले खेतों और सुदूर खड़ी नीली पर्वतमाला को देखा और उत्तर की ओर जानेवाली लंबी यात्रा के लिए अपने घोड़े पर सवार हो गए। उनके एक ओर उनके पुत्र संभाजी थे, दूसरी ओर जयसिंह के पुत्र रामसिंह थे और अंत में मराठे घुड़सवार रक्षकों का दस्ता था।

□

पंद्रहवाँ अध्याय

शाही दरबार उस समय आगरा में था। इस शहर के चारों ओर की धरती पूर्णतः जुती हुई और प्रचुर खाद से संपन्न खूब उपजाऊ थी। इसलिए धन-धान्य से पूर्ण यह क्षेत्र भारत का सर्वश्रेष्ठ इलाका माना जाता था। सभी फसलें अपने खाद्यान्न से इस इलाके को संपन्न बनाए रखती थीं। यहाँ गन्ने की प्रचुर पैदावार होने के कारण खांडसारी यहाँ का प्रमुख उत्पादन था। सभी सड़कों के दोनों ओर छायादार वृक्षों की कतारें थीं, जिनमें शहतूत के वृक्षों की भरमार थी। प्रत्येक दस या बारह मील के अंतर पर शहंशाह ने अपने नाम की स्मृति पर यात्रियों की सुविधाओं के लिए सराय बनवाई थीं, जहाँ यात्री के ठहरने के लिए कमरा और घोड़ा बाँधने के अस्तबल के साथ-साथ घोड़े के मांस का भी एक प्रकोष्ठ था।[1] ऐसी चौड़ी सड़कों पर चलकर प्रत्येक रात सरकारी सरायों में ठहरकर, जहाँ गरमियों में भी यात्री चोरों के भय से बंद दरवाजों में सोने को मजबूर होते हैं, शिवाजी अपने दल सहित आगरा आए थे। यह शहर दिल्ली से कहीं ज्यादा शानदार था और साथ-साथ मुसलिम सरकार का परंपरागत केंद्रीय स्थल भी था। इसका विशाल क्षेत्र सेठों और नवाबों के भव्य और सुंदर महलों के लिए प्रसिद्ध था। दिल्ली की तरह आगरा किसी योजनाबद्ध तरीके से विकसित नहीं किया गया था, न ही इसके चारों ओर दीवारें बनाई गई थीं, जिससे बड़े आकार के बावजूद यह नगर के बजाय ग्रामीण शहर लगता था, क्योंकि इसकी सीमाएँ उसे खेतों से जोड़ती थीं। शहर की गलियों के बीच छायादार अमराइयाँ थीं, जिनमें शहर के धनी व्यापारियों और कुलीन लोगों की पत्थर की कोठियाँ

1. रिचर्ड स्टील लिखित 'रिलेशन' देखें।

थीं। शहरी क्षेत्र में बाग-बगीचों की भरमार थी, जिनमें सेबों,[1] संतरे, शहतूत, आमों और केले के बगीचे थे। कुछ अलग चौपालों पर फूलों की बहार थी, जिनमें गेंदा, गुलाब, चंपा, हरसिंगार, चमेली, मालती, बेला की बहुतायत थी। इसके अतिरिक्त जगह-जगह हिकमत के पौधों के बाग भी थे।[2] आश्चर्यजनक रूप से कुछ बगीचों में यूरोप के फूलों, जैसे—फ्रांसीसी गुलाब, इंग्लैंड की लिली वगैरह की नस्लें भी दिखाई देती थीं, जो उस समय हिंदुस्तान में अन्यत्र कहीं दिखाई नहीं देती थीं। इन सभी बाग-बगीचों को हरा-भरा रखने की जिम्मेदारी जल वितरण केंद्र पर थी। अंग्रेज यात्री फिंच ने आगरे के बारे में लिखा है कि 'यह इतना खुला और विशाल होने के बावजूद इसकी आबादी इतनी घनी थी कि शहर की सड़कों और गलियों में चलना मुश्किल था। यह शहर अर्धचंद्राकार रूप में नदी के किनारे सत्तर किलोमीटर के क्षेत्रफल में फैला हुआ है। नदी के किनारे शहर के धनाढ्यों और कुलीन वर्ग के लोगों के महल और कोठियाँ हैं। सड़क पर चलते हुए अचानक एक लाल पत्थरों की इमारत दिखाई देती है, जिसकी ऊँचाई के दूसरी ओर नदी है। इमारत का जितना भाग नदी से जुड़ा हुआ है,' वह करीब एक-चौथाई मील तक का क्षेत्र काठ के एक पुल पर टिका हुआ है और घूमकर शहर में जुड़ता है। इस प्रकार यह एक खूबसूरत और शाही स्थल भावी लड़ाइयों के लिए दीवार पर बना मोरचा बन सकता है। उसके ऊपर शहंशाह के गोताखोरों के निवास बने हुए हैं, जिनमें कुछ के गुंबदों पर सोना चढ़ा है।'[3] फिंच के शब्दों में, 'यह इमारत पूरब के देशों में बनी बढ़िया और सुंदर इमारतों में से एक है, जो तीन से चार मील लंबी है और गोलाई में बनाई गई है। इससे सटी एक और दीवार है, जो इसके साथ-साथ गोलाई में घूमती है और दोनों के बीच में खाई है।'

कुछ दरबारियों ने अपने महल तब बनाए थे, जब दरबार दिल्ली से उठकर यहाँ आया था। उसके बाद अन्य लोग भी यहाँ आए और अपने मित्रों अथवा धनी सौदागरों के घरों में रहने लगे थे। यहाँ शाही दरबार के प्रति वफादार राजे-महाराजे अथवा दरबार में नियुक्त अधिकारियों को छोड़कर यूरोप की तरह शाही

1. सेब का पेड़ पहली बार अकबर ने समरकंद के बगीचे से मँगवाया था।
2. पीटर मुंड।
3. पीटर मुंड।

वंशानुगत अभिजात वर्ग नहीं था। दरबार के दूसरे सदस्य अधिकतर वे लोग थे, जिनकी सामाजिक प्रतिष्ठा दरबार की अस्थायी कृपा पर निर्भर थी और ऐसी कृपा अधिकतर एक शहंशाह के शासनकाल तक ही सीमित रहती थी। दरबारियों में कुछ ऐसे प्रतिष्ठित सदस्य भी थे, जिनका शाही घराने से रिश्ता था; लेकिन नजदीकी रिश्तेदारियों के खतरे भी थे। एहतियात के लिए किसी रिश्तेदार को एकाएक दूर के प्रदेश में भेज दिया जा सकता था या कैद भी हो सकती थी। आमतौर पर दरबार का वातावरण शक और अफवाहों पर आधारित भाग्यवादी और चिड़चिड़ा था। पहले के शासन काल में शहंशाह रूढ़िवादी थे, लिहाजा शाही दरबार में धार्मिक कट्टरता का वातावरण था।

लेकिन कालांतर में रूढ़िवाद ने धार्मिक कट्टरता का मार्ग प्रशस्त कर दिया था और जहाँ अकबर अपने धार्मिक दर्शन के अहंकार के कारण तथा जहाँगीर अपनी सुस्ती और सहिष्णुता के लिए अपने दरबारियों में बदनाम थे, वहीं औरंगजेब अब अपनी धार्मिक कट्टरता के लिए उपहास का केंद्र बना हुआ था। लेकिन जैसा कि सभी रूढ़िवादी समाजों में देखा गया है, औरंगजेब के शासन काल में अंधविश्वास का बोलबाला था। ज्योतिष विद्या और तंत्र-मंत्र तथा जादूगिरी लोकप्रिय व्यवसाय था। उस जमाने में एक पुर्तगाली, कुछ प्राचीन पुर्तगाली तथा यूरोपीय पुस्तकों, कुछ अनर्गल शब्दों तथा अपने आत्मविश्वास के बल पर सफल जादूगर बन गया था।[1]

शाहजहाँ के समय आगरा की संपन्नता में डच और अर्मीनिया के सौदागरों के बड़े-बड़े कारखानों का सहयोग था, जो कपड़े, चेहरा देखनेवाले शीशे, स्वर्ण, चाँदी, गोटा डोरी तथा लोहे के बरतन आदि का व्यापार करते थे। इस संबंध में डच सौदागर बहुत उद्यमी और चौकस रहते थे। अपने व्यापार को बढ़ाने के लिए वे शासन से बराबर संपर्क रखते थे, बल्कि 'एक जासूस को हरदम दरबार में मौजूद रखते थे, ताकि वह व्यापार में आई कोई अड़चन अथवा किसी अधिकारी की व्यापार में बाधा पहुँचाने की शिकायत फौरन शहंशाह के सामने पेश कर सके।'[2] उनके पूर्व प्रतियोगी अंग्रेजों ने पहले शासन काल में

1. बर्नियर। आज भी जादूगर लोग विज्ञापित करते हैं कि उन्होंने यूरोप में प्रशिक्षण लिया है।
2. आईडम।

संभवत: अराजकता के कारण अपना कारखाना बंद कर दिया था, क्योंकि सूरत से आगरा कारवाँ आने का मार्ग डाकुओं की लूट का केंद्र बन चुका था। आगरा में अकबर के समय एक ईसाई चर्च की स्थापना हुई थी। अपने घंटों की आवाजों के कारण यह चर्च नगर का एक प्रमुख आकर्षण केंद्र बन गया था। दुर्भाग्यवश नगर में इस विदेशी धार्मिक केंद्र स्थल के प्रति क्रोध बढ़ता गया और विरोधियों ने शाहजहाँ से प्रार्थना करके चर्च को नष्ट करवा दिया। परिणामस्वरूप जहाँगीर के शासनकाल में ईसाइयों के सालाना जलसे पर भी, जिसके अंतर्गत वे नगर के प्रमुख मार्गों पर जुलूस निकालते थे, पाबंदी लग गई। ईसाई धर्म के प्रति शासन के इस दुर्व्यवहार को देखकर धनी लोगों ने भी जो सहायता देनी शुरू की थी, वह बंद कर दी।

नगर के बाहर अकबर का मकबरा था, जिसको देखकर बौद्ध स्थापत्य कला की याद आती थी। 'यह एक विशाल बाग के बीच में बना हुआ था, जिसको चारों ओर से दो मील लंबी पत्थर की दीवार से घेरा गया था।' उसके नजदीक ही अकबर के हरम की बेगमों का महल था, जिनमें से प्रत्येक बेगम को अकबर ने अपनी वसीयत में विशाल धन-संपत्ति सुपुर्द की थी, ताकि उन्हें अपने स्वामी के शोक में गुजरने के अंतिम दिनों तक एक स्थायी आर्थिक संबल उपलब्ध रहे। उसके पूर्वी दिशा में नदी के पार ताजमहल था, जो शाहजहाँ और उसकी बेगम का मकबरा था और आगरा आनेवाले प्रत्येक यात्री के आकर्षण का केंद्र था। आज ताजमहल एक राष्ट्रीय स्मारक है, लेकिन उस जमाने में वह एक तीर्थस्थल था। तहखाने में स्थित कब्रों का द्वार साल में एक बार खुलता था, जिसमें कोई भी नास्तिक प्रवेश नहीं कर सकता था। बाग से सटे गलियारों और मेहराबों में शाहजहाँ के आदेश के अनुसार, हफ्ते में तीन दिन गरीबों को खैरात दी जाती थी, क्योंकि औरंगजेब अपने पिता की इस पाक आरजू को शुरू में पूरी मुस्तैदी से पूरा करवाता था। वह तो शाहजहाँ के लंबे कैदी जीवन में कुछ ऐसी तलखियाँ पैदा हुईं और इस इफरात में उसकी दिलचस्पी खत्म हो गई, लेकिन दुनिया तो किले में बंदी शहंशाह को पहले ही भुला चुकी थी, जिसने जीवन के अंतिम साल अपने चमेली बुर्ज के नीचे बने बंदीगृह में बिताए। इस दौरान उसकी चहेती बेटी जहाँआरा अपने पिता की मायूसी में शरीक रही। हिंदुस्तानियों के दिलों

में बूढ़े शाहजहाँ और पिता को समर्पित उसकी बेटी का हमेशा सम्मान रहा है, जो एक समय में दरबार की प्रमुख महिला मानी जाती थी; जिसने एक समय में औरंगजेब की खिलाफत की और जिसे जीने के लिए अब अपनी शक्तिशाली बहन रोशनआरा की मेहरबानियों पर आश्रित रहना पड़ रहा था। लोकप्रिय चित्रकारों की बनी ऐसी तसवीरें मिल जाएँगी, जिनमें बूढ़ा शाहजहाँ और उसकी मायूस बेटी दोनों बड़े प्यार से बैठे चमेली बुर्ज की बालकनी से दूर नदी की जलधारा के उस पार संगमरमरी खूबसूरती को निहार रहे हैं, जिसे बीस हजार मजदूरों ने बाईस साल में बनाकर पूरा किया था।

लेकिन बूढ़े शहंशाह के कैद की कुछ घटनाएँ दुःख और परेशानियों के विपरीत दिलचस्प और हास्यास्पद भी हैं। औरंगजेब चाहता तो यही था कि बूढ़े बादशाह का इंतकाल जल्द-से-जल्द हो, लेकिन वह प्रत्यक्षतः कोई ऐसी क्रूर कारवाई नहीं करना चाहता था। लिहाजा उसने दूसरे लटके अपनाए कि शायद उनसे उसकी समस्या का निदान हो जाए। उसने इंतजाम करवाया कि किले के नीचे समय-समय पर नगाड़ों का भारी शोर किया जाए, बंदूकें और तोप चलाकर ऐसा वातावरण पैदा किया जाए कि किले पर हमला हो रहा है, काँचों और शीशों को किले की दीवार पर फेंककर डराया जाए, लेकिन दरबार[1] की अफवाहों के अनुसार बूढ़े बादशाह पर इन सब कारस्तानियों का कोई असर नहीं पड़ा। उसने उन हिजड़ों, रंडियों और पतुरियों को भी निराश कर दिया, जो शराब पीकर नाच-गाकर भद्दे गाने गातीं, शोर मचातीं और शाहजहाँ की चहेती लौंडियों को गाली-गुफ्तार करतीं। आखिरकार यदि समकालीन किस्सों पर यकीन किया जाए तो उसकी मौत उसके बेटे की कारस्तानियों की वजह से नहीं, बल्कि खुद उसकी अपनी शेखी से हुई। एक दिन सुबह जब वह शीशे के सामने खड़ा होकर अपनी मूँछों को मोम से ताव दे रहा था तो उसको शीशे में अपने पीछे खड़ी दो गुलाम लौंडियाँ दिखाई दीं, जो भद्दे इशारों से बादशाह को मर्दानगी पर ताना दे रही थीं। बादशाह सबकुछ बरदाश्त कर सकता था, लेकिन यह ताना बरदाश्त के बाहर था। उसने हकीमों से खुराक तैयार करने को कहा और उस खुराक को वह जरूरत से ज्यादा खा गया और खाते ही वह ऐसा बेहोश हुआ कि फिर उठ नहीं सका।

1. मानूसी।

नदी के किनारे ताज के उन्मुख आगरा के श्रेष्ठ कुलीन वर्ग की कोठियाँ थीं। उनमें से एक जयपुर हाउस था, जो जयसिंह का निवासस्थान था और यहीं सन् 1666 के मई महीने की एक शाम को जयसिंह का पुत्र रामसिंह अपने मेहमान शिवाजी को लेकर आया। कोठी अपनी शिल्पकला और सुंदर व सजीव चित्रकारियों के लिए मशहूर थी। कमरों की छतों पर स्वर्ण पत्तियों से चित्रकारी की गई थी। पूरी कोठी में गद्देदार रेशमी कालीन बिछा हुआ था, जिसके ऊपर लगे रंगीन खंभों में तरह-तरह के फूलों के गुलदस्ते लगे हुए थे। गद्देदार कालीन के कारण जूते उतारकर अंदर आने में कोई तकलीफ नहीं होती थी, क्योंकि कोठी का नियम था कि आगंतुक को कोठी में प्रवेश से पूर्व अपने जूते उतारने पड़ते थे। फर्नीचर के नाम पर सोने और मखमली कपड़ों में गुदगुदे मसनद थे, जो कमरों की दीवारों से सटे दिखाई देते थे और जिन पर टेक लगाकर मेहमान आराम से बैठ सकते थे।

शिवाजी के आगमन के तीन दिन बाद औरंगजेब का दरबार लगनेवाला था और वहीं शिवाजी को प्रथम साक्षात्कार के लिए बुलाया गया।

रामसिंह और शिवाजी अपने सेवकों के साथ महल के द्वार तक पहुँचे, जहाँ उन्हें घोड़ों से उतर जाना पड़ा, क्योंकि इसके आगे घोड़ों पर केवल वे ही जा सकते थे, जिनका रिश्ता शाही खून से था। शाही दरबार के सदस्य की भाँति रामसिंह और शिवाजी के आगमन का ऐलान द्वार के ऊपर बने नौबतखाने से बिगुलों की आवाज से किया गया, जिसके बाद एक सैनिक दस्ता सैनिक बैंड बजाते हुए उनके आगे चलने लगा। बैंड में बारह शहनाइयाँ, बारह झाँझर और बीस छोटे नगाड़े थे।[1] मंथर गति से चलते हुए सैनिक दस्ता लाल रंग के मेहराब से गुजरते हुए एक सुसज्जित पथ से होकर दीवान-ए-खास के बाहरी द्वार तक पहुँचा, जिसके दोनों ओर मुगलों के ऐतिहासिक बाग फैले हुए थे। उनके बीच से होते हुए दरबारी अपने साटन से बने अलंकृत लिबास में आते दिखाई दे रहे थे, लेकिन उनसे भी आकर्षक सुसज्जित पालतू हिरन का बच्चा था, जो रेशमी पोशाक में लिपटा अपने घुँघरुओं की छन-छन करता हुआ, दूसरी ओर दौड़ते उजबेक कुत्ते से अठखेलियाँ कर रहा था।

1. दरबार के विवरण का ब्योरा बर्नियर और थेवेनॉट लिखित पुस्तकों से लिया गया है।

राज-प्रतिहारियों ने रामसिंह और शिवाजी को दीवान-ए-खास में दाखिल कराया। यह मुख्य महल का पूर्व प्रकोष्ठ था, जो तीनों ओर से शाही बगीचों में खुलता था। फर्श पर कीमती कालीन और दीवारों पर दीवारदारियाँ मढ़ी हुई थीं, जिन पर सोने की पत्तियों से चित्रकारी की गई थी। जैसे ही शिवाजी ने प्रवेश किया, उन्हें सामने विशाल लाल दीवार दिखाई दी, जो दीवान-ए-खास को दो भागों में बाँटती थी। दीवार जहाँ बीच में पहुँचती थी, उसके ऊपर सिंहासन की बालकनी थी, जिसे 'अल्लाह का साया' कहते थे। शहंशाह अपने महल से निकलकर सीधे यहीं आता था। सबकी नजरें ऊपर उठी हुई थीं। दोपहर को जैसे ही बिगुल और नगाड़े की आवाज आई, बालकनी के पीछे का परदा हटा और शहंशाह भीतर से निकलकर सिंहासन पर बैठ गया। उसके पीछे नीलम और मोतियों से जड़ित मयूर सिंहासन था, जिसके ऊपर दो छतरियाँ थीं, जिन्हें लाल रेशम में जड़ी मणियों से ढका गया था। शहंशाह सफेद रेशम का लबादा पहने हुए थे। सिर पर सोने के कपड़े का साफा था, जिसके बीच एक बड़े आकार के पुखराज को आठ भागों में बाँटकर सिल दिया गया था। शहंशाह के इर्द-गिर्द हिजड़ों के दस्ते याक की पूँछ और मोर के पंखों से बने चँवर डुला रहे थे। शाही बालकनी के नीचे शाही कुनबे के कुलीन वर्ग के लोग, शाही वलीअहद, दरबार के प्रति वफादार राजा और विदेशी राजदूत रेलिंग से घिरे आरक्षित बाड़े में बैठे हुए थे। इनके इर्द-गिर्द भी उनके सेवकों के दस्ते थे, जो पंखों, चँवरों और चाँदी के थूकदान उठाए सेवा में लीन थे।

इस आरक्षित बाड़े में प्रवेश का प्रश्न दरबार के जटिल रवैए पर आधारित रहा है। इसके बारे में अंग्रेजों के कुलीन वर्ग के भुक्तभोगी सदस्य हॉकिंस ने लिखा है, 'इस आरक्षित बाड़े के सदस्य अपने को जमीन से तीन फीट ऊपर मानते थे। इसमें अनेक द्वार थे और हर एक द्वार पर हाथ में सफेद दंड लिये अनेक प्रहरी सदा खड़े रहते थे। बाड़े के बीचोबीच शहंशाह के ठीक सामने उसका हाकिम खड़ा रहता था, जिसके बराबर में प्रमुख जल्लाद और उसके पीछे सिर पर रूई की टोपी पहने जल्लादों का दस्ता खड़ा दिखाई देता था। उनके कंधों और हाथों में तरह-तरह के चाबुक थे।' इस बाड़े से निष्कासन का अर्थ शहंशाह की अनुकंपा की समाप्ति माना जाता था। हॉकिंस भी कुछ समय बाद

ईसाइयों की मिशनरी की एक भ्रामक गतिविधि के परिणामस्वरूप शहंशाह के कोपभाजन का शिकार हुआ था और 'जब मैंने स्पष्टीकरण के लिए प्रार्थना की तो शहंशाह ने सुनने से इनकार करते हुए मुझे सम्माननीय बाड़े से निष्कासित कर दिया।'

शहंशाह के सिंहासन पर बैठने के बाद सभी दरबारियों ने सिरों को नीचे झुकाकर बाएँ हाथ से अपनी जवाहरात मंडित पगड़ियों और साफों को सँभालते हुए दाएँ हाथ से शहंशाह को अदब से 'आदाब' अर्ज किया। इसके बाद बालकनी के नीचे धीमी गति से दरबार की औपचारिक शुरुआत हुई। पहले धीमे संगीत की ध्वनि पर रेशमी कढ़ाईदार वस्त्रों से सुसज्जित शाही हाथियों के दल ने मार्च किया। हाथियों पर याकों की पूँछों से बँधी चाँदी की घंटियाँ थीं। प्रत्येक हाथी के साथ उसके सेवक के रूप में सादे वस्त्रों में एक छोटा हाथी चल रहा था, जैसे ही वह हाथी बालकनी के नीचे पहुँचता, वह एक पैर ऊपर की ओर उठाता और अपनी सूँड़ ऊपर की ओर उठाकर शहंशाह को सलाम करता था। इस दल में करीब तीन सौ हाथी थे, जिन्हें हॉकिंस ने शाही हाथियों की संज्ञा दी है। इन पर स्वयं शहंशाह सवारी करता था और जब इन्हें शहंशाह के सामने लाया जाता, तब बीस से तीस सेवक हाथों में झंडियाँ लिये हर्षध्वनि करते थे। 'इन पर दस रुपए प्रतिदिन खर्च किए जाते थे, जिसमें उनके लिए चीनी, मक्खन, अनाज और गन्ने से युक्त आहार तैयार किया जाता था।' हाथियों के दल के बाद तेज भागनेवाले बारहसिंघों और भैंसों के दल थे, जिनके शरीर को पीले और सिंदूरी रंग की रेखाओं से और सींगों को स्वर्णमंडित पताकाओं से सजाया गया था। इनसे जुड़ा सोने की लड़ियों से सुसज्जित तेंदुओं का दल था। यदि इतिहासकार थॉमस कोरियात[1] पर विश्वास करें तो इस परेड में कभी-कभी 'एक श्रृंग' मृग (एक सींगवाला मृग, जो घने जंगलों में कभी-कभी दिखाई देता है।) भी इस दल में शामिल होता था। थॉमस कोरियात ने 'आश्वस्त किया था कि उसने अपनी आँखों से इस मृग को शहंशाह के सामने से गुजरते हुए देखा था।' उसने यह भी बताया था कि 'यह दुनिया का केवल एक विचित्र मृग है, जिसकी नस्ल केवल बंगाल के जंगलों में पाई जाती है, जहाँ दुनिया के अनेक

1. कोरायत के पत्र।

अन्य दुर्लभ पशुओं और जीवों की नस्लें पाई गईं हैं।' लेकिन थॉमस कोरियात कोई बहुत ज्ञानी रिपोर्टर नहीं था। आगरा में उसकी दिलचस्पी केवल दो बातों के लिए थी। एक, कि वह उस हाथी पर बैठकर अपनी तसवीर बनवा सके। दूसरे, कि उसे पूरब का सस्ता जीवन बराबर मिलता रहे। उसके अनुसार, 'जब तक मैं अर्मीनियाँ के उन घटिया ईसाइयों से लेन-देन से बचता था, तब तक मैं बड़े आराम से एक पेनी के खर्च में पूरा दिन गुजार लेता था।'

इस परेड में कभी-कभार शहंशाह को मुँह से बड़बड़ाते देखकर उनके इर्द-गिर्द हिजड़ों की जमात सिर और कान ऊँचा करके शहंशाह के एक-एक लफ्ज को सुनने की चेष्टा करते और फिर उन्हें सुनकर नीचे बैठे दरबारियों को ऊँची आवाज में सुनाते, जिसके सुनते ही पूरा दरबार अपने दोनों हाथों को ऊपर करके शोर मचाना शुरू करता—"करामात! करामात!"

जानवरों की परेड के बाद शहंशाह अपने अंगरक्षकों की सलामी लेता था। बेहतरीन पोशाक में सजे घुड़सवार अंगरक्षकों का दल लोहे के शस्त्रों से लैस होकर करतब दिखाता हुआ निकलता, जिसमें तलवारबाज अपनी तलवारबाजी से पूरे दरबार को मंत्रमुग्ध कर देते थे और अंत में दरबार के गंभीर मामलों की शुरुआत होती।

प्रधानमंत्री 'उमदत-उल-मुल्क' की सदारत में सभी दरबारी और अधिकारी आवाज देकर एक-एक करके बुलाए जाते, जो सिर झुकाए धीमी गति से चलते हुए शहंशाह के सामने 'तस्लीम' करके सलामी देते। सलामी देने के लिए अपने दाएँ हाथ की कोहनी को फर्श से टिकाते और फिर धीरे से उठकर अपनी हथेली को अपने साफे या पगड़ी से लगाते। तस्लीम को तीन बार दोहराना पड़ता था। उसके बाद शहंशाह को भेंट दी जाती थी, जो जवाहरात, रुपए, सोने के आभूषण अथवा सोने की मोहरों की शक्ल में होती थी। यदि शहंशाह को भेंट स्वीकार होती थी तो वह उस भेंट पर हथेली रख देता था, जिसे हिजड़ा प्रहरी अपने हाथ में लेकर सिंहासन के पीछे के द्वार में चला जाता था।

12 मई को दरबार में सलामी की यंत्रवत् काररवाई में एक अप्रिय घटना के कारण विघ्न पड़ गया। मंत्रियों की भेंट प्रस्तुत करने की काररवाई समाप्त होने के पश्चात् दरबार के चोबदार ने आवाज लगाई, 'शिवाजी राजा'! शिवाजी

अपने पुत्र संभाजी तथा मराठा अधिकारियों के साथ बालकनी के नीचे पहुँचे। उनके साथ हाथों में सोने की दो हजार मोहरों का थाल लिये मराठा अधिकारी था, लेकिन उन्होंने फारसी तरीके से 'तस्लीम' की जगह सिर झुकाकर दोनों हाथ जोड़कर तीन बार सलाम किया, जैसा कि उनके अनुयायी उन्हें किया करते थे। एक क्षण के लिए दरबार में सन्नाटा छा गया। दरबारियों ने कनखी से शहंशाह की ओर देखा। औरंगजेब के चेहरे पर कोई भाव नहीं था। उसने शिवाजी की भेंट को सिर झुकाकर स्वीकार किया और एक अधिकारी के कान में कुछ कहा। वह अधिकारी बालकनी से नीचे आया और शिवाजी के आरक्षित बाड़े से दूर निम्न स्तर के कुलीन वर्ग के प्रकोष्ठ में ले जाकर बोला, 'दरबार की नजीर के हिसाब से आपके लिए सही जगह यह है।' यह कहकर वह चला गया।

ऐसा लगता है कि यदि शिवाजी तस्लीम करने में न भी चूकते तो भी औरंगजेब उन्हें उत्तेजित करने के लिए कुछ-न-कुछ जरूर करनेवाला था, लेकिन जब शिवाजी की यह चूक उसके सामने आ गई तो उसने फैसला किया होगा कि क्यों न इस चूक को शिवाजी की वफादारी में गुस्ताखी का सबब मानकर शिवाजी के खिलाफ कारखाई करने का मौका हथिया ले? ऐसे में दरबार की कारखाई शिवाजी को उत्तेजित करने के लिए काफी थी, जिसमें चोबदार ने शिवाजी राजा कहकर आवाज दी और बाद में उसी राजा को घुड़सवारों के कप्तानों के बीच में बैठा दिया गया। शिवाजी को जब यह पता चला कि उनके आगे वह राठौड़ कप्तान खड़ा है, जिसे उन्होंने कई बार युद्ध में हराया है, तो वे क्रोधाग्नि में जल उठे।

शिवाजी का विक्षोभ ठीक तत्कालीन फ्रांस के ऑपेरा में अभिनीत नाटकों के हीरो की वेदना को चरितार्थ करता है। उन्होंने क्रोध को जज्ब करते हुए खड़े कप्तान से बुलंद आवाज में कहा, 'लगता है, मुझे इस राठौर की अब पीठ देखनी होगी, जिसे मेरे सैनिक कई बार देख चुके हैं।'

रामसिंह शिवाजी की कारखाई से उत्पन्न स्थिति से चिंतित था। वह शिवाजी के पास आया और उन्हें सांत्वना देने लगा। उसने वायदा किया कि वह मसले को हल करने के लिए शहंशाह से मिलेगा और शिवाजी को उनका उपयुक्त सम्मान पुनः दिलवाएगा। लेकिन शिवाजी ने कुछ भी सुनने से इनकार

कर दिया और ऊँची आवाज में अधिकारियों द्वारा अपने अपमान की निंदा करने लगे। बहरहाल औरंगजेब ने इन बाधाओं पर कोई प्रतिक्रिया नहीं दिखाई। रामसिंह शहंशाह के मिजाज को जानता था। उसे पूरा यकीन था कि शहंशाह की वर्तमान खामोशी का अर्थ क्या हो सकता है! उसने औरंगजेब से शिवाजी के लिए माफी माँगते हुए कहा, 'पहाड़ी आदमी हैं और नहीं जानते कि दरबार के कायदे-कानून क्या होते हैं?' शहंशाह ने सुना, लेकिन कोई जवाब नहीं दिया और अगली 'सोने में तुलाई' की काररवाई को शुरू करने के लिए इशारा किया। इस समारोह के बारे में इतिहासकार थेवेनॉट[1] लिखता है—'जिस तराजू में शहंशाह को तौला जाता था, वह बहुत कीमती थी। कहा जाता है कि तराजू की चेन सोने की है और तराजू के पलड़े पर रखे पत्थर भी लगता है सोने के ही हैं। ऊपर के तुलादंड की चमक भी सोने जैसी ही है, लेकिन कुछ लोगों का कहना है कि वह सोना नहीं, बल्कि गिल्ट का है। शहंशाह अपनी अलंकृत पोशाक में दूसरे पलड़े पर बैठता है और जब रजिस्टर देखकर पता लगता है कि शहंशाह का भार पिछले साल से बढ़ा है तो पूरा दरबार हर्ष की ध्वनि करता है, लेकिन अगली काररवाई में इससे भी ज्यादा मूल्य के उपहार उसे अपने हरम की बेगमों से मिलते हैं। इन उपहारों का मूल्य साधारणतः कई लाखों में होता है। इसके बाद शहंशाह बड़े पैमाने पर नकली फलों और चाँदी-सोने की वस्तुएँ बाँटता है, जिन्हें सोने के पात्रों में लाया जाता है।'

समारोह के समाप्त होने पर दरबारियों का अंतिम अभिवादन हुआ। इसके बाद दरबार उठ गया। शिवाजी और रामसिंह दोनों जयपुर हाउस लौट आए, लेकिन शिवाजी अब भी अपने सम्मान के बारे में सोचकर विचलित थे और जल्द ही उनके सामने एक और भयंकर खतरे ने आहट दे दी। उन्हें लौटे हुए कुछ ही देर हुई थी कि घुड़सवारों के एक दस्ते ने जयपुर हाउस को घेर लिया। इसके बाद पैदल सैनिकों ने जयपुर हाउस के प्रत्येक द्वार के सामने तोपें लगा दीं।

जीवन में पहली बार शिवाजी की सारी आशाएँ ध्वस्त हो गईं। वे दीवान पर गिर पड़े। आँखों से आँसुओं की अविरल धारा बहने लगी। उनके पुत्र संभाजी सांत्वना देने उनके पास आए तो उन्होंने उसे ऐसे गले लगाया, जैसे अंतिम विदा

1. लोवेल का अनुवाद, 1686।

माँग रहे हों, लेकिन समय बीतने पर देखा गया कि घुड़सवार और सैनिक ज्यों-के-त्यों शांत खड़े हैं। ऐसा प्रतीत हुआ जैसे शहंशाह शिवाजी को फौरन नहीं मारना चाहता, बल्कि अपने शिकार पर अत्याचार करके उसे असमंजस और दहशत में रखना चाहता है।

शिवाजी को यद्यपि नजरबंद किया गया था और उन पर नजर रखने के लिए पुलिस प्रमुख पोलाद खाँ को लगाया गया था, फिर भी औरंगजेब शिवाजी को विनम्र संदेश, यहाँ तक कि फलों को उपहारस्वरूप भेजता रहा। शिवाजी ने प्रधानमंत्री उमदत-उल-मुल्क को संदेश भेजकर उसे 'सुरक्षा प्रदान' करने की प्रार्थना की, लेकिन दुर्भाग्यवश पोलाद खाँ शाइस्ता खाँ का बहनोई था, जो इस समय बंगाल में बैठा शिवाजी की हत्या का षड्यंत्र रच रहा था। इसलिए शिवाजी को कोई उत्तर नहीं प्राप्त नहीं हुआ।

शिवाजी की एक अज्ञात[1] शुभचिंतक भी थी और वह औरंगजेब की बेटी जीनत-उन-निसा थी। वह दरबार के झरोखे से पूरे दिन शिवाजी को देखती रही थी और अनजाने में उससे प्यार कर बैठी थी। वह शिवाजी की आह्लादकारी चितवन और उनकी खुद्दारी पर मोहित हो गई थी और फिर दरबार की मशीन जैसी सख्त कार्यप्रणाली को ध्वस्त करते हुए आजादी और साहस की जो मिसाल शिवाजी ने पेश की थी, वह उसके लिए एक कमाल का वाकया बन गया था। उसने औरंगजेब के पैरों पर पड़कर शिवाजी को बख्श देने की फरियाद की थी, लेकिन औरंगजेब ने क्या जवाब दिया, वह इतिहास के पन्नों में गुम हो गया। बहरहाल हम इतना जरूर जानते हैं कि जीनत-उन-निसा ने जीवन में कभी शादी नहीं की और बाद में चलकर वह बेगम साहिबा के रूप में जानी जाने लगी और महलों में उसका रुतबा चरम पर पहुँच गया था। कई वर्षों बाद जब शिवाजी के बेटे को मुगलों ने धोखे से पकड़ा था और उनके अत्याचारों से वह मारा गया था, तब उसके बेटे को, जिसका नाम भी शिवाजी था, जीनत-उन-निसा को यह कहकर सौंपा गया था कि वह उसे एक वफादार दरबारी के रूप में उसकी परवरिश करवाएँ। उस मौके पर शहंशाह चाहता था कि उसका धर्म परिवर्तन करके मुसलमान बनाया जाए, लेकिन एक बार फिर जीनत-उन-निसा

1. ओर्मे ने डाऊ के विवरण से यह कहानी ली है।

ने औरंगजेब के पैरों में पड़कर इल्तिजा की कि बच्चे की धार्मिक आस्था को न बदला जाए और इस बार औरंगजेब बड़े जतन के बाद मान भी गया था। अपने समर्पित प्यार को याद करते हुए जीनत-उन-निसा ने युवक शिवाजी को बताया था कि कितना और कैसा अद्‌भुत प्रभाव उसके दादा ने उस पर छोड़ा था, जो समय के इस अंतराल के बाद भी आज ज्यों-का-त्यों बना हुआ है।

इस दौरान रामसिंह भी शिवाजी के जीवन और सुरक्षा के लिए लगातार प्रार्थना करता रहा। पहले तो औरंगजेब ने उस पर ध्यान नहीं दिया, किंतु बाद में उसने नाराजगी से पूछा, 'इस मामले में तुम्हारी दिलचस्पी क्यों है?' जब रामसिंह ने शिवाजी के दरबार में सुरक्षा प्रदान करने का वायदा याद दिलाया तो उसने एक क्रूर मुसकान के साथ घोषणा करते हुए कहा कि वह रामसिंह को शिवाजी की सुरक्षा के लिए उसका जेलर नियुक्त कर देगा। जब रामसिंह ने इसका विरोध किया तो औरंगजेब ने बातों-बातों में हिंदुओं की वफादारी के अपने शक की ओर इशारा किया और धमकी दी कि रामसिंह ने इस मामले में फिर कभी चूँ-चपड़ की तो वह रामसिंह और शिवाजी दोनों को अफगानिस्तान के किले में भेज देगा।

शिवाजी समझ चुके थे कि औरंगजेब उन्हें कोई दुस्साहस भरा कदम उठाने के लिए उत्तेजित कर रहा है, ताकि उसे उनकी हत्या करने का वाजिब कारण मिल जाए, जैसे कि सरकारी बुलेटिन जारी हो, जिसमें कहा जा सके कि 'भागने के जुर्म में वह मारा गया।' लेकिन फिजूल की बातों से हटकर उन्होंने इस बात पर दिमाग लगाना शुरू किया कि चालाकी को चालाकी से कैसे मात दी जाए?

कुछ दिनों बाद घर के चारों ओर तैनात सैनिकों को आश्चर्य लगने लगा कि जो शिवाजी अब तक चिंता और संताप में दिखाई देते थे, अब खुश और चित्ताकर्षक स्वभाव में दिखाई दे रहे हैं! वे अब उन्हें हँसी-मजाक करने के साथ-साथ कभी-कभी उन्हें उपहारस्वरूप भेंट भी देने लगे हैं। उनसे अब वे खुलकर बातचीत करते और बताते कि आगरे की शुष्क और स्वास्थ्यवर्धक जलवायु उनके पहाड़ी प्रदेश की नम जलवायु के मुकाबले उन्हें कितनी रास आने लगी है। कभी-कभी वे शहंशाह द्वारा भेजे गए उपहारों में फलों और मिठाइयों की बड़ाई करते और शहंशाह की दरियादिली की प्रशंसा करते। अपने

वर्तमान जीवन की सुख और शांति की तुलना वे अपने पहले के राजनीतिक युद्ध और अनंत परेशानियों से भरे जीवन से करते और कहते कि कितना अच्छा हो, यदि शेष जीवन उत्तर भारत के इस शिष्ट नगर में रहने का सुयोग्य प्राप्त हो जाए! इस प्रकार शिवाजी ने यह प्रकट किया कि वस्तुत: वे खुश हैं और उन्होंने इसी जीवन को खुशी से अपना लिया है।

लेकिन यह मानकर चलना कि औरंगजेब शिवाजी के स्वभाव में एकाएक इस परिवर्तन से धोखे में आ गया हो, यह शिवाजी के स्वभाव के विपरीत था। तीन महीनों के अंतराल में दोनों एक-दूसरे को तौलते रहे। 'धोखेबाजी' का अध्ययन करनेवाले शाही विशेषज्ञ शिवाजी के अभिनय का अध्ययन करने में लगे रहे। गरमियाँ आ पहुँचीं। जून महीने की धूलभरी आँधियों के बाद जुलाई का महीना वर्षा के साथ मच्छरों और मलेरिया की परेशानियाँ लाया, लेकिन शिवाजी के स्वभाव में बैचेनी या परेशानी नहीं दिखाई दी। जासूस दिन और रात शिवाजी के व्यवहार पर नजर रखते थे और शाही महल को सूचित करते रहते थे कि वे हमेशा की तरह संतुष्ट दिखाई देते हैं। यहाँ तक कि औरंगजेब का शक भी परास्त हो गया।

अब शिवाजी ने शहंशाह से इजाजत माँगी कि क्या वे अपनी पत्नी और माँ को आगरा बुलाकर अपने साथ रख सकते हैं? जाहिर था कि इसके लिए शहंशाह ने खुशी-खुशी इजाजत दे दी। कोई भी व्यक्ति यदि भागना चाहे तो वह अपनी औरतों को बंधक बनाने के लिए कैसे छोड़ सकता है, लेकिन शिवाजी ने अपनी माँ की अपने राज्य की 'रिजेंट' के रूप में बहाली की थी। उन्हें बुलाना, यहाँ तक कि उन्हें अपने स्थान पर 'रिजेंट' नियुक्त करने का अर्थ यही प्रकट करेगा कि शिवाजी की दिलचस्पी अब अपने छोटे से राज्य में नहीं रह गई है। यह सही था कि शाही इजाजत के बावजूद इन महिलाओं का आगमन नहीं हुआ था, लेकिन उनके आगमन में विलंब का कारण मराठा प्रदेश में जुलाई-अगस्त की भारी वर्षा भी हो सकती है, जिसमें यात्रा करना मुश्किल होता है। यह सोचते-सोचते औरंगजेब को लगने लगा कि उसने शिवाजी के बहादुरी और छल के जो किस्से सुने हैं, कहीं वह कोरी बकवास तो नहीं? जिसको सुनानेवाले उसके अपने ही अधिकारी रहे हैं, जो हो सकता है, अपनी असफलताओं को छिपाने के लिए ये

किस्से गढ़ते हों और उनके किस्से सुनते-सुनते वह खुद भी उससे नफरत करने लगा हो ? शिवाजी की अगली माँग ने उसे मराठे के छिछले स्तर का यकीन दिला दिया। 'उसने माँग की कि उसके सभी घुड़सवारों को घर लौट जाने की इजाजत दे दी जाए। मुझे यहाँ किसी सैनिक की जरूरत नहीं है,' शिवाजी ने अपने निवेदन में लिखा था। शहंशाह ने इस माँग पर कंधे बिचकाकर हामी भरी। वह चाह भी रहा था कि कैसे वह शिवाजी के घुड़सवारों से छुटकारा पाए और जब शिवाजी ने खुद ही इसकी माँग की तो वह मन-ही-मन खुश हुआ।

अब शिवाजी एक या दो सेवकों को छोड़कर अकेले हो गए थे। मुगलों की राजधानी में अकेले'''जिन पर दिन और रात मुगल साम्राज्य के चुने हुए अधिकारी पहरा दे रहे थे'''अब उससे किसी खतरे की गुंजाइश नहीं थी और ऐसा प्रतीत होने लगा था कि उसने अपने को उत्तर भारत के तौर-तरीकों में ढाल लिया था और यहाँ के संतोष भरे जीवन को स्थायी रूप से स्वीकार कर लिया था। वह फारसी अदब की बारीकियों को सीखता जा रहा था। उसने मुगल दरबारियों से मिठाइयों और फलों के उपहारों की अदला-बदली शुरू कर दी थी। वह अपने मराठे रसोइयों द्वारा बनाए गए मराठी व्यंजनों को उपहारस्वरूप मुगल अधिकारियों के घरों में भेजता और वे उन्हें अपने शाही पुलावों के मुकाबले स्वादहीन भी लगते, तब भी तहजीब के रूप में वे उसके बदले में शाही दस्तरखान के चुने व्यंजन भेजा करते थे। पहले-पहल जयपुर हाउस में इन उपहारों से भरे टोकरों के बरतनों, हंडों और मर्तबानों के गट्ठरों की जाँच-पड़ताल संतरी लोग बड़ी मुस्तैदी से करते, यहाँ तक कि पुलिस का मुखिया भी जाँच के दौरान खड़ा रहता था, लेकिन धीरे-धीरे वह और उसके संतरी मनों चावल के ढेरों, आमों से भरी पेटियाँ और गरमागरम सूप से भरे हंडों की जाँच करते-करते थक गए थे और अब अकसर इन वस्तुओं को बहँगियों में ढोते मजूदरों को बिना कुछ देखे-सुने आने-जाने देने लगे थे।

मुगलों का कुलीन वर्ग अपने शाही खाने की मिसाल पेश करने की गरज से शिवाजी द्वारा भेजे गए साधारण मराठी खाने के बदले में मुगलई पुलाव, बिरयानी और कोफ्ते जैसे व्यंजन भेजा करते थे, लेकिन शिवाजी इस गरिष्ठ भोजन के आदी नहीं थे। अगस्त महीने के मध्य में वे बीमार पड़ गए। उनका पेट खराब

हो गया और बुखार आ गया। रह-रहकर उनके पेट में दर्द होने लगा। मुगल संतरियों ने देखा कि वे बीमारी की हालत में पेट दर्द से कराह रहे हैं। उनकी जाँच कराने के लिए हकीम बुलाए गए। उन्होंने जाँच कर पाया कि यकीनन उन्हें पेट की तकलीफ है और मरोड़े उठ रहे हैं। उन्होंने दवा देकर आराम और मालिश की तजवीज दी। वे कहना माननेवाले रोगी साबित हुए। वे बिस्तर पर लेटे रहते, समय पर दवा खाते, बिना किसी हिचक बदन में मालिश करवाते। एक बार उन्होंने अपने संतरियों से कहा कि बीमारी में सारी आस्था आदमी के प्रयास पर नहीं छोड़ देनी चाहिए। ईश्वर पर भी भरोसा रखना चाहिए। उन्होंने संतरियों से निवेदन किया कि उनके दो सेवकों को बाहर जाने दिया जाए, जो दो-तीन घोड़ों को खरीदकर लाएँगे, ताकि 'मैं भगवान् कृष्ण की नगरी मथुरा में पूजा-उपासना की वस्तुएँ भेजकर ईश्वर से बीमारी से मुक्ति के लिए प्रार्थना कर सकूँ।' मथुरा आगरा और दिल्ली के बीच में स्थित हिंदुओं का प्रमुख तीर्थस्थल था। पुलिस अधीक्षक पौलाद खाँ ने इसे हिंदुओं का अंधविश्वास समझकर शिवाजी के सेवकों को बाहर जाने की इजाजत दे दी।

मथुरा की ओर जाते हुए इन संतरियों की लापरवाही और उनकी सुस्ती भरी चाल को कोई देखता तो शायद यही कहता कि एक बीमार स्वामी के निडर सेवकों से इसके अलावा और क्या उम्मीद की जा सकती है?

19 अगस्त तक शिवाजी को लगा कि अब वे स्वस्थ हो रहे हैं। उन्हें अभी बिस्तर से उठने की आज्ञा नहीं थी, लेकिन पेट का दर्द अब शांत हो गया था। उन्हें याद आया कि मुगलिया तहजीब के अनुसार स्वस्थ हो जाने पर दोस्तों और फिक्रमंद सम्मानित जनों को उपहार भेजने का रिवाज है। इसलिए उन्होंने घोषणा की कि वे दरबार के एक अधिकारी को उपहार से भरे दो टोकरे भेज रहे हैं। पुलिस के मुखिया ने कोई आपत्ति नहीं और जब बाँस की बहँगियाँ ढोते हुए कहार द्वार से निकले तो संतरियों ने न तो परीक्षण किया और न ही ढोनेवाले कहारों की तलाशी ली।

जैसे ही कहार संतरियों की नजरों से दूर पहुँचे, उन्होंने बहँगियों को कंधों से उतार दिया और एक में से निकले शिवाजी और दूसरे से उनके बेटे संभाजी। दोनों कहारों ने भी अपनी वेशभूषा उतार दी। वे मराठा सेनाधिकारी थे, जो मराठी

घुड़सवारों के चले जाने के बाद शिवाजी के साथ उनके सेवक के रूप में रह रहे थे। एक तीसरा अधिकारी और था, जो शिवाजी के सेवक के रूप में रह रहा था और इस समय वह शिवाजी के बिस्तर पर शिवाजी बनकर लेटा था। इसका नाम हीरा था। जब शिवाजी जयपुर हाउस से बाहर निकले थे तो हीरा उनके कपड़े और उनकी मोतियों की माला पहनकर उनके बिस्तर पर लेट गया था। उसने कंबल को मुँह तक खींच लिया था और सिर को दीवार की तरफ कर दिया, जैसे फिर से बुखार आ गया हो। उसने अपनी एक बाँह को कंबल के बाहर छोड़ दिया, जिसमें शिवाजी का ब्रेसलेट और उँगली में शकुन की अँगूठी साफ दिखाई दे रही थी। हकीम का नौजवान शागिर्द, जो रोजाना शिवाजी की मालिश करने आता था, उसे शिवाजी ने रिश्वत देकर या अपने आकर्षण से पटा लिया था। वह आया और जमीन पर बैठकर हीरा की मालिश करने लगा।

दोपहर तक जब संतरियों को अहसास हुआ कि घर बहुत शांत है तो उन्होंने अंदर आकर देखा तो उन्हें लगा, जैसा उन्होंने सोचा था, सबकुछ शांत था। केवल शिवाजी बुखार में पड़े असहाय अवस्था में सो रहे थे। अफसोस जाहिर करते हुए वे घर के बाहर आ गए। दोपहर बाद हीरा बिस्तर से उठा। अपने कपड़े पहने और मालिश करनेवाले शागिर्द के साथ मुख्य द्वार से बाहर आ गया। उसने संतरियों को बताया कि शिवाजी ने बाजार से कुछ दवाएँ और दर्द मारने के तेल वगैरा खरीदने के लिए भेजा है। हकीम के शागिर्द को साथ देखकर संतरियों ने समझा कि वह शायद इन तमाम चीजों से कुछ दवा वगैरह तैयार करेगा। उन्होंने शिवाजी के बुखार के बारे में पूछा तो हीरा ने सिर हिलाकर कहा कि 'उन्हें फिर से बहुत जोरों से बुखार आया है। मेहरबानी करके उन्हें परेशान न करें और कम-से-कम शोर करें।' उसके बाद वह बाजार की ओर चला गया और गरमियों की लंबी दोपहर की सुस्ती भरी खामोशी जयपुर हाउस के खाली कमरों पर छाती गई, जहाँ से मराठे बंदी गायब हो चुके थे और द्वार पर संतरियों की जमात ऊँघती दिखाई दे रही थी।

पुलिस अधीक्षक पोलाद खाँ अब पूरे दिन जयपुर हाउस के द्वार पर खड़े रहना जरूरी नहीं समझता था, बल्कि उसकी व्यक्तिगत राय ली जाए तो निरंतर इतनी कड़ी सावधानी हमेशा गैर-जरूरी होती है। इसलिए वह दोपहर में आराम

करने अपने घर चला गया था। उसके न रहने पर, जैसा कि अकसर देखा गया था, जयपुर हाउस का प्रशासन लचर हो जाता है। उसी प्रकार जयपुर हाउस दोपहर भर शांत बना रहा, लेकिन बरसात की स्थिर शाम की आहट में जयपुर हाउस में गहमागहमी देखी गई। संतरियों को होश का अहसास हुआ कि जयपुर हाउस में अब तक सन्नाटा क्यों है? घर के भीतर से कोई पदचाप, कोई आवाज क्यों नहीं सुनाई दे रही है? शाम के बाद रात हो गई। कोई रोशनी कोई दीपक क्यों नहीं जला? खतरे और आतंक से त्रस्त संतरियों ने बीमार को देखने के लिए कमरों में प्रवेश किया। बिस्तर देखा तो पैरों तले जमीन खिसक गई। शिवाजी गायब थे। मारा-मारी और फरियाद में रोते-चिल्लाते संतरी पोलाद खाँ के घर की ओर दौड़े। पोलाद खाँ शहंशाह के महल की ओर दौड़ा और शहंशाह के पैरों पर लोट गया, 'जादू हो गया।' वह हकलाकर रटता गया, 'जादू हो गया!··· वह गायब हो गया। वह या तो हवा में उड़ गया या जमीन में घुस गया, हमें नहीं मालूम कहाँ गया···'

एक दूसरे इतिहासकार का[1] मत है कि वह रामसिंह (जिसे औरंगजेब ने शिवाजी की सुरक्षा की जिम्मेदारी सौंपी थी) था, जिसे शहंशाह को यह खबर देनी पड़ी थी। उसने शहंशाह से अकेले में फरियाद करने का अवसर माँगा, जहाँ उसने औरंगजेब को सलाम किया। उसके सामने जमीन छूकर बंदगी की और हाथ जोड़े सिर झुकाए शांत खड़ा रहा। औरंगजेब उसके आचरण से समझ नहीं पा रहा था कि माजरा क्या है, क्योंकि रामसिंह पर दरबार की खास इनायत थी। उसकी खुशफहमी, उसकी चाटुकारिता और प्रसन्नचित्त वफादारी पसंद की जाती थी। उसने सवाल किया तो रामसिंह ने धीमी आवाज में स्वीकार किया कि शिवाजी भागने में सफल हो गए हैं। उसके बाद दोनों के बीच भय से भरा सन्नाटा छा गया। औरंगजेब ने अपना हाथ उठाकर माथे पर रख लिया और काफी समय तक जड़वत् बैठा रहा। उसका चेहरा जटिल हो गया और जब तंद्रा टूटी तो उसने रामसिंह को उसके पद से बरखास्त कर दिया, उसकी सारी संपत्ति जब्त कर ली और उसे जिलावतन कर दिया। इस समय उसके क्रोध और उत्तेजना को उसको और उसके हत्यारे जल्लाद को छोड़कर कोई समझ नहीं

1. मानूसी।

सकता था। यह केवल एक राजनीतिक कैदी के भाग जाने के मलाल से कहीं ज्यादा उसकी बहुत बड़ी शिकस्त थी, क्योंकि एक घंटे पहले ही उसने फैसला किया था कि बीमारी या न बीमारी में शिवाजी को रास्ते से हटाने के लिए उसी रात गुप्त रूप से शिवाजी की हत्या करने का आदेश दे दिया था।

इसी बीच शिवाजी अपने बेटे और साथियों के साथ नगर[1] के पश्चिमी द्वार से निकलकर नाव से नदी पार कर चुके थे। इस दौरान किसी ने उन पर कोई शक नहीं किया था। नाव से उतरने पर उन्होंने एक बड़ी रकम नाविक को देते हुए कहा कि वह जाकर शहंशाह को बता दे कि उसने शिवाजी और उनके बेटे को जमना के पार उतारा है।[2] यह कोई बहादुरी का काम नहीं था, बल्कि वे बताना चाहते थे कि वे पश्चिम दिशा की ओर जा रहे हैं। यह मार्के की बात थी। मथुरा की ओर तेज रफ्तार से बढ़ते हुए उन्होंने शीघ्र ही अपने उन घुड़सवार सेवकों को पकड़ लिया, जिन्हें उन्होंने कृष्ण मंदिर में पूजा की सामग्री ले जाने के लिए भेजा था। शिवाजी का पूरा दल अब रातभर घोड़ा दौड़ाने के बाद सुबह मथुरा पहुँच गया।

मथुरा कृष्ण भगवान् के मंदिरों के लिए प्रसिद्ध है। उनमें से एक में स्वर्ण से बना ताड़ का वृक्ष है। अन्य सभी मंदिरों के आसपास मठ, आश्रम, पाठशालाएँ और तीर्थयात्रियों के लिए धर्मशालाएँ बनी हुई हैं। विशाल खुले प्रांगण, जिनके चारों ओर साधु-संन्यासियों की कोठरियाँ हैं; काले पानी में तैरती गुलाब की पंखुड़ियोंवाले कुंड हैं। देवी-देवताओं और पशुओं की रंग-बिरंगी चित्रकारियों वाले विशाल प्रवेश-द्वार हैं और छोटे-छोटे दरवाजों से गुजरता हुआ उपासकों का अंतहीन भीड़ भरा सैलाब है, जिसमें शामिल हैं घुटे सिरवाले पीले वस्त्रों में ब्राह्मणों के दल, विद्यार्थी, श्वेतवर्णा विधवाओं के साथ-साथ परदानशीन राजकुमारियों की पालकियाँ और अंत में भिखारियों की भीड़।

सूर्योदय के समय उपासकों की भीड़ नदी की ओर जाती है, जहाँ सूर्य की पहली किरण दिखने पर सूर्य को जल अर्पित कर भगवान् सूर्य से ज्ञान और बुद्धि के प्रकाश की कामना की जाती है। इस भीड़ में आगरे से भागकर आए मराठों को कोई पहचान नहीं सका। काशी नामक एक ब्राह्मण की कोठरी में शिवाजी और

1. अध्याय के अंत में नोट देखें।
2. ओर्मे।

उनके साथियों ने अपने कपड़े बदले। शिवाजी ने अपना मुंडन कराया। अपनी दाढ़ी-मूँछों को भी मुँड़वा दिया। मुँह पर राख मलकर पीले वस्त्र पहने और एक धार्मिक विद्यार्थी का रूप धर लिया। हाथ में भिक्षा का कटोरा लिया और दूसरे हाथ में पोले बाँस की लाठी ली, जिसमें उन्होंने अपनी धनराशि को भरा। इसी प्रकार उनके अन्य साथियों ने भी योगियों का वेश धारण किया और घुमक्कड़ साधुओं के दल की तरह तैयार हो गए। भारत में वेश बदलने का यह सबसे पसंदीदा उपाय था।

शिवाजी का पुत्र इस कठिन यात्रा से बहुत थक गया था। इसलिए शिवाजी को उसे काशी ब्राह्मण के पास छोड़ देना पड़ा। काशी ने उन्हें वचन दिया कि वह उसे अपने बेटे की तरह पालेगा। उसने संभाजी को ब्राह्मण के वस्त्र पहना दिए और प्रचारित कर दिया कि उसका बेटा उससे मिलने आया है।

अब शिवाजी ने अपने साथियों के साथ दोबारा यात्रा शुरू की। वे अभी तक मराठा प्रदेश से सैकड़ों मील दूर थे। शिवाजी के पलायन की खबर जैसे ही पहुँची होगी, घुड़सवार सैनिकों के दस्ते सड़क पर निकल पड़े होंगे और रास्ते में पड़नेवाले स्थानीय प्रशासनों को भगोड़ों को पकड़ने के लिए सचेत करते जा रहे होंगे। अब चूँकि शिवाजी ने पहले ही कुछ घुड़सवारों को पश्चिम दिशा की ओर रवाना किया था और अब नाविक की सूचना को पुख्ता करने के लिए वे स्वयं भी उन घुड़सवारों के पीछे जा रहे थे। ऐसी स्थिति में जाहिर था कि सरकार सोचेगी कि वे मराठा प्रदेश जाने के लिए दक्षिण-पश्चिमी मार्ग से खान देश और गुजरात होते हुए मराठा प्रदेश की तरफ भाग रहे हैं। इसलिए शिपाजी ने आसन्न संकट से बचने के लिए तुरंत मार्ग बदलकर पूर्व की ओर जाने का मुख किया।

प्रत्येक नगर और गाँव में शिवाजी के पलायन की चेतावनी देते हुए उन्हें गिरफ्तार करने की मुनादी कर दी गई थी। जो उन्हें शरण देगा, उसे दंड दिया जाएगा। एक गाँव में उन्हें संदेह में गिरफ्तार भी कर लिया गया। उन्हें गाँव के पुलिस इंस्पेक्टर के सामने लाया गया, जिसने पूरी रात उनसे पूछताछ में बिता दी। आधी रात के बाद वे अपने को छिपा नहीं पाए। अपना परिचय देना पड़ा, लेकिन चालाक आँखों ने इंस्पेक्टर के चरित्र का अध्ययन कर लिया और इंस्पेक्टर कुछ जवाहरात के लालच में उन्हें छोड़ने को तैयार हो गया। उसने रिश्वत लेकर शिवाजी को आजाद कर दिया। यह शिवाजी के लिए सावधानी का संकेत था।

अब उन्होंने केवल रात में सफर करना शुरू किया और अपने सहयोगियों से कहा कि वे अलग-अलग दिशाओं में अपना मार्ग तय करते हुए मराठा प्रदेश पहुँचें।

उसी समय की घटना है कि बनारस में नाभा नामक ब्राह्मण अपने गुरु के सान्निध्य में अध्ययन कर रहा था। वह अपने गुरु के स्वभाव से असंतुष्ट था। उसका मानना था कि उसके गुरु उससे काम बहुत कराते हैं, किंतु खाने का आहार कम देते हैं। वह कोई दूसरी जीविका की तलाश में था। एक सुबह तड़के ही वह नदी के तट पर गया और वहाँ बैठकर अपनी समस्या पर चिंतन करने लगा। प्रात:काल के क्षीण प्रकाश में मंदिरों के शिखर अभी तक अंधकार में ही ढँके हुए थे। दूर कुछ प्रकाश के पुंज चमक रहे थे, जहाँ पेड़ों के झुरमुटों में संभवत: कोई संन्यासी बाघ की खाल पर बैठा ध्यान में मग्न धूनी रमाए बैठा होगा। नदी की धीमी धारा पर धुंध की परत अभी तक ठहरी हुई थी। ऐसे नीरव प्रात:काल में वह ब्राह्मण अपने में लीन होकर बैठा था कि एकाएक अंधकार से निकलकर एक परछाईं आई और उसके पास बैठ गई, 'ब्राह्मण देवता! क्या आप प्रात:कालीन सूर्य को अर्घ्य देने में मेरी सहायता करेंगे?'

नाभा तैयार हो गया और आगंतुक को प्रात:कालीन कर्मकांड में सहायतार्थ श्लोकों का पाठ करने लगा।

पूजा-अर्चना करते हुए धीरे-धीरे चारों ओर सूर्य का प्रकाश छा गया। मंदिरों में घंटे-घड़ियालों के स्वर गूँजने लगे। पुलिस दल नगर मार्गों पर घूमते हुए घोषणा करते चले गए कि शिवाजी को बनारस में देखा गया। वे ताकीद करते गए, जो भी उसे देखे, उसे पकड़कर हमें खबर करे। यह सुनकर ब्राह्मण और आगंतुक ने एक-दूसरे को देखा। आगंतुक ने कहा, 'अपना हाथ खोलिए' और उसकी हथेली में उसने बड़े-बड़े नौ मोती रख दिए। नाभा ने खुश होकर धन्यवाद दिया और वह दोबारा पूजा में लीन हो गया, जैसे कुछ हुआ ही नहीं हो। आगंतुक दोबारा अंधकार में विलीन हो गया। इधर नाभा के गुरु उसकी प्रतीक्षा ही करते रह गए और उनका शिष्य बनारस छोड़कर सूरत की ओर अग्रसर हो गया। वहाँ उसने एक विशाल हवेली खरीदी और वैद्य बनकर जीवन-यापन करने लगा। कई वर्षों बाद उसने इतिहासकार खफी खाँ को अपनी संपत्ति प्राप्त करने की कहानी सुनाई। घुड़सवारी करके, पैदल चलकर आखिर शिवाजी बंगाल की

खाड़ी तक पहुँच ही गए। यहाँ मछुआरों के छोटे से गाँव में भी उनके पलायन की खबर पहुँच चुकी थी। जब उन्होंने एक घोड़ा खरीदना चाहा तो घोड़े के व्यापारी को संदेह हुआ। उसने पूछा, 'घोड़ा किसलिए चाहिए?'

शिवाजी ने उसे सोने की मोहरें देनी चाही तो उसका संदेह यकीन में बदल गया, 'तुम कहीं वही भागे हुए मराठा तो नहीं, जो इस प्रकार धन लुटा रहे हो?'

हताशा में शिवाजी को अपनी रही-सही पूँजी सौंप देनी पड़ी, जिसने एक बार फिर उन्हें बचा लिया; लेकिन इतना काफी था कि वे अभी तक जीवित थे। बिना धन के और बिना घोड़े के पैदल ही उन्होंने फिर से सफर करना शुरू कर दिया। हारकर वे दोबारा पश्चिम में मध्य भारत की ओर बढ़ने लगे। इंदौर के पास पहुँचकर उन्होंने एक किसान की कुटिया में शरण ली, जहाँ उन्हें यकीन था कि परंपरागत भारतीय रीति के अनुकूल अतिथि से अधिक प्रश्न नहीं किए जाएँगे। गरीब किसान ने उनका स्वागत किया। उसकी माँ अतिथि के लिए भोजन बनाने में लग गई। अब हुआ यूँ कि कुछ मराठी लुटेरे इस मुगल इलाके में घुसकर लूटपाट कर गए थे। उस लूटपाट में यह गाँव भी शामिल था, जहाँ शिवाजी ने शरण ली थी। जब किसान की माँ भोजन तैयार करके लौटी तो मराठी लुटेरों को कोसने लगी, जिनकी लूट ने उन्हें निर्धन बना दिया था।

'और वह डाकू शिवाजी, ईश्वर को तो उसे जेल में ही मार देना चाहिए था, शिवाजी ने पूछा कि उस लूटपाट में उनके परिवार को कितना नुकसान हुआ था? कुछ महीनों बाद जब वे अपनी राजधानी पहुँचे तो उन्होंने उस किसान के नुकसान से दोगुनी रकम किसान की माँ को भिजवाई थी।

शिवाजी की माँ अब भी अपने राज्य की रीजेंट बनी हुई थीं। उन्होंने अगस्त में शिवाजी के पलायन की खबर सुनी थी। उसके बाद उन्हें शिवाजी के बारे में कोई खबर नहीं मिली थी। इतना जरूर पता लगा था कि शिवाजी के पलायन से पूरे मुगल दरबार में तहलका मचा हुआ है और उन्हें पकड़ने के लिए सैनिकों की टुकड़ियाँ देश भर में दौरा कर रही हैं। चार महीने और बीत गए, किंतु शिवाजी का कोई समाचार नहीं था।

6 दिसंबर की सुबह वे अपने निजी प्रकोष्ठ में बैठी थीं कि सेवक ने आकर सूचना दी कि एक संन्यासी उनसे मिलना चाहता है। उन्होंने हामी में अपना सिर

हिला दिया। यात्रा से दुर्दांत, फटे वस्त्रों में एक संन्यासी को द्वार से भीतर लाया गया। बिना सिर उठाए उन्होंने कहा, 'कहिए? क्या चाहते हैं आप?'

संन्यासी ने कहा, 'मैं भटका साधु हूँ, आपकी शरण में आया हूँ,' इतना कहकर वह संन्यासी उनके पैरों पर पड़ गया।

संन्यासी की शरणागत भावना से विभोर होकर उन्होंने उसे उठाया और पहली बार उसका चेहरा देखा। वे शिवाजी थे।

शिवाजी के आगमन का समाचार बिजली की गति से पूरे मराठा प्रदेश में फैल गया। रात और दिन तोपों की आवाज गूँजती रही। पहाड़ की चोटियाँ आग की रोशनी से जगमगाने लगीं। सर्दियों के आकाश में पटाखे छोड़े गए। गाँववाले काम-धंधा छोड़कर खुशियाँ मनाने लगे। शिवाजी का जादूभरा नाम सभी के होंठों पर छा गया। हर वह व्यक्ति, जो राजधानी से आ सकता था, वह राजमहल के द्वार पर आकर अपने राजा की झलक पाने के लिए, उसके बंदी जीवन की दास्तान सुनने के लिए और मुगलों की बेवकूफियों पर हँसने के लिए आतुर था।

दक्षिण का वायसराय महाराजा जयसिंह शिवाजी के लौटने पर बहुत दुःखी था। जैसे ही उसे शिवाजी के पलायन का पता लगा था, उसने लिखा था, 'मेरी चिंताओं का कोई अंत नहीं है। मैंने अपने जासूसों को विभिन्न वेशों में शिवाजी का पता लगाने भेजा है।' अब उसकी तमाम आशंका यकीन में तब्दील हो गई थी। 'वह राक्षस शिवाजी' उसने दुःखी होते हुए लिखा था, 'लौट आया है' और 'कहा नहीं जा सकता कि उसके हृदय में क्या है?' जयसिंह शिवाजी की गिरफ्तारी पर दुःखी और क्लांत था। यह मुगल दरबार की सुरक्षा में वायदा-खिलाफी थी। वह शहंशाह द्वारा अपने बेटे को दी गई सजा से भी चिंतित और दुःखी था, जो औरंगजेब ने शिवाजी की जिम्मेदारी को लेकर उसे दी थी। शिवाजी के पलायन की खबर के साथ दरबार में रामसिंह के अपमान और बरखास्तगी की खबर भी आई थी। अगर बेटे ने दरबार का विश्वास खो दिया तो क्या औरंगजेब का क्रोध उसके बाप पर नहीं उतरेगा? अफवाह थी कि मुगल दरबार के मुसलमान दरबारी, जो हमेशा से उस बूढ़े राजपूत राजा की शाही प्रशंसा और रुतबे से ईर्ष्या करते थे, उन्हें इस मौके पर जहर उगलने की छूट मिल गई।

उन्होंने शिवाजी के पलायन में जयसिंह का हाथ बताया और उस पर

दरबार से बेवफाई करने का इल्जाम लगाया। 'ईश्वर! उन्हें मौत की सजा दे!' जयसिंह ने विलाप करते हुए कहा, 'जो लोग इस राजपूत की वफादारी पर शक करते हैं, उन्हें ईश्वर सजा देगा!' वह निराशा के अथाह सागर में डूब गया था। जीवन भर जिस दरबार की वफादारी से सेवा की, उसका यह परिणाम!' जयसिंह के अंतिम महीने दुःख, संताप और भय में बीते। 'भाग्य के विरुद्ध कोई उपाय नहीं है' तथा दुःखी मन से शहंशाह के आदेश की प्रतीक्षा करता रहा। जयसिंह को शाही नौकरी से बरखास्त कर दिया गया तथा उसे वापस दरबार लौटने का हुक्म हुआ। शर्म और अपमान से ग्रस्त मानसिंह ने आशंकित हृदय से उत्तर की ओर अपनी यात्रा शुरू की, लेकिन शहंशाह के सामने वह कभी नहीं आया। मार्ग में उसकी मृत्यु हो गई। उसका बेटा रामसिंह भी अधिक दिन नहीं जी पाया। वह असम में प्लेग की बीमारी से मर गया।

यद्यपि शिवाजी और उनके सहयोगी, जो अलग-अलग सफर कर रहे थे, लौट आए थे, किंतु उनके पुत्र संभाजी, जो मथुरा में काशी नामक ब्राह्मण के घर में रह गए थे, अब तक नहीं लौट पाए थे। वे यदि शाही प्रशासन के हाथ लग गए तो शाही दरबार उनके पिता के पलायन का बदला उनसे लेगा। ऐसे में शिवाजी ने फिर से एक चाल चली। उन्होंने संभाजी के बारे में खबर फैलाई कि वे नहीं जानते कि वे कहाँ हैं? मुगल जासूसों ने दरबार को खबर दी कि शिवाजी अपने बेटे के बारे में चिंतित हैं। उसके बाद शिवाजी ने यह खबर फैलाई कि उन्हें संभाजी के देहांत की खबर मिली है। उन्होंने विलाप करना शुरू किया और पूरे राज्य में शोक मनाने का आदेश दिया। इसको देख-सुनकर मुगल दरबार आश्वस्त हो गया कि यह खबर सच्ची है।

कुछ दिनों बाद उन्होंने अपने विश्वासी सेवक को संदेश लेकर मथुरा में ब्राह्मण काशी के पास भेजा। संदेश में उन्होंने प्रार्थना की कि वे संभाजी को लेकर रायगढ़ आएँ। ब्राह्मण की वेशभूषा में संभाजी काशी ब्राह्मण के साथ मराठा प्रदेश लौटे।

उज्जैन में वे बाल-बाल बचे। वहाँ मुगल पुलिस अधिकारी ने संभा को बड़ी बारीकी से देखना शुरू किया, क्योंकि उसको संदेह था कि उसका चेहरा ब्राह्मण से मिलता-जुलता नहीं है।

'क्या यह सच में तुम्हारा बेटा है?' उसने काशी से प्रश्न किया तो काशी चालाकी से बात बदलकर अपने तीर्थयात्रा का वर्णन करने लगा। उसने बताया कि किस प्रकार वह परिवार सहित तीर्थयात्रा में इलाहबाद गया था, जहाँ उन्होंने पवित्र नदियों में स्नान कर मंदिरों में दर्शन किए और किस प्रकार वहाँ की जलवायु उसे नहीं भाई और उसी कारण उसकी पत्नी की मृत्यु हो गई। 'वहीं से हम बाप-बेटे चले आ रहे हैं। उत्तर की जलवायु हम दक्षिणवालों को नहीं भाती। हम लोग दुःखी मन से अपने गाँव लौटे जा रहे हैं।' मुगल अधिकारी ने उसके लंबे किस्से को काटकर कहा, 'अच्छा तो ठीक है। यदि यह तुम्हारा बेटा है तो तुम दोनों एक ही थाली में खाना खाकर दिखाओ।'

अब एक ब्राह्मण का अपने से भिन्न जाति के व्यक्ति के साथ अन्न ग्रहण करना निषिद्ध है। इस दोष की मुक्ति के लिए घोर तपस्या करनी होती है, लेकिन काशी ने जब देखा कि सबकी नजरें उस पर लगी हुई हैं तो उसने बिना किसी संकोच के संभाजी के साथ बैठकर एक ही थाली में भोजन ग्रहण किया। इससे आश्वस्त होकर मुगल अधिकारी ने दोनों को रायगढ़ जाने के लिए छोड़ दिया।

शिवाजी की कैद और उनके पलायन पर विशेष टिप्पणी

शिवाजी की कैद के बारे में इतिहासकारों में कुछ मतभेद हैं। पहले के इतिहासकारों ने मराठा सूत्रों पर निर्भर करते हुए कैद का स्थान दिल्ली निर्धारित किया था। इसके विपरीत इतिहासकार खफी खाँ ने उसे आगरा बताया है। स्वाभाविक है कि उत्तरी क्षेत्र के बारे में उत्तर के भारतीय मुसलमान दक्षिण के हिंदुओं के मुकाबले अधिक जानकारी रखते होंगे। इसके अलावा अधिकांश दक्षिण भारतीयों में दिल्ली के लिए आज भी वैसी ही एक प्रकार की काल्पनिक रूमानी छवि पाई जाती है, जैसी कि प्राचीन यूरोप में रोम के बारे में पाई जाती थी, जिसमें दरबार का अर्थ सरकार से होता था। बर्नियर ने अपनी पुस्तक (पृष्ठ 190) में लिखा है कि 'शिवाजी मुगलों से मिलने दिल्ली गए', किंतु वह तथ्य उजागर नहीं करते कि वस्तुतः उनकी कैद वहाँ पर हुई। पूरी कहानी दो-तीन पंक्तियों में पूरी कर दी गई है और बर्नियर (विशेष रूप से मूर्खतापूर्ण

सुझाव देकर कि औरंगजेब ने स्वयं शिवाजी का पलायन करवाया था) खुद प्रकट कर देता है कि पलायन की घटना के बारे में उसकी सूचना अधूरी है। इतिहासकार ओर्मे आगरा को कहता है, किंतु वह अकसर गलत पाया गया है। अत: वह संभाजी के निधन को पलायन की घटना से जोड़ देता है। इतिहासकारों के अलावा वह व्यक्ति, जिसे सही रूप से यह जानकारी होनी चाहिए थी, वह और कोई नहीं, बल्कि स्वयं शिवाजी होने चाहिए। अपने पत्र में, जिसमें उन्होंने संभाजी को लाने के लिए काशी को पुरस्कारस्वरूप पच्चीस हजार रुपए के पुरस्कार की घोषणा की थी, लिखा था, 'आगरा से प्रस्थान के बाद...' डॉ. फ्रायर, जो हमेशा तथ्यों के बारे में सावधान और सही रहते हैं, अपने वर्णन का समापन इन शब्दों में करते हैं, 'यह विश्वास किया गया कि वे (शिवाजी) शायद ही कभी दोबारा आगरा आएँ।'

जहाँ तक शिवाजी के पलायन के मार्ग का संबंध है, सर जदुनाथ सरकार ने भी, जिन्होंने पलायन का पूरा विवरण दिया है, एक विचित्र भूल की है। वे लिखते हैं, 'आगरा से दक्षिण-पश्चिम की ओर जाने के बजाय वे पूर्व दिशा में मथुरा की ओर गए...' अब बात यह है कि सर जदुनाथ सरकार के मथुरा को 'इटैलिक्स' में लिखने के बावजूद मथुरा आगरा के पश्चिम में है और हमेशा से वहीं रहा है। ऐसा प्रतीत होता है कि यह सर जदुनाथ सरकार की भूल का स्पष्टीकरण है, क्योंकि पहले के इतिहासकार कैद का घटनास्थल दिल्ली मानते आए हैं और सर जदुनाथ सरकार ने पहले-पहल उनका ही अनुसरण किया है। बहरहाल बाद में उन्होंने अपनी भूल में सुधार किया और दिल्ली के स्थान पर आगरा को घटनास्थल माना और दरअसल मथुरा आगरा से पूर्व में ही स्थित है। इस भूल सुधार को छोड़कर उन्होंने शिवाजी के पलायन का भौगोलिक वर्णन ज्यों-का-त्यों ही रखा। परिणामत: शिवाजी का पलायन व्यर्थ में अस्पष्ट दिखाई देता है। प्रत्यक्ष पलायन का आरंभ मथुरा से पश्चिम की ओर दिखाने का मतलब था कि शिवाजी मुगल प्रशासन को दरशाना चाहते थे कि वे सीधे अपने मराठा प्रदेश की ओर जा रहे हैं, जबकि तथ्य यह था कि थोड़ी दूर जाने के बाद वे विपरीत दिशा यानी पूर्व की ओर पलायन कर गए थे।

□

सोलहवाँ अध्याय

उत्तर भारत से लौटने के बाद शिवाजी ने अपनी माँ से लेकर शासन की बागडोर सँभाल ली थी। वे अब स्वयं रीजेंसी परिषद् के मुखिया हो गए थे। मुगलों को लेकर शिवाजी की स्थिति बड़ी विचित्र हो गई थी। कहने को तो उनके तथा उनके राज्य और मुगलों के बीच इस समय शांति बनी हुई थी, लेकिन यह भी सच था कि इस शांति को मुगल और शिवाजी दोनों भंग कर चुके थे। मुगलों ने शिवाजी को कैद किया, फिर हत्या का प्रयास किया, जबकि शिवाजी ने मुगलों के कारागार से आजाद होकर अपने राज्य का शासन सँभाला। इसलिए कायदे से दोनों ही शांति भंग कर चुके थे, फिर भी तथ्य यह था कि वर्तमान में दोनों में से कोई भी दल किसी कीमत पर फिलहाल शांति भंग करना नहीं चाहता था। जयसिंह के स्थान पर जोधपुर राज्य के महान् राजपूत महाराजा जसवंत सिंह को नियुक्त किया गया था।

यह ताज्जुब की बात थी कि जयसिंह जैसे एक सक्षम अधिकारी को उसके बेटे के एक हिंदू राजा की सहायता करने पर औरंगजेब ने उसे बरखास्त करके दोबारा एक हिंदू राजा को ही दक्षिण भारत का सैनिक कमांडर नियुक्त किया था। इसका कारण यह था कि औरंगजेब अपने सभी मुसलमान सैनिक कमांडरों और उनके मनसूबों पर हमेशा से शक करता आया था। इसलिए कट्टर मुसलमान होने के बावजूद उसने हिंदू सैनिक कमांडर पर उसी प्रकार यकीन किया, जैसे कुस्तुनतुनिया का खलीफा अपने यूनानी अधिकारियों पर करता था। लेकिन अब औरंगजेब ने एक भयानक भूल कर दी। उसने दक्षिणी कमांड को विभाजित कर दिया, जिसे जयसिंह ने बड़े यत्न से बनाकर रखा था। उसने अपने बेटे वलीअहद

मुअज्जम को दक्षिण भारत का वायसराय बनाकर सिविल प्रशासन उसके मातहत कर दिया और जसवंत सिंह को सेना का कमांडर नियुक्त कर दिया। औरंगजेब को आशा थी कि दोनों एक-दूसरे की जासूसी करेंगे और इस प्रकार उसे दोनों के काम-काज का पता चलता रहेगा। उसने लिखा भी, 'सरकार की सबसे बड़ी ताकत सूचना का केंद्र होता है। राज्य में जहाँ कहीं कुछ भी हो रहा हो, उसकी सूचना तुरंत पहुँचनी परमावश्यक है।' बहरहाल जसवंत सिंह मृदुभाषी था। उसने वलीअहद की चापलूसी शुरू कर दी। उसने पोलो खेलने के लिए टट्टू भेजकर, कुश्ती के लिए जवान लड़के भेजकर और ऐसी ही कुछ ऐशो-आराम की चीजें मुहैया करके वलीअहद के राजधानी से मिले वनवास को रंगीन बना दिया। उसके बदले में वलीअहद ने प्रशासन और सेना दोनों का कार्यभार जसवंत सिंह पर छोड़ दिया।

जयसिंह को जैसे ही शिवाजी की वापसी का पता लगा था, उसने शहंशाह को लिखा था कि शिवाजी को हर कीमत पर गिरफ्तार करना चाहिए। जयसिंह, जो कभी शिवाजी की कैद और उसको दिए सुरक्षा के वायदे को भंग करने पर दिल्ली दरबार से नाराज था, वही जयसिंह अब चाहता था कि शिवाजी को दिया गया सम्मानित दर्जा हटा दिया जाए, क्योंकि शिवाजी अब पहले से दुगुना खतरनाक साबित होनेवाला है। उसने माँग की थी कि शिवाजी के राज्य पर तुरंत आक्रमण करके उसे दोबारा बंदी बना लिया जाए। अपने पत्र का जवाब मिलने से पहले ही उसकी सेना ने मराठों से युद्ध शुरू कर दिया था।

जवसंत सिंह दूसरे स्वभाव का व्यक्ति था। वह संगदिल और मौज-मस्ती करनेवाला शौकीन तबीयत का राजा था। उसका सेवाकाल युद्ध क्षेत्र से ज्यादा दरबार में बीता था। इसके अलावा वह आगरा में शिवाजी से मिल चुका था; और जैसा कि शिवाजी के अन्य प्रशंसकों के साथ हुआ, वह भी 'शिवाजी की जादुई मुसकान' के सम्मोहन में आ चुका था।

जयसिंह ने जो युद्ध शुरू किया था, वह अब एक वर्ष से स्थगित था। अंततः फरवरी 1668 में एक नई संधि का ब्योरा तैयार किया गया, जिसमें संधि की शर्तें उन शर्तों से बिल्कुल अलग थीं, जो जयसिंह ने बनाई थीं। नई शर्तों के अनुसार, सत्ताईस में से अधिकांश किलों को, जिनमें इस समय मुगल छावनियाँ

बनी हुई थीं, शिवाजी को लौटा दिए गए। पूना के पास स्थित केवल पुरंदर और सिंहगढ़ किलों को मुगल दरबार ने अपने अधिकार में रखा था।

शिवाजी ने औरंगजेब को पत्र लिखा, जिसका उसने उत्साह भरा उत्तर दिया—'हम आपका बहुत आदर और सम्मान करते हैं। आपके पत्र को पढ़ने के बाद हम आपको 'राजा' की पदवी देकर सम्मानित करते हैं। हम उम्मीद करते हैं कि यह सम्मान आपको अधिक कार्य करने की क्षमता प्रदान करेगा।' पिछले साल की घटनाओं की लंबी गिनती को देखते हुए मुगल साम्राज्य का इज्जत बचाने का इससे बढ़िया मनोरंजक उपाय और क्या हो सकता था ?

मराठा प्रदेश का प्रादुर्भाव केवल मुगलों के लिए एक अप्रत्याशित आघात नहीं था। बीजापुर प्रशासन को जब शिवाजी से हुई संधि की शर्तों का पता चला तो उन्हें खतरे की घंटी सुनाई देने लगी। उन्हें डर था कि उत्तरी सीमा से आश्वस्त होकर 'इस दुर्दांत जंगली हत्यारे की जहरीली नजर अब कहीं दक्षिण पर न पड़े ?' उन्होंने तुरंत चापलूसी शुरू कर दी और शिवाजी को हमला न करने के मूल्य के रूप में तीन हजार तीन सौ रुपए की रकम भेंट की।

दो वर्ष तक शिवाजी ने दोनों मुसलमान पड़ोसियों के साथ शांति बनाए रखी। उनके पिछले इतिहास को देखते हुए उनके अचानक इस शांति काल ने सबको आश्चर्य में डाल दिया। इसे छलावा समझते हुए अंग्रेज एजेंटों ने शक के अंदाज में एक-दूसरे को संदेश दिए, 'शिवाजी बहुत शांत है।' बार-बार शक से भरे ऐसे संदेशों का आदान-प्रदान होने लगा—'पूरे हिंदुस्तान में इस समय पूरी शांति छाई हुई है, फिर भी शिवाजी शांत है!' 'और शिवाजी शांत है, शहंशाह के देश को नुकसान नहीं पहुँचा रहा है।'

शिवाजी ने ये दो वर्ष अपने राज्य को पुनर्गठित करने में लगाए। करों में कटौती की और जिन क्षेत्रों को मुगलों ने नष्ट कर दिया था, उनसे लगान स्थगित कर दिया। उन्होंने राज्य के पुनर्गठन की नींव में जिस प्रशंसनीय चातुर्य और न्यायोचित प्रक्रिया से लगान और करों के सम्मिश्रण को प्रशासन और न्याय प्रणाली से जोड़ा, उससे पूरा राज्य आश्चर्यजनक रूप से युद्ध के नुकसानों से शीघ्र ही उभर आया।

अपने राज्य की संपन्नता और अपने राज्य के नागरिकों की राज्यभक्ति का

रहस्य, जैसा कि उनके वृद्ध गुरु दादाजी ने पूना के चारों ओर पारिवारिक राज्य के प्रशासन में लागू किया था, वह थी एक कुशल और न्यायोचित कर प्रणाली, जिसे शिवाजी ने लागू किया था। लगान का आधार किसान की संपन्नता अथवा उसकी भूमि की उर्वरता पर नहीं, बल्कि उसकी भूमि की प्रतिवर्ष पैदावार पर तय किया जाता था। पूरी भूमि को तीन श्रेणियों में बाँटा गया था—चावल, पहाड़ी खेत, और बागान भूमि। चावल की भूमि पर कर का आकलन पैदावार का तीन प्रतिशत की दर पर किया जाता था, जिसका भुगतान किसान नकद या फसल के रूप में कर सकता था। बागान भूमि अर्थात् ताड़ आदि के बागान के मालिक को प्रत्येक वृक्ष की पैदावार के आधे भाग के हिसाब से कर देना होता था। पहाड़ी प्रदेश का कर नाममात्र का था। यह नोट करनेवाली बात है कि भारत के अन्य भागों में कर प्रणाली के मुकाबले मराठा राज्य की यह कर प्रणाली बहुत ही कम दर पर आधारित थी। दूसरी महत्त्वपूर्ण बात यह थी कि कर की उगाही नियमित रूप से करके राज्य कोषागार में भेज दी जाती थी। राज्य और किसान के बीच में कोई दूसरी कड़ी, जैसे कोई बीच की संस्था या कारिंदे, जो अकसर किसानों का शोषण करते हैं, नहीं थी। समूची भूमि राजा के नाम थी। राज्य की ओर से किसी क्षेत्रीय क्षत्रप या जमींदार जैसे कोई कुलीन वर्ग की नियुक्ति नहीं की गई थी, जो किसी प्रकार किसान की भूमि पर कुदृष्टि डालते। यह भी महत्त्वपूर्ण तथ्य है कि ब्रिटिश सरकार का वर्तमान कृषि प्रशासन शिवाजी की कर प्रणाली पर आधारित है।

शिवाजी के अधीन राज्य का प्रशासन आठ मंत्रियों की परिषद् द्वारा संचालित होता था। इन आठ मंत्रियों की नियुक्ति स्वयं शिवाजी करते थे। ये मंत्री वस्तुतः राजा के सचिव के रूप में काम करते थे। ये आठ मंत्री दादाजी के पुराने क्लर्क थे, जो पूना में शिवाजी की भूमि का प्रशासन चलाते थे। जैसे-जैसे शिवाजी एक छोटे से जमींदार से उठकर स्वतंत्र राजा के स्तर पर पहुँच गए, उसी प्रकार ये क्लर्क भी तरक्की करते हुए मंत्री पद पर पहुँचे थे। आगरा से लौटने के बाद उन्होंने इस परिषद् में प्रमुख न्यायाधीश के पद को भी जोड़ दिया था। केवल युद्ध मंत्री को छोड़कर उनके सभी मंत्री ब्राह्मण थे। केवल युद्ध मंत्री मराठा था।

जब कभी शिवाजी राजधानी में होते तो मंत्रियों की शक्तियाँ समाप्तप्राय हो जाती थीं, लेकिन विदेशी शक्तियों से समझौतों या संधियों पर प्रत्येक मंत्री

के हस्ताक्षर आवश्यक थे। लेकिन जब कभी वे राजधानी से बाहर चले जाते, जैसे कि वे लंबे प्रवास के लिए आगरा गए थे, तो वे जाने से पूर्व रीजेंसी परिषद् का गठन कर गए थे, जिनके सदस्यों का चुनाव मंत्रिपरिषद् से किया जाता था। ऐसा विश्वास किया जाना स्वाभाविक है कि शिवाजी न्याय और धार्मिक मामलों के मंत्रियों के प्रशासन में दखल नहीं देते थे। जहाँ तक हिंदू धर्म के कानून और धार्मिक परंपराओं का प्रश्न था, वे आपस में इतने उलझे हुए थे कि उनकी व्याख्या कोई ब्राह्मण ही कर सकता था और शिवाजी उस युग के देश में कोई विद्वान् नहीं थे, जहाँ के शिक्षित वर्ग का स्तर पंद्रहवीं सदी के यूरोप में पाँचवीं कक्षा के विद्यार्थी के बराबर होता था। लेकिन शिवाजी को इस बात का भी अंदेशा था कि मंत्रिपरिषद् में यदि विद्वानों की कमी के कारण ब्राह्मण कहीं पूरी परिषद् में अपना वर्चस्व न जमा लें और इतने शक्तिशाली बन जाएँ कि एक दिन शिवाजी के उत्तराधिकारी भी गुमनामी में खो जाएँ।

शिवाजी के लिए शुरू से ही सेना की बहाली और उसका रख-रखाव एक समस्या के रूप में खड़ी रहती थी। शांतिकाल में सेना के रख-रखाव को निरंतर कायम रखने में उनके जैसे एक गरीब राज्य के लिए बरदाश्त के बाहर हो जाता था। इसके विपरीत यह भी तथ्य था कि सेना को संगठित और अनुशासित रखने के लिए वर्षों की मेहनत जरूरी होती है। इस बात को वे भुला नहीं सकते थे, क्योंकि अगर सेना को विभाजित कर दिया तो वर्षों की मेहनत पर पानी फिरने की आशंका रहती थी और किसी को नहीं मालूम था कि यह शांति कब तक बनी रहेगी! शिवाजी ने इस समस्या के समाधान के लिए एक विचित्र तरकीब सोची। जसवंत सिंह के अपने प्रति आकर्षण का फायदा उठाकर उन्होंने उसके पास एक प्रस्ताव भेजा। मराठा राज्य और मुगल साम्राज्य की इस मित्रता को क्यों न पुख्ता किया जाए! उन्होंने प्रस्ताव में कहा कि मित्रता को मजबूत करने के खयाल से वे चाहते हैं कि मराठों की घुड़सवार सेना को मुगल सेना में बहाल कर लिया जाए। उनके प्रस्ताव को बड़े उत्साह से स्वीकार कर लिया गया। तब शिवाजी ने अपने एक हजार चुनिंदा घुड़सवारों को वायसराय के दरबार में भेज दिया। वे वहाँ मुगल दरबार के खर्च पर रहे और जैसे कि बाद में मराठे मजाक में कहते थे कि बड़े मजे में मुगलों के राशन-पानी पर मौज-मस्ती की, जबकि

शाही दरबारी अपनी कूटनीतिक चाल पर फूले नहीं समाए।

दुर्भाग्यवश औरंगजेब को यह छोटी सी प्यारी सी व्यवस्था नहीं सुहाई। उसके शक्की मिजाज ने उसे नाराज कर दिया। उसे शक हुआ कि दक्षिण में बैठे तीनों अधिकारियों—वलीअहद मुअज्जम, जसवंत सिंह और शिवाजी में जरूर कोई साँठ-गाँठ हुई है। उसे मुगलिया सल्तनत की गद्दी पर बैठने के अपने दिन याद आ गए। उसने गद्दी पर कब्जा करने के लिए क्या-क्या नहीं किया! लिहाजा उसने अपने तीनों बेटों के चरित्र को बारीकी से तौलने के लिए वलीअहद मुअज्जम की अपने प्रति वफादारी की परीक्षा करने का फैसला किया। उसने पत्र लिखकर वलीअहद को निर्देश दिया कि वह शिवाजी को झाँसा देकर अपने महल में बुलाए और उसे गिरफ्तार करके दिल्ली भेज दे, जहाँ इस समय दरबार लगा हुआ है। इस बार शिवाजी भाग नहीं पाएगा।

मुअज्जम का भी अपने पिता पर उतना ही भरोसा था, जितना उसका पिता उस पर करता था। उसने अपने जासूस शहंशाह के सेवकों में तैनात किए हुए थे। इनमें से एक ने मुअज्जम को खबर दी कि शहंशाह का फरमान रास्ते में है। मुहज्जम काहिल और नाकाबिल जरूर था, लेकिन वह सम्मान का आदर भी करना जानता था। उसे जान-बूझकर की जानेवाली यह दगाबाजी पसंद नहीं आई, फिर वह शिवाजी से मिल भी चुका था और उनसे प्रभावित था। उसने फौरन एक गुप्तचर को यह संदेश लेकर शिवाजी के पास भेजा कि मुगलों के निमंत्रण को स्वीकार न करें। इसके साथ ही उसने मराठा घुड़सवार सेना के सरदार से कहा कि वह चुपचाप अपने घुड़सवारों को लेकर वापस चला जाए। जब औरंगजेब का संदेश मुअज्जम के पास पहुँचा तो उसने दरशाया कि वह कितनी वफादारी से शहंशाह के आदेश को तामील कर रहा है, यद्यपि मन-ही-मन वह जानता था कि शिवाजी अपनी गिरफ्तारी के षड्यंत्र को जान चुके हैं।

बहरहाल अब यह स्पष्ट हो गया था कि युद्ध फिर से शुरू होनेवाला है। शहंशाह ने अब काबिल और सनकी कमांडर दिलिर खाँ के अधीन मुगल सेना की नई रेजीमेंट को दक्षिण भारत में तैनात कर दिया। दिलिर खाँ को मुअज्जम और जसवंत सिंह के साथ काम करना था। खबर आते ही मुगल शिविर में विरोध शुरू हो गया। मुअज्जम और जवसंत सिंह ने दिलिर खाँ की बहाली को

अपनी वरिष्ठता और सम्मान में खलल में रूप में देखा। तीनों मुगल कमांडरों ने घबराहट और भ्रम में आपस में लड़ना शुरू कर दिया। मुअज्जम यह तो समझता था कि औरंगजेब का दरबार हमेशा संदेह और अविश्वास से घिरा रहता है, किंतु एकाएक दिलिर खाँ को यहाँ भेजना जरूर कोई दूसरी चाल थी और उसे पूरा यकीन था कि दिलिर खाँ को उसकी जासूसी करने के लिए भेजा गया है।

दिलिर खाँ एक खूँखार और निर्दयी कमांडर था। उसने शांत और गंभीर जसवंत सिंह का अपमान कर दिया। तीनों इसे लेकर झगड़ पड़े और तीनों ने अपनी शिकायतें शहंशाह के पास भेजीं। लेकिन उसी समय उत्तर-पश्चिमी सीमा पर फारस ने हमला कर दिया, जिसके साथ-साथ पेशावर में पठानों ने भी विद्रोह कर दिया। स्थिति भयानक हो गई और शहंशाह को उसमें उलझ जाना पड़ा। ऐसी स्थिति में दक्षिण का मुगल शिविर बँटा हुआ था। पहले जैसी स्थिति नहीं भी। तीनों कमांडरों में एक समान मोरचे का अभाव था। कोई सैनिक योजना नहीं थी। ऐसी स्थिति में शिवाजी के छिटपुट छापामारी हमले युद्ध में बदल गए। मुगलों ने जैसे-तैसे मोरचा सँभाला।

मराठों का पहला लक्ष्य उन किलों को जीतना था, जिन पर अब भी मुगल छावनियाँ बनी हुई थीं। उनका पहला हमला पूना के निकट स्थित सिंहगढ़ पर था। खुले मौसम में उसकी प्राचीरों की परछाईं खड़गवासला झील के स्थिर जल में साफ दिखाई देती थी, किंतु वर्षा में उसकी ऊँचाइयाँ बादलों में छिप जाती थीं और दीवारें घने आसमान तक ही सीमित हो जाती थीं। सिंहगढ़ अपने आपमें एक संगठित दुर्ग था और यदि उसकी रक्षा की जाए तो वह अभेद्य दुर्गों की गिनती में सर्वप्रथम माना जाता था। उसकी दीवारें एक ही चट्टान से निर्मित थीं, कहीं कोई जुड़ाव नहीं था और यह चट्टान दीवार से पचास फीट ऊपर तक जाती थी। दुर्ग का प्रवेश-द्वार केवल एक था, जिसके दरवाजे पर लोहे की नुकीली छड़ें लगी थीं और ऊपर बुर्जों का कवच था।

मराठों द्वारा शुरू किए गए इस युद्ध के समय सिंहगढ़ की रक्षा के लिए मुगल सेना के चुने हुए एक हजार सैनिक लगे हुए थे, जिनमें अफगान, अरब और राजपूतों की बहुतायत थी। इस टुकड़ी का सेनापति उदयमान नामक रणबाँकुरा था, जिसकी बहादुरी के किस्से और उसके शौर्य की गाथाएँ पश्चिमी

भारत में आज भी गाई जाती हैं। कहा जाता है कि शिवाजी भी शुरू में हमले की हिम्मत नहीं जुटा पा रहे थे और उनकी माँ ने ही उन्हें आक्रमण करने के लिए प्रोत्साहित किया था। एक मराठी गाथा[1] में इसका वर्णन है। वे प्रतापगढ़ में अपने महल में सुबह-सुबह खिड़की के सामने बैठी हाथीदाँत के कंघे से केश-विन्यास कर रही थीं। पूरब की लाली में सिंहगढ़ की प्राचीरों की छाया स्पष्ट दिखाई देती थी। क्षण भर के लिए उन्होंने उस आकर्षक दृश्य को देखा। वे हर्ष विभोर हो गईं। फिर याद आया कि वह अब तक मुगलों के अधीन है। उनका चेहरा क्रोध में मलिन हो गया। उन्होंने सेवक को बुलाया और उसे शिवाजी को फौरन बुलाने के लिए रायगढ़ भेज दिया। शिवाजी आदेश पाकर दौड़े-दौड़े माँ के पास आए। उन्होंने आते ही माँ से बुलाए जाने का कारण पूछा तो उन्होंने बात टाल दी और फिर एकाएक चौपड़ खेलने को कहा। शिवाजी आश्चर्य में थे, फिर भी माँ के कहने पर वे तैयार हो गए। पहली बाजी में जब वे हार गए तो उन्होंने कहा, 'हार के बदले में वे उन्हें क्या दें?' सिंहगढ़ की ओर इशारा करते हुए उनकी माँ ने कहा, 'मुझे वो दुर्ग चाहिए।'

'लेकिन माँ! वह तो मुगलों के कब्जे में है?'

उन्होंने कंधे झटकते हुए दोबारा कहा, 'मुझे वह दुर्ग चाहिए।'

शिवाजी ने अपने सभी दुर्गों में से किसी भी दुर्ग को चुन लेने को कहा।

'लेकिन मुझे वे नहीं चाहिए। मैं सिंहगढ़ चाहती हूँ।'

अंततः शिवाजी तैयार हो गए। बहुत देर तक चिंता में डूबे रहे। सिंहगढ़ को खुले रूप से हमला करके जीतना असंभव है। उनका केवल एक सेनाधिकारी यह दुर्गम कार्य कर सकता है। वह और कोई नहीं, बल्कि वीर योद्धा तानाजी हो सकता है, जो उनके सभी युद्धों में शामिल रहा है और उनके साथ आगरा जाकर वहाँ से भागने में उनके साथ रहा था। शिवाजी ने तानाजी को बुलाने के लिए दूत भेजा। जिस समय दूत पहुँचा, तानाजी अपने पुत्र के विवाह समारोह में व्यस्त था, लेकिन खबर पाते ही उसने पुत्र का विवाह समारोह छोड़ दिया और शिवाजी से मिलने निकल पड़े।

---

1. किनकैड लिखित 'इश्टुर फकादे' का अनुवाद। एकवर्थ्स का 'बैलेड्स ऑफ महाराष्ट्र' भी देखें।

मार्ग में स्वाति पक्षी उसके ऊपर से गुजरा और टी···टी···की आवाज में दूर तक उसका पीछा करता रहा। मान्यता थी कि वह पक्षी जिसका पीछा करे, उसका अनिष्ट हो सकता है; किंतु तानाजी ने इस अपशकुन को हँसी में उड़ा दिया और अपनी यात्रा जारी रखी। दिन ढले तक वह महल में पहुँच गया और उसने शिवाजी से पूछा कि उसके लिए क्या आदेश है? 'मुझे नहीं, बल्कि मेरी माँ को तुम्हारी आवश्यकता है।' शिवाजी ने जीजाबाई की ओर मुड़कर जवाब दिया। जीजाबाई उस समय पूजा में लीन थीं। उन्होंने आहिस्ता से उठकर सामने रखे पाँच दीपकों से सजे थाल को उठाया और तानाजी के पास आईं। फिर तानाजी के सिर पर थाल रखकर आशीर्वाद दिया और कहा, 'क्या तुम सिंहगढ़ को जीतकर मुझे दोगे?' तानाजी ने अपना साफा उनके पैरों पर रखते हुए कहा, 'ममतामयी! सिंहगढ़ आपको मिल जाएगा।'

सुबह होते ही तानाजी महल से निकल पड़ा। उसने पहाड़ी सैनिकों की एक टुकड़ी को तैयार किया और सिंहगढ़ दुर्ग की ओर कूच कर गया। वहाँ जाकर उसने अपने सैनिकों को जंगल में छिप जाने का आदेश दिया और एक किसान के वेश में दुर्ग के आसपास के गाँवों में पहुँचा। उसने ग्रामीणों से दुर्ग के द्वार और दुर्ग की अन्य विशेषताओं की जानकारी ली। वह फरवरी की ठंडी रात थी, जब वह अपने सैनिकों को लेकर दुर्ग की तलहटी में पहुँचा। नीचे पहुँचकर उसने अपने सैनिकों के साथ दुर्ग की सपाट दीवार का मुआयना किया, जिसमें नीचे से आसमान छूती दीवार पर कहीं कोई दरार, कोई लकीर या कोई छेद नजर नहीं आया, जिस पर चढ़नेवाला अपने पैर टिका सके। नीचे से ऊपर तक एकदम सपाट चट्टान थी। इसी चट्टान पर रात के अँधेरे में अकेले एक-दूसरे से अलग होकर पहाड़ी सैनिक आकाश के पंछियों की तरह धीरे-धीरे एक बुर्ज से दूसरे बुर्ज पर, एक प्राचीर से दूसरी प्राचीर पर चढ़ते रहे।

तानाजी ने अपने एक सेवक को वह बक्सा लाने को कहा, जिसे सिर पर रखकर वह तानाजी के साथ आया था। उसने बक्से को सिर से उतारकर नीचे रख दिया और उसमें से एक पहाड़ी घोरपड उछलकर बाहर आ गया। यह घोरपड पश्चिमी भारत के पहाड़ी क्षेत्र में पाया जानवाला छिपकली जैसा एक जंतु था, जिसकी पकड़ इतनी मजबूत होती है कि चिकनी दीवारों पर भी

वह आसानी से चढ़ जाता है। जहाँ तक उसकी पकड़ का प्रश्न है, वह इतनी शक्तिशाली होती है कि एक व्यक्ति का भार वह आसानी से उठा सकता है[1] और तानाजी का घोरपड तो एक विशेष शक्ति और आकार का था, जिसको उसने 'यशवंत' का नाम दिया था।

तानाजी यशवंत की प्रशंसा और चापलूसी करके उसे खुश करता रहा। उसने घोरपड के सिर पर लाल रंग लगाकर उसे मंदिर का रूप दे दिया। उसके गले में अपना जवाहरात का हार पहनाकर उसके समक्ष हाथ जोड़कर खड़ा रहा, जैसे कि घोरपड एक राजा हो! उसके बाद तानाजी ने घोरपड के गले में सीढ़ियों की रस्सी बाँधी और घोरपड से कहा, 'अब दौड़ पड़ो यशवंत! और उस दीवार पर चढ़ जाओ।' घोरपड ने आदेश सुनते ही एक छलाँग लगाई और दुर्ग की दीवार पर चढ़ने लगा, लेकिन आधी दीवार चढ़ने के बाद घोरपड रुक गया और ऊपर चढ़ने से डरने लगा। यह एक अपशकुन था। तानाजी के सैनिकों ने तानाजी को घेर लिया। वे कहने लगे कि फिलहाल यह चढ़ाई रोक दे। 'घोरपड का भय आपके जीवन के लिए अपशकुन है,' उन्होंने कहा, लेकिन तानाजी ने हँसकर जवाब दिया, 'मैंने वायदा किया है। मैं उससे पीछे नहीं हट सकता।' इतना कहकर उसने जोर से ललकारा, 'आगे बढ़ो, घोरपड! आगे बढ़ो, अन्यथा मैं तुम्हें काट डालूँगा।'

घोरपड भयग्रस्त होकर दुगुनी ताकत से ऊपर चढ़ता गया और दुर्ग की प्राचीर पर पहुँचकर उसके पीछे गुम हो गया। सीढ़ियों की रस्सी लटकती रह गई थी। एक युवक सैनिक ने पहल की। वह तेजी से सीढ़ियाँ चढ़ते हुए दुर्ग की प्राचीर के पास तक पहुँच गया। आवाज सुनकर एक अरब पहरेदार बुर्ज पर चढ़ गया। उसने नीचे की ओर देखा कि एक सैनिक दीवार पर चढ़ रहा है। इससे पहले कि वह कोई हरकत करता, तानाजी ने नीचे से तीर मारकर उसे धराशायी कर दिया। उसके बाद उसने चढ़ना शुरू किया और उसके पीछे तीन अन्य सैनिक भी चढ़ने लगे। तानाजी द्रुत गति से ऊपर चढ़ने लगा। उसका चेहरा साफे से ढका हुआ था।

---

1. घेराबंदी का यह विलक्षण तरीका मराठों में लोकप्रिय हो गया था और आज अनेक अभिजात वर्ग के लोगों के नाम में घोरपडे का जो उपनाम देखने को मिलता है, वह उनके पुरखों ने घोरपडों को प्रशिक्षित करके उनकी दक्षता का उपयोग करने के लिए उन्हें प्रदान किया था।

दाँतों के बीच में कटार थी, लेकिन पहरेदार का नीचे गिरना खाली नहीं गया था। उसकी आवाज से पहरेदारों की बैरक में सैनिक उठ गए थे। रोशनी की मशालें लिये अफगान सैनिक फरवरी की ठंडी रात में दुर्ग के ऊपर आवाज के केंद्रबिंदु को ढूँढ़ते रहे। तानाजी अब तक दुर्ग की प्राचीर तक पहुँच गया था। कुछ अफगान सैनिकों की नजर उस पर पड़ गई। वे उस पर टूट पड़े और इससे पहले कि तानाजी छलाँग लगाकर ऊपर चढ़ता, उन्होंने तलवार से उसे काट दिया। मरते-मरते तानाजी ने गरजती आवाज में मराठों को हमला करने का आह्वान किया और शांत होकर गिर गया।

तानाजी की आवाज सुनकर मराठों ने हल्ला बोल दिया। हर-हर महादेव! का घोष करते हुए वे अरब और अफगान सैनिकों पर टूट पड़े। दुर्ग के सैनिक रात में इस अचानक हमले के लिए तैयार नहीं थे, यद्यपि उनकी संख्या एक हजार से ज्यादा थी और मराठे मात्र तीन सौ थे। उन्होंने अपनी भरसक कोशिश की, किंतु मराठों की बिजली की गति से मार-काट के सामने उनके होश उड़ गए और जब उन्होंने देखा कि मराठों से हारना निश्चित है तो वे दुर्ग की प्राचीर से कूदने लगे। राजपूतों में जो बच गए थे, उन्होंने घायलावस्था में हथियार डालकर समर्पण कर दिया। लड़ाई में छावनी की फूस की बनी बैरकों में आग सिंहगढ़ की प्राचीर के ऊपर एक लौ की भाँति जगमगाने लगी। शिवाजी अपनी माँ के साथ खड़े होकर अपने महल से यह दृश्य देख रहे थे। उन्होंने जीजाबाई को लौ दिखाते हुए कहा, 'आपको आपका सिंहगढ़ मिल गया।'

लेकिन तानाजी के सैनिकों ने विजय की खुशियाँ नहीं मनाईं।[1] वे अपने सरदार के शव को घेरकर रोते रहे। उन्होंने आहिस्ता से शव को सजी हुई एक सेज पर लिटाया और पहाड़ी के निकट उसका दाह-संस्कार कर दिया और तानाजी के सम्मान में दुर्ग से (जो अब मराठों के अधीन हो चुका था।) नगाड़ों के साथ शोक में डूबी तोपों की गर्जना सुनाई देती रही। शिवाजी भेंट करने सैनिकों के पास पहुँचे और जब उन्हें पता चला कि क्या हुआ है, तो उनकी आँखों से आँसुओं की धारा बहने लगी।

---

1. मराठों में मौलिक शब्द 'गढ़ाला, सिंगेला' है। मराठों में शिवाजी अपने 'मर्मभेदी मितभाषण' के लिए लोकप्रिय रहे हैं।

'मैंने सिंहगढ़ को जीता है,' उन्होंने कहा, 'लेकिन अपना सिंह खोया है।' उन्होंने दुर्ग की सबसे ऊँची प्राचीर पर तानाजी का स्मारक बनाने के लिए राजमिस्त्रियों को आदेश दिया और तानाजी की जीत और शहादत की प्रशंसा में दलों को संगठित किया और उन्हें केसरी पताकाओं और नगाड़ों से सुसज्जित कर अपने प्रदेश के सभी गाँवों में भेजा, ताकि वे ग्रामीणों को तानाजी की वीरगाथा को सुना सकें। तानाजी के प्रत्येक सैनिक को उन्होंने चाँदी का कड़ा और एक बड़ी धनराशि का उपहार दिया।

सिंहगढ़ के ठीक पीछे, दर्रे के उस पार पुरंदर दुर्ग है, जिसका जयसिंह के हमले के दौरान शिवाजी ने अंतिम बार रक्षा करने का प्रयास किया था और असफल हो जाने पर मुगलों के समक्ष हथियार डाल दिए थे। सिंहगढ़ दुर्ग के बाद पुरंदर पर चढ़ाई की गई। इस बार का सेनापति तानाजी का भाई सूर्याजी था। उसने बड़ी बहादुरी से दुर्ग को जीत लिया और इस प्रकार शिवाजी ने धीरे-धीरे सभी दुर्गों को जीतते हुए दक्षिण के पठार से मुगलों को भगा दिया। दक्षिण की मुगल सेना अभी तक तीनों कमांडरों की आपसी लड़ाई में शक्तिहीन होकर पड़ी हुई थी। वलीअहद मुअज्जम, जसवंत सिंह और दिलिर खाँ के आपसी झगड़े बढ़ते जा रहे थे। दिलिर खाँ को शक हो गया कि वलीअहद उसे जहर देने का प्रयास कर रहा है, इसलिए वह यह कहकर कि उसकी तबीयत खराब है, मुगल शिविर से भाग निकला और दिल्ली जाकर शहंशाह से चुगली की कि वलीअहद उसे मारने का षड्यंत्र रच रहा है। औरंगजेब ने अपने राजमहल के प्रमुख अधिकारी को तीनों कमांडरों की एक-दूसरे के प्रति शिकायतों की जाँच के लिए दक्षिण भेजा। उसके सामने तीनों ने इतनी शिकायतें कीं कि उसका दिमाग भ्रमित हो गया और वह तय नहीं कर पाया कि कौन सही है, कौन गलत है! जैसा कि एक अंग्रेज तोपची ने, जो मुअज्जम के दरबार में नियुक्त था, सूरत में स्थित अपने अध्यक्ष को लिखा कि 'जाँच-पड़ताल करनेवाले अधिकारी ने अपनी सुरक्षा की दृष्टि से सभी दलों को उनके मुँह पर सही बताया।' बंबई के अंग्रेज कारिंदे के शब्दों में, 'मामला इतना अस्पष्ट है कि कुछ भी कहा नहीं जा सकता'। इधर मराठे इस स्थिति का पूरा फायदा उठाकर आगे बढ़ते जा रहे थे और किले पर किले जीत रहे थे। मार्च में अंग्रेज कारिंदों ने लिखना शुरू कर दिया कि 'शिवाजी

पहले की तरह लुटेरा नहीं रह गया है, बल्कि वह अब तीस हजार सैनिकों की सेना लेकर किले पर किले जीतता जा रहा है और यह सब वलीअहद के मौजूद रहते हुए हो रहा है।'

और शहंशाह की सभी जनरलों को डाँट-फटकार के अलावा वलीअहद को भला-बुरा कहकर उसे कोसना सब व्यर्थ गया। उसने गुजरात के वायसराय को अपनी सेना को दक्षिण भेजने का आदेश दिया, लेकिन शिवाजी के मराठे पानी के सैलाब की तरह मुगलिया इलाकों पर छाते गए। गाँव-गाँव, शहर-शहर उनके वर्चस्व में आ गए। प्रत्यक्षत: वे क्षेत्र, गाँव, शहर सब मुगलिया सल्तनत में थे, किंतु शिवाजी के साथ उन सभी ने उनकी छापामारी से छूट प्राप्त करने के लिए संधि कर ली थी, जिसके मातहत वे अपनी सालाना पैदावार का एक-चौथाई भाग 'चौथ' कर के रूप में उन्हें देंगे। ठीक इसी प्रकार यूरोप में भी जब बाइजेंटाइन साम्राज्य का पतन हो रहा था, तब ब्रूसा और नाइसिया के पूरब के सभी जिलों ने ओटोमन शासकों की लूटमार से बचने के लिए उनसे संधि कर ली थी और बिना किसी हमले या विजय के ओटोमन साम्राज्य में शामिल हो गए थे।

□

सत्रहवाँ अध्याय

सितंबर में शिवाजी ने सूरत पर दूसरा हमला करने की तैयारी कर ली। इस बार पहले की तरह वे अपने घुड़सवारों के भरोसे चुपचाप हमला करनेवाले छापामार लुटेरे नहीं थे, बल्कि पंद्रह हजार सैनिकों की शानो-शौकत के साथ हमला करने निकले थे। मराठों के आक्रमण का समाचार सुनकर हिंदुस्तानी सौदागरों में आतंक मच गया। वे अपनी अधिकांश धन-संपदा लेकर समुद्र-तट की सीमा पर स्थित स्वैली बंदरगाह चले गए। शहंशाह के आदेश पर हाल ही में सूरत को सुरक्षा की दृष्टि से नए सिरे से मजबूत बनाया गया था, लेकिन जब 3 अक्तूबर को शिवाजी ने हमला किया तो मुगल सेना का मुकाबला निहायत कमजोर था। उनकी प्रतिरक्षा का मोरचा आसानी से ढह गया और मराठों की फौज शहर में घुस आई। एक बार फिर मुगल राज्यपाल ने बुजदिली दिखाई और वह किले में जाकर छिप गया और शहर को मराठों की दया पर छोड़ गया। मराठों ने व्यवस्थित रूप से शहर को लूटा।

उनका पहला केंद्रबिंदु तारतार सराय थी। पूरब के अधिकांश व्यापारी देशों ने अपनी सरायें सूरत में बनाई हुई थीं, जिनमें तुर्क, फारसी और तारतार देशों की सरायें प्रमुख थीं। इन सरायों को इनके देशों ने बड़े यत्न और चाव से बनवाया था, जिनमें यात्रियों की सुख-सुविधा के लिए ऐशो-आराम के साधनों के अतिरिक्त अन्य अनेक रहस्यमय आकर्षण की व्यवस्था थी। महल के रूप में इन सरायों के आधे भाग में उनके माल गोदाम थे तथा शेष भाग होटल के रूप में काम में आते थे। ऐसी तारतारी सरायें आज भी श्रीनगर में मौजूद हैं, जिनमें तुर्किस्तान से आए बौने सौदागर अपनी गोल टोपियाँ पहने सरायों में तोतों की

तरह ऊपर-नीचे भागते नजर आते हैं। ये सौदागर अपने नायाब नीले गलीचों और दुर्लभ नीलम पत्थरों के लिए प्रसिद्ध हैं।

सोती-झपकती आँखोंवाले ये सौदागर सुबह-शाम महल की अलंकृत खिड़कियों से झेलम नदी के स्थिर पानी में तैरते शिकारों पर नजर लगाए रहते हैं और कश्मीरी सौदागर अपनी तोतापरी नाकों के ऊपर तक बँधे सफेद साफों को सँभाले, लंबी दाढ़ी और सफेद लंबे कोटों में सजे-धजे अपने शिकारे की चपचप आवाज में तारतारियों से सौदा करने आते हैं। सन् 1670 के अक्तूबर के दिन तारतार सराय में एक खास मेहमान रुका हुआ था। वह काशगर का राजा था, जिसका रिश्ता औरंगजेब की ससुराल से निकलता था। उसके बेटे ने तख्ता पलटकर राजगद्दी हथिया ली थी और उसे देश से निकाल दिया था। लेकिन जाते समय उसे अपने साथ अपना अधिकांश खजाना ले जाने की छूट दे दी थी। जिलावतन के बाद वह पहले मक्का गया और अब वहाँ से सोना, चाँदी, जवाहरात और कीमती सामान से भरपूर खजाना लेकर आया था।[1]

तारतार सराय पर हमला करने के लिए फ्रांसीसी इलाके से होकर जाना पड़ता था। फ्रांसीसी सौदागरों ने इस शर्त पर शिवाजी की सेना को गुजरने दिया कि वे उन सौदागरों पर हमला नहीं करेंगे और उनका प्रस्ताव शिवाजी ने सहर्ष स्वीकार कर लिया। अंग्रेज कारिंदे ने इस समझौते की निंदा करते हुए अपने अध्यक्ष को लिखा, 'उन फ्रांसीसियों के पास बंदूकों की कमी नहीं थी और सैनिक भी पर्याप्त थे। वे हमेशा अपनी ताकत पर फूले नहीं समाते थे, लेकिन शिवाजी को देखकर भाप के बादलों की तरह मैदान से रफूचक्कर हो गए।' उसके बाद मराठों ने तारतारी सराय पर हमला किया। तारतारियों ने शाम तक मुकाबला किया, लेकिन रात के अंधकार में काशगर का राजा अपना खजाना छोड़कर अपने परिवार के साथ किले में जाकर छिप गया।

इसी बीच अंग्रेज परिषद् ने अपना माल सूरत से बाहर स्वैली में भेज देने के बावजूद अपने भवन की रक्षा करने का फैसला किया, जैसा कि उन्होंने लिखा, 'उन्हें लगा कि भविष्य में उन पर खतरे के समय शहर छोड़कर भागने का इल्जाम न लगे, इसलिए उन्होंने अपना और अपने देश का सम्मान रखने के

1. हेज की डायरी से।

लिए अपनी फैक्टरी की रक्षा करने का फैसला किया है। उन्होंने स्ट्रेनशम मास्टर नामक अंग्रेज कमांडर को तीस अंग्रेज नौसैनिकों के साथ भेजा। कमांडर ने खुशी से आदेश स्वीकार कर लिया और अपने सैनिकों के साथ सूरत पहुँच गया।

ऐसा लगता है कि यह कमांडर अंग्रेजों के साथ-साथ हिंदुस्तानियों में भी लोकप्रिय था। इंग्लैंड की एक अभिजात वर्ग की एक महिला श्रीमती ओक्सडीन ने जब अपने देवर को भारत में कंपनी की सेवा में भेजा तो अपने पत्र में लिखा था, 'तुम्हें स्ट्रेनशम मास्टर के साथ काम करके बहुत संतोष मिलेगा। वह बहुत जहीन और अनुभवी व्यक्ति हैं।' उन्हें भारतीयों के प्रति बहुत गहरी सहानुभूति है, विशेषकर वहाँ की ग्रामीण स्त्रियों के प्रति, जिन्हें उन्होंने 'सीधी, सादी और दयालु' बताया है। उनके पत्रों से उनके विनोदी स्वभाव का भी पता चलता है। चाहे वे धर्म परिवर्तन कर बने ईसाइयों की व्याख्या कर रहे हों (जिन्हें वे 'चावल खानेवाले ईसाई' कहते हैं, अर्थात् जो केवल पेट भरने के लिए ईसाई बने हैं), अथवा एक अंग्रेज सैनिक के कारण उठा बवाल हो (जिसने अपने आपको एक धार्मिक गुरु प्रचारित करने के लिए दावा किया कि ईसा मसीह की ज्योति ने उसे पादरी बनाया है)। उनका मजाक करने का स्वभाव हमेशा झलकता है, लेकिन अंग्रेज कमांडर ने उन जैसा भ्रम पैदा करनेवाले अंग्रेज तत्त्वों को खुली छूट देना अनुचित समझकर उन्हें जेल में डाल दिया, ताकि वे अपने दिमाग को वहाँ रहकर शांत बना सकें।

स्ट्रेनशम मास्टर के अंग्रेज फैक्टरी में आने के दो दिन बाद ही मराठों ने फैक्टरी की इमारत पर हमला किया तो 'हमारी ओर से इतना करारा जवाब मिला कि बड़े पैमाने पर मराठे ढेर हो गए और शेष बचे भाग गए।' अगले दिन वे फिर आए और 'उनके कप्तान ने कहा कि वह स्ट्रेनशम मास्टर से बात करना चाहता है...कप्तान ने दीवार से झाँककर स्ट्रेनशम मास्टर से कहा कि राजा सेवाजी हमारे द्वारा उसके आदमियों के मारे जाने से बहुत क्रोधित है और बदला लेना चाहता है।' यह संदेश उसने अपनी जिम्मेदारी पर ही दिया था, क्योंकि शिवाजी, जैसा कि बाद में पता चला कि अंग्रेजों से किसी प्रकार का कोई झगड़ा-फसाद नहीं करना चाहते थे, क्योंकि वे शुरू से ही उनके प्रशंसक और मित्र रहे हैं, लेकिन भले ही वह संदेशा अधिकृत रूप से भेजा गया हो या न भेजा गया हो, कमांडर स्ट्रेनशम मास्टर पर उसका कोई असर नहीं पड़ा। उसने अपने जवाब में कहा,

'अगर वे हिंसा करते हैं तो अंग्रेज आखिरी दम तक अपनी रक्षा करने के लिए कटिबद्ध हैं और जरूरत पड़ी तो अपनी जान भी दे देंगे।'

दो दिन तक मामला शांत रहा और दीवार के उस पार भूरे रंग के बालों तथा लाल मुँहवाले अंग्रेज नौसैनिक सूरत की गरमी में इंतजार करते रहे। पाँचवें दिन मराठों की तीसरी टुकड़ी फैक्टरी के दरवाजे पर आई। 'वे धमकी भरे भाषण देते रहे, लेकिन जब कमांडर मास्टर अडिग होकर खड़े रहे तो वे लौट गए।'

'ऐसा लगा कि शिवाजी ने पहली बार अंग्रेजों में रुचि दिखाई है। उसने अपने सैनिकों को भेजकर अंग्रेजों को 'इतनी उदार शर्तों पर' संदेश भेजा, जिसके जवाब में स्ट्रेनशम मास्टर ने उपहारस्वरूप 'अंगूरी रंग के तलवारों के फलक, सुंदर चाकू छुरियाँ आदि' शिवाजी को भेजीं। उसके बाद शिवाजी ने दो अंग्रेजों को अपने शिविर में आमंत्रित किया। जब वे पहुँचे तो शिवाजी ने शिविर के बाहर निकलकर स्वागत किया। 'उसने दोनों अंग्रेजों का भरपूर स्वागत किया और उनसे बड़े विनयपूर्वक कहा कि अंग्रेज और वे बहुत अच्छे मित्र रहे हैं[1] और उनके कंधों पर हाथ रखकर यह भी कहा कि वे उनके विरोध में कुछ नहीं करेंगे।'

उसके बाद अंग्रेज फैक्टरी का कोई नुकसान नहीं हुआ। अंग्रेज और मराठों की गोलीबारी में केवल एक अंग्रेज की मृत्यु हुई। वह कंपनी की सेवा में नहीं था, बल्कि 'ब्लेसिंग' का जहाजी था। यह नौसैनिक संभवतः फैक्टरी में कार्यरत अपने मित्रों की मदद करने आया था। जावा स्थित बंटम से बड़े पैमाने पर जहाज सूरत आते थे। इनको चलानेवाले अकसर अंग्रेज नौसैनिक होते थे, जो न केवल अपने नौसैनिकों के गुणों के कारण, बल्कि अपने मृदुल स्वभाव और जावा-वासियों के प्यार के कारण जावा में लोकप्रिय थे।[2] सूरत की अंग्रेज फैक्टरी बड़े पैमाने पर बंटम से आए उत्पादों एवं वस्तुओं पर निर्भर थी, जिनमें विशेष रूप से मसाले, जावा में पाई जानेवाली लिगनम, अलूज (जटामासी) की सुगंधित लकड़ी और स्वर्ण रंग के कस्तूरी मृग शामिल थे, जिनकी नाभि से उठती तीव्र सुगंध आँख-कान तक में समा जाती थी।[3]

---

1. हिंदू की स्वागत शैली, जो हाथ नहीं मिलाते, वरन् हाथ जोड़कर अभिवादन करते हैं।
2. स्कॉट लिखित 'जावा का वर्णन'।
3. 'जॉन सारीज' रिलेशन।

पाँचवें दिन शाम को मराठे नगर छोड़कर दक्षिण की ओर कूच कर गए। इस मौके पर शिवाजी को घेरने के लिए वायसराय ने दाऊद खाँ को सेना के साथ भेजा। उसने शिवाजी का रास्ता रोकने के लिए अपनी घुड़सवार सेना को वहीं छोड़ा और शेष पैदल सेना को लेकर दक्षिण की ओर जानेवाले नासिक मार्ग पर मोरचा सँभाला। शिवाजी ने मुगल घुड़सवारों पर एक जबरदस्त हमला करके उन्हें भगा दिया और तेज गति से सह्याद्रि पर्वत श्रृंखलाओं को पार किया और पीछे से दाऊद खाँ की पैदल सेना पर हमला करके उसे परास्त कर दिया।

इसी बीच सूरत की विचित्र स्थिति हो गई। चारों ओर अव्यवस्था का माहौल था। मुगल दरबार का कमांडर जब किले से निकलकर नगर में आया तो नगर की स्थिति उसके नियंत्रण से बाहर हो गई। चारों ओर लूटमार मची हुई थी। ग्रामीण शहर में आकर जो मिल रहा था, उसे लेकर भाग रहे थे। अंग्रेज कमांडर मास्टर को इस लूटमार को सँभालना मुश्किल हो गया। उसे लगने लगा कि इस झंझट से तो मराठे लुटेरे ही अच्छे थे, जिनसे एक-एक करके निपटा जा सकता था, किंतु यहाँ तो लुटेरों की बाढ़ आ गई है। शरणार्थियों ने जब यह देखा कि अंग्रेज नौसैनिकों ने किस प्रकार मराठों से डटकर मुकाबला किया है तो वे सहायता के लिए अंग्रेज फैक्टरी की ओर जाने लगे और इस प्रकार 'अनेक नामी सौदागर, जिनमें मूर, आर्मेनियन, कतररिए और हिंदुस्तानी बनिए प्रमुख थे, हमारे संरक्षण में आ गए।'

यहाँ तक कि मुसलमान आबादी ने मुगलिया सल्तनत की बुजदिली की निंदा की और अंग्रेजों की प्रशंसा की, जो वास्तव में इस युद्ध के 'हीरो' थे। सूरत के सर्वाधिक धनी सौदागर हाजी सैद बेग के बेटे ने, जिसके निवास को अंग्रेजों ने रक्षा प्रदान की थी, घोषणा की कि वह अंग्रेज प्रशासन के अधीन रहने के लिए अपने परिवार के साथ बंबई चला जाएगा। उसके उदाहरण को देखते हुए अनेक व्यापारी भी सूरत छोड़कर बंबई चले गए। सूरत इस हमले से फिर कभी उभर नहीं सका और इसका लाभ बंबई को हुआ।

यहाँ यह भी जान लेना जरूरी है कि इस सदी के अंग्रेज अपने साहस और वीरता के साथ-साथ अपने विनयपूर्ण व्यवहार के लिए भी प्रसिद्ध थे। परिषद् ने आम जनता की सुरक्षा के लिए उनके घरों के बाहर नोटिस लगाया, जिसमें

स्पष्ट रूप से घोषणा की गई थी कि 'कंपनी का कोई भी अंग्रेज यदि हिंदुस्तानी पर अन्याय करता पाया जाएगा तो उसे दिन भर जंजीरों में बाँधकर रखा जाएगा।'

सूरत पर हमले के दौरान मुगल दरबार ने अंग्रेजों के व्यवहार की प्रशंसा की थी, किंतु इस बार अंग्रेजों को उनकी ओर से सम्मान नहीं मिला। इसका कारण यह था कि इस बार अंग्रेजों की प्रशंसा और मुगलों की बुजदिली की चर्चा खुलेआम हुई थी। इसलिए मुगल दरबार ने यह अफ़वाह फैलाई कि अंग्रेजों ने जरूर मराठों से साँठ-गाँठ की, जिसके अंतर्गत मराठों ने झूठे ही अंग्रेज फैक्टरी पर हमला करने का नाटक रचाया था, लेकिन इस मूर्खतापूर्ण अफवाह पर किसी ने ध्यान नहीं दिया।

बहरहाल कमांडर मास्टर को मुगल नागरिकों की रक्षा करने के लिए मुगल दरबार से कोई सम्मान भले ही न मिला हो, लेकिन अंग्रेज परिषद् ने इस बहादुरी के लिए उसे सम्मानित करके उपहारस्वरूप एक मेडल दिया, जिस पर लैटिन भाषा में ये शब्द अंकित थे—'प्रो मेरिटिस कोंट्रा सेवाजियम'।

□

अठारहवाँ अध्याय

पूरे वर्ष भर और अगली वसंत ऋतु तक शिवाजी अपने उद्‌देश्य में सफल होते गए। उनकी एक के बाद दूसरी विजय देखकर अंग्रेज आश्चर्यचकित थे। बंबई के प्रशासन ने लिखा, 'उसका लक्ष्य कहाँ है, हम नहीं जानते और कल्पना भी नहीं कर सकते।' वह हमेशा एक तूफान की तरह आता है और शत्रु को परास्त करके दूसरे हमले की तैयारी करता है।'

'अब तो स्थिति यह थी कि पुर्तगाली भी घबराने लगे थे। वे अपनी संपत्ति को लेकर चिंतित थे। उसके दक्षिण के मोरचे ऐसे मार्च करते हैं, जैसे हिंदुस्तान मार्च कर रहा हो और इस दरम्यान वह कब सीमा पर जाकर किले के पुराने सैनिकों के स्थान पर गोला-बारूद और हथियारों से लैस नए सैनिकों को तैनात कर देता है, यह पता ही नहीं चलता।' उसने दक्षिण गोवा पहुँचकर, जैसा कि एक अंग्रेज ने लिखा, 'एक ऊँचे पर्वत पर राजमहल बनाया है, जो उस इलाके में बहुत जल्द ईर्ष्या का केंद्रबिंदु बननेवाला है।'

फ्रांसीसी डॉक्टर डॉ. डेलन ने अपनी गोवा यात्रा के दौरान लिखा था, 'यह सेवाजी बहुत सफल राजा है। शत्रुओं के बावजूद इसने अपने राज्य को बहुत कुशलता और बहादुरी से स्थापित किया है। उसका आतंक पूरे इलाके में दिखाई पड़ता है। यहाँ तक कि गोवा भी उसके नाम से काँपने लगता है। उसके सैनिक और वह स्वयं मूर्तिपूजक है, किंतु अन्य धर्मों के प्रति सहिष्णु है।'[1]

शिवाजी ने जब सूरत पर तीसरे हमले की धमकी दी तो मुगलों को चिंता

---

1. डॉ. डेलन की दिलचस्पी वास्तव में सहिष्णुता के प्रश्न में थी, जिसके लिए वह गोवा के झंझट में फँस गया था।

सताने लगी। उन्होंने हिफाजत के लिए अपने लश्कर को मध्य भारत से हटाकर पश्चिम की ओर सूरत की तरफ भेजना शुरू कर दिया, लेकिन यह शिवाजी की केवल एक चाल थी। वे धमकी देकर यही चाहते थे, जो मुगलों ने किया। जैसे ही मुगल सेना ने पश्चिम की ओर कूच किया, उन्होंने मध्य भारत से होते हुए खान देश पर हमला कर दिया।

शहंशाह ने अब दिल्ली से अपने एक खास अनुभवी जनरल महाबत खाँ को चालीस हजार सैनिकों के साथ भेजा। इस लश्कर ने मध्य भारत आकर शुरू में तो मराठों को पीछे हटने के लिए मजबूर किया, किंतु मुगलों की चाल मराठों के मुकाबले सुस्त थी। महाबत खाँ आयु में बुजुर्ग था और फिर ऐश पसंद होने के कारण उसके लश्कर में कारिंदों, दोस्तों के साथ चार हजार अफगान नर्तकियाँ थीं। इसके अलावा महाबत खाँ के सैनिकों ने अपनी चाल का असर शेष मुगल सेना पर दिखाया, लिहाजा युद्ध एक स्थिर मोड़ पर पहुँचकर रुक गया। इसे देखकर अंग्रेज कारिंदों ने लिखा कि 'महाबत खाँ अब तक केवल चार किले ले पाया है, जबकि शिवाजी दुश्मन को चने चबवा रहा है और उसकी हवा में उड़ती सेना महाबत खाँ के होश फाख्ता करने के लिए काफी है।' सन् 1672 के शुरू में सलहार नगर के बाहर एक लंबी और अनिश्चित लड़ाई में मुगलों ने पहले तो अपनी ताकत दिखाई, लेकिन मराठों के चतुर घुड़सवारों के जौहर के सामने उनकी सारी किलेबंदी ढेर हो गई। इतनी विशाल सेना में से केवल दो हजार मुगल सैनिक भाग सकने में सफल हुए, शेष बीस हजार सैनिकों ने हथियार डाल दिए। शिवाजी ने घायल सैनिकों के प्रति शौर्य दिखाया। उन्होंने उनके घावों की मरहम-पट्टी करवाई और जब वे स्वस्थ हो गए तो उन्हें शेष अन्य सैनिकों के साथ उपहार देकर उनके घरों को भिजवाया। मराठों को इस लड़ाई में बड़ी संख्या में सैनिकों के साथ-साथ छह हजार घोड़े, एक सौ पचीस युद्ध-हाथी तथा मुगलों का बड़ा खजाना मिला। इस लड़ाई को देखकर सूरत के अंग्रेज कारिंदों ने लिखा, 'उसने जिन-जिन कमांडरों से लड़ाई लड़ी, उन्हें हार की शर्म झेलनी पड़ी है।'

औरंगजेब[1] शिवाजी की निरंतर बढ़ती विजय-यात्रा की कहानियाँ सुन-

---

1. ओमें।

सुनकर जला-भुना बैठा था। वह अब भी शिंवाजी को क्रोध में 'पहाड़ी चूहा' कहकर कोसता रहता था। महाबत खाँ की हार ने उसके क्रोध को सीमा से बाहर कर दिया। अपने वहशीपन में उसने एक और खूँखार जनरल बहादुर खाँ को वायसराय बनाकर शिवाजी से बदला लेने के लिए एक विशाल सेना के साथ रवाना किया। लेकिन हमलावार की भूमिका अब मुगलों से हटकर मराठों के पास पहुँच गई थी। अभी कुछ वर्ष पूर्व मुगल सेना मराठों से घोर संग्राम करने के बाद मराठों को परास्त करने में सफल हो जाती थी। अब वही मुगलों की सेना थी, जो लड़ाई में हारकर पलायन कर जाती थी।

नए वायसराय ने कमान सँभालने के बाद मुगल इलाकों को सुरक्षा प्रदान करने के लिए किलों और छावनी क्षेत्रों को मजबूत करने की योजना बनाई। इससे पहले उसने शिवाजी की कार्यप्रणाली को समझने के लिए एक गूढ़ प्लान कर काम करना शुरू किया, जिसके बारे में बंबई के क़प्तान गेरी[1] ने लिखा, 'वह सेवाजी का अध्ययन जाने कैसा कर रहा था, क्योंकि फायदे के नाम पर उलटी खबरें आ रही थीं। अनेक मुगल सेना अधिकारी शिवाजी से संपर्क साध रहे थे। अनेक खुलेआम उनसे जाकर मिल रहे थे। बचे-खुचे अधिकारी वायसराय के ऐंशो-आराम की महफिलों और शाही हरम में हाजिरी लगाकर अपने भाग्य को सराह रहे थे और हर रोज मराठों द्वारा खदेड़े जाने का इंतजार कर रहे थे।'

दक्षिण की मुगल सेना के नैतिक पतन का विस्तृत विवरण डॉ. जॉन फ्रायर ने अपनी रिपोर्ट में दिया है, जिसने बहादुर खाँ के शासन में कुछ किलों का दौरा किया था। उसने वहाँ उदास और बुजदिल सैनिकों का जमावड़ा पाया, जिनके बीच चर्चा का विषय था—'जो तेज़ दौड़ सकता है, वह सैनिक सर्वश्रेष्ठ होता है।' उनके हथियार इतने साफ और चमकते रहते थे और सैनिक इस डर से कि वे गंदे हो जाएँगे, उन्हें इस्तेमाल नहीं करते थे। उनके नेता 'कप्तान राजा' को लड़ाई के मैदान से ज्यादा अपने पलंग प्यारे थे। सैनिकों के वेतन चौदह महीनों से बकाया थे और प्रत्येक सैनिक अपने कमांडर को वेतन की याद दिलाने के लिए सलाम करने के लिए उसके घर में हाजिरी देता था। ऐसी हालत में यदि

1. वह वस्तुतः यूनानी था, जो एक बार पुर्तगालियों की नौकरी पर लग गया था। श्री ओर्मे ने उसे बहुत व्यस्त व्यक्ति कहा है, जो हमेशा शेखी, षड्यंत्र और दिखावट में उलझा रहता था।

वे युद्ध और अपनी हार के बारे में नहीं सोचते तो इसमें आश्चर्य क्या है ? इतना जरूर है कि यदि सेवाजी ताकत का इस्तेमाल करता है तो वे भांगने में सफल हो जाएँगे।'

ऐसे पतनकाल में अधिकारियों ने निश्चित हार को मन-ही-मन स्वीकार कर लिया था और अपने महलों में आराम की जिंदगी प्रसन्न रहकर दिल्ली से दूर बनवास काल काट रहे थे। एक ऐसे अधिकारी ने डॉ. फ्रॉयर को अपने निवास में आमंत्रित किया, जहाँ वह हरे-भरे पेड़-पौधों से सुसज्जित आँगन में शाही सेज पर कसीदाकारी मसनदों के सहारे आराम से लेटकर हुक्का पी रहा था। उसके पीछे लगे परदों पर चाँदी की ढाल के साथ चमकती तलवारों पर और मुगल सल्तनत के राजचिह्न के स्थान पर अर्धचंद्राकार के चिह्न को अंकित किया गया था। बगल में कंधे पर तीर-कमान लिये सेवक खड़ा था ̈ पूरा फर्श गद्देदार रंगीन गलीचों से ढका हुआ, जिसके चारों ओर ठोस चाँदी के खंभे लगे हुए थे।

इस ऐयाशी से विदेशी मेहमान को प्रभावित करने में यदि कमी रह गई थी तो उसकी पूर्ति करने के लिए दो गवैयों ने प्रवेश किया, जो डॉ. फ्रॉयर के मेजबान की प्रशंसा में उनकी शोभा और गुणों को गाकर बखान करने लगे; लेकिन डॉ. फ्रायर जरा भी प्रभावित नहीं हुआ। उसे दोनों गवैए 'धूर्त और चापलूस' लगे।

इसी क्रम में डॉ. फ्रॉयर को हरम में ले जाया गया, जहाँ वायसराय की दो बेगमें और तीन सौ रखैलें रहती थीं। ये स्त्रियाँ शुरू में तो शर्म का परदा छोड़कर डॉ. फ्रॉयर के सामने आने को तैयार हो गईं, किंतु जैसे ही डॉ. फ्रॉयर ने प्रवेश किया, वे हाथों से मुँह छिपाकर मुर्गियों की तरह फड़फड़ाकर इधर-उधर भागने लगीं। लेकिन डॉ. फ्रॉयर ने देखा कि वे अपनी उँगलियों के बीच की दरारों से उसे देख रही थीं। यह जानकर कि अंग्रेज मेहमान एक डॉक्टर है, मुगल अधिकारी ने डॉ. फ्रॉयर से विनती की कि वह उसकी एक बेगम की डॉक्टरी जाँच करने की कृपा करें। डॉ. फ्रॉयर ने देखा कि उसकी यह बेगम 'मोटी-ताजी नवाबिन' लग रही है। हरम की औरतों को जब कभी अधिकारियों के मनोरंजन अथवा विदेशी डॉक्टर की जाँच से छुट्टी मिलती है, तो जैसा कि डॉ. फ्रॉयर ने देखा कि वे अपना समय सिलाई करने और केक तथा नानबाई की वस्तुओं, अचार आदि खाने में बिताती हैं। जब डॉ. फ्रॉयर ने मुगल अधिकारी से प्रश्न

किया किया कि जब वह मराठों से युद्धरत है तो उसके खिलाफ कोई कदम क्यों नहीं उठा रहा है ? तो उसने जवाब दिया, 'जब हमें सेवाजी से लड़ने भेजा गया था, उसके मुकाबले आज सेवाजी की ताकत और स्थितियाँ इतनी बदल गई हैं कि उसकी ताकत को अब घटाना बहुत बड़ा काम है।' और इसके बाद वह इधर-उधर की बात करते हुए वायसराय महाबत खाँ की निंदा करने लगा और कहने लगा कि वह रिश्वत खाने के सिवाय कुछ नहीं करता। हमेशा रिश्वत माँगता है। मुगल सेना के पतन का जब यह हाल था तो शिवाजी की सफलताओं पर आश्चर्य कैसे किया जा सकता है ?

फ्रॉयर के मुगल अधिकारी से साक्षात्कार का एक दूसरा पहलू तत्कालीन एक मुगल नवाब का एक अंग्रेज से साक्षात्कार में दिखाई पड़ता है। यह साक्षात्कार बंबई में हुआ।

हैदराबाद में अब्दुर्रजा नाम के एक छोटे नवाब की मुलाकात एक अंग्रेज प्रतिष्ठित सज्जन से थी। वह अंग्रेज बंबई चला गया, जहाँ उसने अपने मित्र नवाब को अपने यहाँ आने की दावत दी। नवाब अब्दुर्रजा के शब्दों में, 'उसके बुलाने पर मैं अल्लाह का नाम लेकर उसके निवास पर पहुँचा। जब मैंने उसके किलेनुमा निवास में प्रवेश किया तो मैंने देखा कि मार्ग के दोनों ओर हलकी दाढ़ी में खूबसूरत अंग्रेज नौजवान बढ़िया कपड़े पहने हाथों में बंदूक लिये बैठे हैं। जैसे-जैसे मैं आगे बढ़ता गया, तसवीरें बदलती गईं...पहले लंबी दाढ़ी में वैसी ही वेशभूषा में लोग दिखे, फिर किमखाब के कपड़ों में सफेद दाढ़ीवाले अंग्रेज दिखाई दिए, उनके साथ ही छोटे-छोटे, गोल-मटोल अंग्रेज बच्चे सिरों पर जवाहर-जड़े सफेद टोप पहने दिखाई दिए।' अंततः अब्दुर्रजा मेहमान के ठिकाने पर पहुँचा। वह आरामकुरसी पर बैठा था। मेरे पहुँचते ही उसने उठकर अभिवादन किया और गले लगाकर उसने मुझे अपने सामनेवाली कुरसी पर बिठाया। मेल-मुलाकात की बातों के बाद विभिन्न विषयों पर चर्चा होने लगी। जो कुछ वह कर रहा था, उससे आभास हो रहा था कि वह एक अच्छा मित्र है। जब बातचीत समाप्तप्राय हो गई तो उसने मुझे अंग्रेजी ढंग से आयोजित मनोरंजन कार्यक्रम में भाग लने का न्योता दिया, लेकिन मुझे खुशी है कि मैं वहाँ से बच निकला।'

मुगल सेना के हौसले पस्त कर देने के बाद शिवाजी ने अचानक पूर्व की ओर मुख किया और गोलकुंडा की ओर कूच कर दिया। गोलकुंडा यद्यपि मुसलिम राज्य था, फिर भी शिवाजी की बीजापुर और मुगलों के खिलाफ लड़ाइयों के दौरान वह बड़ी समझदारी से तटस्थ रहा था; किंतु उसकी यह तटस्थता अब उसे बचाने के लिए पर्याप्त नहीं रह गई थी। शिवाजी ने शुल्क सहित समर्पण की माँग की, जिसके उत्तर में गोलकुंडा के राजा ने तुरंत बीस लाख सोने के स्तूप भेंट के रूप में भिजवा दिए। इसी दौरान बीजापुर के राजा की मृत्यु हो गई। यह शिवाजी के लिए उस उजड़ते राज्य में घुसपैठ करने का बहुत बढ़िया मौका था। उन्होंने बीजापुर के विशाल क्षेत्र पर कब्जा जमाकर अपने राज्य में जोड़ लिया।

अब शिवाजी दक्षिण भारत के बेताज बादशाह बन गए थे, जिसे उनके धर्मावलंबी उत्तर के मुसलिम साम्राज्य के मुकाबले दक्षिण में एक हिंदू साम्राज्य के उदय के रूप में देखने लगे थे और यही वह अवसर था जब शिवाजी ने अपनी बढ़ती हुई शक्ति और अधिकार का एक नाटकीय प्रदर्शन करने का फैसला किया। उन्होंने घोषणा की कि वे एक हिंदू हिंदुस्तानी का राजतिलक उन्हीं अधिकारों सहित करेंगे, जिनके आधार पर हिंदू राजाओं ने हिंदुस्तान के प्राचीन हिंदू सम्राटों के राजतिलक समारोहों में भाग लिया था।

□

भाग–4

राजा

उन्नीसवाँ अध्याय

सन् 1674 के जून महीने में रायगढ़ में राजतिलक समारोह आयोजित किया गया। शिवाजी की राजधानी रायगढ़ को नए रूप से सजाने के लिए उसके सौंदर्य को नई ऊँचाइयों तक ले जाने के हरसंभव प्रयासों का ताँता लगा रहा। नगर में नए-नए राजप्रासाद-राजमहल निर्मित किए गए, जिनमें परंपरागत श्लोकों का पाठ होने लगा। अग्नि की वेदियों को पवित्र नदियों के जल से स्नान कराकर अग्नि प्रज्वलित की गई। प्रमुख जन आगार में एक नए सिंहासन का निर्माण किया गया, जिसके चारों ओर चीतों, शेरों और हाथियों की मूर्तियों की छवियों को सिंहासन के चारों ओर गोलाई में शिवाजी के नए साम्राज्य के तीस लक्ष्यों के अनुरूप तीस चक्रों में दरशाया गया। भारत के चारों ओर के प्रत्येक राज्य से ग्यारह हजार पुरोहित और एक लाख मेहमानों को लंबी रेल यात्राओं के जरिए राजधानी रायगढ़ लाया गया, जहाँ शिवाजी ने आदरणीय मेहमान के रूप में चार महीनों तक उनकी सेवा की। राजतिलक के लिए वाराणसी के सर्वश्रेष्ठ ब्राह्मण गंगाभट्ट जलमार्ग से आए। उनके आगमन पर उनके सत्कार के लिए शिवाजी अपने सभी मंत्रियों सहित पहुँचे और उन्हें नौका से आदरपूर्वक उतारा। इसके बाद उन्हें धीमी गति के वाहन पर आरूढ़ कर रायगढ़ तक आदर और सम्मान के साथ पहुँचाया गया।

समारोह लगभग एक महीने तक चले। शिवाजी ने प्रतापगढ़ जाकर देवी माँ के दर्शन से समारोह का उद्घाटन किया। उन्होंने देवी माँ के मंदिर पर बयालीस पाउंड भार का स्वर्ण छत्र चढ़ाया। उसके बाद पुष्पांजलि अर्पित कर उन्होंने मंदिर में प्रवेश किया और कई दिनों तक पूजा-अर्चना में व्यस्त रहे। देवी माँ के चरणों में साष्टांग लेटकर ढोक लगाई और तंद्रा में लीन हो गए। उसके कुछ समय पश्चात्, जैसा कि वहाँ मौजूद प्रार्थियों ने बताया, शिवाजी के मुख से एक बारीक

आवाज सुनाई देने लगी। लगा, जैसे साक्षात् देवी माँ बोल रही हैं और वह आवाज भविष्यवाणी करने लगी कि कैसे मराठा इतिहास पराकाष्ठा पर पहुँचेगा और कैसे दिल्ली में मुगल शासन का अंत होकर शिवाजी का प्रवेश होगा, जहाँ शिवाजी की सताईस पीढ़ियाँ राज्य करेंगी और अंतत: शासन लाल मुँहवाले विचित्र लोगों के हाथों में चला जाएगा।

उस समय एक विचित्र संयोग यह हुआ कि लाल मुँहवालों के दूतावास से कुछ लोग शिवाजी के दरबार में पहुँचे थे। यह अंग्रेजों का प्रतिनिधिमंडल था, जो बंबई से आया था। पहाड़ों की तलहटी के जंगलों से गुजरते हुए वे बंदरों के दल को देखकर अवाक् रह गए, उन्हें लगा कि जैसे वे उन्हें देखकर ही एक डाल से दूसरी डाल पर कूदकर उन्हें देखने का प्रयास कर रहे हैं कि ये लोग कौन हैं? और जब उन्होंने देखा कि उनके मुखड़े मुगलों से जुदा हैं तो वे अंग्रेज प्रतिनिधिमंडल के मार्ग से दूर चले गए।

शिवाजी की अनुपस्थिति में उनके मंत्री नारायण पंडित ने प्रतिनिधिमंडल का स्वागत किया, जो अंग्रेजों को 'बुद्धिमान और प्रतिभाशाली व्यक्ति लगे।' उन्होंने नारायण पंडित को भेंटस्वरूप हीरे की अँगूठी और उनके ज्येष्ठ पुत्र को दो ओढ़नेवाले कोट दिए। शिवाजी जब रायगढ़ से प्रतापगढ़ गए थे तो उन्हें प्रतिनिधिमंडल के आगमन की कोई पूर्व सूचना नहीं मिली थी, इसलिए उन्होंने उसके स्वागत के लिए कोई व्यवस्था भी नहीं की थी। लिहाजा जब प्रतिनिधिमंडल रायगढ़ पहुँचा तो पूरा नगर मेहमानों से भरा हुआ था और उन्हें टेंट में रहना पड़ा था, जो उनके लिए बहुत गरम और असुविधाजनक था। जैसे ही शिवाजी रायगढ़ से लौटे, उन्होंने प्रतिनिधिमंडल को महल में रुकने के लिए आमंत्रित किया और उनसे मिलकर उन्हें आश्वस्त किया कि किसी संदेह के बिना वे उनके राज्य में खुशी से व्यापार कर सकते हैं; लेकिन संधि की विस्तृत शर्तों के लिए उन्हें राजतिलक समारोह के पूरा हो जाने तक प्रतीक्षा करनी होगी और सप्तांहात तक अंग्रेजों ने रायगढ़ की रौनक देखने में बिताए।

हिंदू अभिजात्य वर्ग के सफेद रेशमी वस्त्र पहने कुलीन लोगों और पीले रेशमी अँगोछों में लिपटे मुंडन किए हुए ब्राह्मणों ने जब अपने बीच अंग्रेजों को पाया तो उनके पंख लगे टोपों से लटकते फीतों और बकसुओंवाले जूतों को देखकर उनके मन में विचित्र विषमता ने जन्म लिया होगा।

अब जहाँ तक अंग्रेजों का प्रश्न है, हम लोग तो पूरब के सभी वस्त्रों की अलंकृत शोभा और उनके वैभव से हमेशा अत्यंत प्रभावित रहे हैं, इसलिए हम यह सोच भी नहीं सकते कि आज के संयत और सादगीपूर्ण वस्त्र पहननेवाले इन मराठों ने किस खूबी से उस अलंकृत वेशभूषा को अपने से अलग किया होगा! हम अंग्रेज यह भी जानते हैं कि सुखभोगी और ऐयाश मुगल भी डॉ. फ्रॉयर से पहली मुलाकात में यूरोपीय पोशाक की शोभा और उसकी नवीनता के कायल हो गए थे। 'यहाँ तक कि उन्होंने मेरे सेवक से यह पता कर लिया था कि क्या मैं अपनी ड्रेस उतारकर उन्हें दे देता हूँ।'

अंग्रेजों की दूसरी बात, जिसे लेकर मराठों में घोर आश्चर्य था, वह उनका भोजन और खाने की खुराक थी। हम जानते हैं कि शिवाजी अल्पभोजी व्यक्ति थे। 'वह केवल खिचड़ी,' उस समय एक अंग्रेज ने लिखा है, 'जो एक प्रकार का चावल और दाल का मिक्सचर होता है, जिसे बटर डालकर उबाल लिया जाता है, अपने भोजन में खाता है।' किसी अंग्रेज ने यदि उनके अल्प भोजन को देखा होता तो उसके आश्चर्य का अनुमान लगाना मुश्किल है। अंग्रेज प्रतिनिधिमंडल ने अंतत: शिवाजी से अपनी समस्या बयान करते हुए बताया था कि वे मांसाहारी हैं और यह भोजन उन्हें नहीं मिल रहा है। शिवाजी अपने मेहमानों को संतुष्ट करना चाहते थे, किंतु बकरे के अतिरिक्त किसी अन्य जीव का मांस उपलब्ध नहीं था। अत: उन्होंने मेहमानों से कहा कि उन्हें बकरे के मांस से ही संतोष करना पड़ेगा। जब दरबार को पता चला कि वे एक दिन में आधा बकरा खा जाते हैं तो उन्हें बड़ा आश्चर्य हुआ। यहाँ गांधीजी की याद आती है कि कैसे किशोरावस्था में उन्हें विश्वास हो गया था कि अंग्रेज चूँकि मांस खाते हैं, इसलिए वे हिंदुओं से अधिक शक्तिशाली हैं, क्योंकि एक बलिष्ठ मानव ही इतना मांस खा सकता है।

इस बीच जहाँ अंग्रेज प्रतिनिधिमंडल अपनी दूसरी परेशानी कि वे उबला हुआ या तला हुआ मांस न खाकर भूना हुआ गोश्त खाएँगे, को लेकर उलझा रहा, वहीं राजतिलक के समारोह धूमधाम से जारी रहे। उनकी माँ जीजाबाई को, जिनकी उम्र अस्सी वर्ष से ऊपर हो गई थी, पालकी में बैठाकर राजमहल लाया गया। शिवाजी ने सबके सामने साष्टांग लेटकर उन्हें प्रणाम किया और उनकी माँ ने स्नेहपूर्वक आशीर्वाद दिया। उसके बाद पापों के प्रायश्चित्त का लंबा सिलसिला चला, जिनमें शिवाजी ने जाने-अनजाने में किए पापों के प्रायश्चित्त में शोकमग्न

होकर तपस्या की। यह सिलसिला तीन दिन चला। अंत में पुजारियों ने उन्हें पाप-मुक्त घोषित कर दिया। श्रेष्ठ पुरोहित गंगाभट्ट ने पवित्र यज्ञोपवीत पहनाकर उन्हें दोबारा जन्म दिया और उनके कान में सूर्य देवता के उद्बोधन का मंत्र पढ़ा, जिसका पाठ दोबारा पुनर्जीवित व्यक्ति ही कर सकते हैं। इसके उपरांत मुगल शहंशाहों की देखा-देखी शिवाजी को भी बहुमूल्य धातुओं, जवाहरातों, मसालों, शराब तथा फलों और किमखाब एवं बूटेदार कीमती कपड़ों से तौला गया। यह सभी वस्तुएँ ब्राह्मणों को दान में दे दी गईं।

समारोह के अंत में जनता के मनोरंजन के लिए एक संक्षिप्त मूक नाटक का आयोजन किया गया। इसके लिए एक कृत्रिम खाली झील बनाई गई, जिसके जलमार्ग को खोला जाना था। एक जादूगर को बंद जलमार्ग को खोलने के लिए अपनी छड़ी से द्वार को ठोंकना था, जैसे ही जादूगर ने अपनी छड़ी को दाएँ-बाएँ घुमाते हुए जलमार्ग को ठोंका, पानी का सैलाब फूट पड़ा। झील भरने लगी, लेकिन जादूगर की उछल-कूद से संशकित एक मराठा सैनिक को संदेह हुआ कि वह जादूगर जादू की छड़ी से कहीं राजा पर हमला न बोल दे, उसने तुरंत तलवार निकालकर जादूगर की हत्या कर दी। शिवाजी नाटक के इस दु:खभरे अंत से शोकाकुल हो गए। उन्होंने कोषाध्यक्ष को बुलाकर जादूगर के परिवार को जमीन और जीवनपर्यंत उदार पेंशन देने की आज्ञा दी।

समारोह में समापन से सात दिन पूर्व पुरोहितों ने पवित्र अग्नि प्रज्वलित कर व्रत किया और प्रार्थना की।

6 जून को राजतिलक के संस्कार शुरू हुए। श्वेत धवल वस्त्रों में राजमुकुट धारणकर, गले में पुष्पों की माला पहने हुए शिवाजी ने विशाल राजमहल में प्रवेश किया। उनके साथ उनकी धर्मपत्नी सोयरा थी। दोनों के वस्त्रों में एक स्थान पर गठबंधन था, जो इनके संयुक्त जीवन का परिचायक था। शिवाजी के पीछे उनकी माँ और पुत्र संभाजी थे। उसके बाद पवित्र नदियों से भरे स्वर्ण कलश लिये छह मंत्री चल रहे थे। धीरे-धीरे शिवाजी राजसिंहासन की ओर बढ़ रहे थे, जिसके ऊपर स्वर्णमंडित चादर की छतरी लगी हुई थी। चारों ओर मोती, मणियों और हीरों की झालरें लटकी हुई थीं। जनता की खुशियाँ की कोई सीमा नहीं थी। वह मुक्तहस्त से पुष्पों, स्वर्ण और चाँदी की मुद्राओं की वर्षा कर रही थी। सिंहासन के सामने पहुँचकर शिवाजी ने जैसे ही सिंहासन पर कदम रखा, राजमहलों, दुर्गों,

किलों और दिग्-दिगंत ठिकानों में रखी तोपों की गूँज सुनाई देने लगी। एक तोप की गर्जन सुनकर, दूसरी गर्जन करती, दूसरी गर्जन से तीसरी गर्जन सुनाई देती और इस प्रकार शिवाजी के राज्य के हर जिले, तहसील और गाँव में उनके राजतिलक हो जाने की खबर पहुँच गई। सोलह ब्राह्मण स्त्रियों ने आगे बढ़कर शिवाजी की आँखों को दीपकों की रोशनी दिखाई और उनके मंगलमय भविष्य की कामना की। उसके बाद शिवाजी ने उठकर अपने साधारण श्वेत वस्त्रों पर जामुनी रंग का भारी चोगा पहना, जिस पर सोने से कढ़ाई की गई थी। उन्होंने गले से फूलों की माला उतारकर सिर पर रत्नजड़ित मुरेठा पहन लिया। पुजारी गंगाभट्ट ने जब उनके सिर के ऊपर रत्नों से जड़ित राज्य की संप्रभुता का स्वर्ण क्षेत्र रखा तो सैनिकों ने अपनी तलवारों को बर्छियों में मारकर ध्वनि की और भीड़ उल्लसित होकर शोर मचाने लगी।

उसके बाद शिवाजी ने सिंहासन से उतरकर हॉल पार किया और स्वर्ण से सिले हुए जाजम से सुसज्जित शाही हाथी पर चढ़ गए। उसके बाद उनकी सवारी का जुलूस धूमधाम से राजधानी की सड़कों से निकला। मार्ग में स्त्रियाँ अपने छज्जों और खिड़कियों से उन पर पुष्पों और रंगीन चावलों की वर्षा कर रही थीं, थाली में दीपकों को प्रज्वलित कर आरती उतार रही थीं। राह में लगे सेना की विभिन्न विजेता रेजीमेंटों के बैनर तेज हवाओं में उड़कर वर्षाकाल की आहट दे रहे थे। घुमड़कर उठते बादल अब तेज हवाओं के साथ आकाश में दौड़ने लगे। घटाओं की कड़कती बिजलियों में स्वर्ण और रत्नों की आभा चमकने लगी और शिवाजी के राजतिलक का राजकीय जुलूस मंथर गति से पूरे जोश और उल्लास के साथ राजधानी की सड़कों से गुजरकर जैसे ही राजमहल में पहुँचा, जनता ने पूरे जोश से स्वागत किया।

आज भी उस राजमहल के खँडकर मौजूद हैं, जहाँ शिवाजी के राजसिंहासन का टीला अलग से खड़ा दिखाई देता है। उसके पास कोई भी पर्यटक जूता उतारकर ही जा सकता है।

राजतिलक के समारोहों की समाप्ति के बाद शिवाजी ने अंग्रेज प्रतिनिधिमंडल का औपचारिक रूप से स्वागत किया। भेंटों के आदान-प्रदान के बाद अंग्रेजों ने अपने आने के उद्देश्यों से परिचय कराया। उन्होंने हुबली और राजापुर में स्थित अंग्रेज फैक्टरियों और राजापुर में स्थित अंग्रेज फैक्टरियों पर मराठों के छापों की

शिकायत की और मराठा प्रदेश में मुक्त रूप से व्यापार करने की आज्ञा माँगी। साथ ही निवेदन किया कि व्यापार में उन पर अधिकतम ढाई प्रतिशत का आयात शुल्क लगाया जाए, क्योंकि इतना ही शुल्क वे सूरत में मुगल दरबार को देते हैं। इसके अतिरिक्त उन्होंने माँग की कि मराठा समुद्र तट पर अंग्रेज जहाजों को लंगर डालने की आज्ञा को पुनर्बहाल किया जाए तथा मराठा प्रदेश में अंग्रेजी सिक्के चलाने की छूट प्रदान दी जाए।

शिवाजी व्यवहारकुशल और विवेकशील व्यक्ति थे। उन्होंने राजापुर में अंग्रेजों के नुकसान की भरपाई के लिए उन्हें दस हजार स्वर्ण स्तूप मुआवजे के रूप में दिए, किंतु हुबली में नुकसान के उनके अनुमान को मानने से इनकार कर दिया। जहाजों के मलबे के बारे में उन्होंने बताया कि वह वस्तुतः मछुआरों की संपत्ति थी, क्योंकि परंपरा के अनुसार वे ही तट पर अपने जहाज और नौकाएँ लगाते हैं, फिर भी उन्होंने विश्वास दिलाया कि वे जहाजों के अंग्रेज नाविकों की रक्षा करेंगे। जहाँ तक अंग्रेजी सिक्कों का प्रश्न था, उन्होंने कहा कि वे अपने सिक्के मराठा प्रदेश में चलाएँ तो उन्हें खुशी होगी; क्योंकि शिवाजी जानते थे कि उस जमाने में उनके सिक्के किसी भी सूरत में मुगलकालीन सिक्कों की बराबरी नहीं कर सकते थे। उनका निर्माण और ढलाई बहुत ही भौंडी किस्म की थी। उनके निर्माण के लिए उनके पास उन्नत तकनीक की फैक्टरी नहीं थी। देखने में वे सिक्के टेढ़े-मेढ़े थे, यहाँ तक कि उन पर उनका नाम भी शुद्ध रूप से अंकित नहीं हो पाता था और एक ही प्रकार के सिक्कों के भार में भी अंतर होता था।[1] इसलिए शिवाजी ने अंग्रेजों की सिक्के चलाने की माँग और उनके निर्यात शुल्क के प्रस्ताव को मानकर अंग्रेजों से अपने मैत्री संबंधों को एक नया आयाम दिया। वार्त्ता के बाद नारायण पंडित ने, जो अंग्रेज प्रतिनिधिमंडल की देख-रेख कर रहे थे, घोषणा की कि अंग्रेजों की माँगों को स्वीकार कर मराठा राज्य ने उन पर कृपा की है। उसके बाद अंग्रेजों ने शिवाजी को भेंट में एक अँगूठी प्रदान की और शिवाजी ने प्रतिनिधिमंडल के अध्यक्ष श्री ओक्सेनडन को सम्मान में दुशाला भेंट किया।

लेन-देन के इस खुशी भरे वातावरण में एक वृद्ध व्यक्ति की आवाज ने सबका ध्यान आकर्षित कर लिया। उसने खड़े होकर निवेदन किया कि वह

1. बांबे गजेटियर वॉल्यूम XVI, 249।

अंग्रेजों को पास से देखना चाहता है। उसने बताया कि वह कसाई है और उसने अंग्रेजों के लिए उस समय गोश्त पहुँचाया था, जब वे रायगढ़ में प्रवास कर रहे थे। उसने बताया कि वह पहाड़ की तलहटी में रहता है और जब उसने सुना कि अंग्रेज जानेवाले हैं तो वह उनको नजदीक से देखने की इच्छा को रोक नहीं पाया। जब उसे अंग्रेजों के सामने लाया गया तो वह चुपचाप खड़ा उन्हें आश्चर्य से देखता रहा। फिर उसने कहा, 'तो ये लोग हैं, जिन्होंने कुछ ही दिनों में इतना गोश्त खाया, जितना मेरे शेष ग्राहक कई वर्षों में खाते हैं!'

शिवाजी के राजतिलक के कुछ ही दिनों में जब मानसून की गरजती हवाओं ने रायगढ़ के मार्गों को अपने बाहुपाश में जकड़ लिया और वर्षा की बूँदें राजमहल से टकराने लगीं, तब जीजाबाई बीमार पड़ गईं। वे अपनी शय्या पर शांत मुद्रा में लेटे हुए अपने विचारों में लीन होकर अंतिम समय की तैयारी करने लगीं। उन्होंने अपना संपूर्ण जीवन अपने पुत्र को जिंदा रखने के लिए जिया था और एकांतवास तथा निर्धनता में उसे पाल-पोसकर बड़ा किया था और आज एक हिंदू अधिष्ठाता के रूप में उसका राज्याभिषेक किया था। अब और क्या रह गया है? जीवन में उनकी सभी अभिलाषाएँ पूरी हो चुकी थीं। उन्होंने आदेश देकर अपनी सभी वस्तुओं को गरीबों में बँटवा दिया। बीमारी के पाँचवें दिन उन्होंने पूर्ण शांति में अपनी देह त्याग दी। उनका अंतिम संस्कार रायगढ़ में हुआ और अस्थियों को गंगा में विसर्जित किया गया।

दूसरे वर्ष, एक दूसरा अंग्रेज प्रतिनिधिमंडल शिवाजी से मिलने आया, जिसका वृत्तांत एक अंग्रेज सदस्य ने इस प्रकार दिया—"22 मार्च की दोपहर को राजा अपनी पालकी में बैठकर आया। उसके पीछे घोड़ों का दल और एक सौ पचीस पालकियाँ थीं। जैसे ही हमें उसके आने की खबर लगी, हम लोग शिविर से निकलकर उसके पास पहुँच गए। उसने पालकी को रुकने का आदेश दिया और हमें नजदीक बुलाया। उसने कहा कि वह हमें देखकर बहुत प्रसन्न हुआ है। उसने यह भी कहा कि उस गरमी में वह हमें परेशान नहीं करेगा और शाम को हमें अपने पास बुलवा लेगा...दूसरे दिन भी जब वह आया तो उसने हमें अपने नजदीक बुलाया। नजदीक पहुँचकर हम रुक गए, किंतु उसने हमें और पास आने को कहा और मेरा हाथ अपने हाथ में ले लिया। अपने दाएँ हाथ से उसने मेरी सिर पर पहनी बालों की टोपी को खोला और उसके बारे में अनेक प्रश्न किए। करीब

दो घंटों तक हम उसके सभी प्रश्नों का उत्तर देते रहे। इसके बाद हमने अपनी माँग की फेहरिस्त पेश की, जिसका अनुवाद हमने देशी भाषा में करवाया था। राजा उसे काफी समय तक पढ़ता रहा, फिर उसने आँखें उठाकर हमें देखा और फिर गंभीरता से सोचता रहा। फिर मुसकराकर बोला कि उसे सभी माँगें मंजूर हैं।'

बहरहाल, ये मैत्री संबंध ज्यादा दिन नहीं चल पाए और इसके लिए अंग्रेज कंपनी ही जिम्मेदार थी। इसका कारण संभवत: अंग्रेज कारिंदों की समय-समय पर शक करने की सनक थी। शिवाजी ने अंग्रेज कंपनी से पचास विशाल तोपों और दो बड़ी पीतल की बंदूकों की माँग की थी, जिसे कंपनी ने इस बिना पर देने से इनकार कर दिया था कि शस्त्रों की इतनी बड़ी खेप देने से औरंगजेब को पता लग जाएगा और वह हमसे नाराज हो जाएगा। दूसरा कारण मराठों की धारेगाँव में छापेमारी थी, जहाँ अंग्रेज फैक्टरी को नुकसान हुआ था। जो भी हो, शिवाजी ने अंग्रेजों के इस नुकसान का मुआवजा देने से यह कहकर इनकार कर दिया कि यह लूटपाट डाकुओं और लुटेरों ने की है, जिसके लिए न तो उन्होंने हमारे कमांडर से इजाजत ली थी और न ही हमारे कमांडर को इसकी कोई पूर्व सूचना थी।

यह उत्तर पाकर सूरत की परिषद् ने क्रोध में लिखा, 'जब तक इस लुटेरे और दुनिया के जाने-माने डाकू को दोस्त और दुश्मन में फर्क नहीं समझ में आएगा, ईश्वर एवं आदमी की तमीज नहीं आएगी, तब तक उसके राज्य में व्यापार सुरक्षित नहीं हो सकता।'

बहरहाल पर्याप्त गंभीर बहस के बाद संबंधों में सुधार दिखाई दिया और बंबई की अंग्रेज परिषद् ने सूरत में अपने कारिंदों को लिखा, 'उसने सभी शर्तें मान ली हैं। इस समझौते को पुष्ट करने के लिए उसने पान की सुपारी के सौ थैले[1] भिजवाए हैं।'

अनेक विवादों के बावजूद अंग्रेज हमेशा से 'हमारे पड़ोसी सेवाजी' को पसंद करते आए हैं 'जैसा कि बंबई परिषद् ने लिखा, 'हम इतना तो विश्वास के साथ कह ही सकते हैं कि उसके मन में यदि किसी विदेश के नागरिक के लिए कोई जगह है तो वह अंग्रेज है।'

□

1. थैले।

बीसवाँ अध्याय

राजतिलक के बाद शिवाजी की गतिविधियों में दो वर्षों तक का अंतराल आ गया। उन्होंने जीवन में जितना प्यार अपनी माँ से किया था, उतना प्यार किसी स्त्री से नहीं किया। वे हमेशा उनके परामर्श और अनुभव पर निर्भर रहते थे। उनके चले जाने से शिवाजी के जीवन में एक शून्यता आ गई। सन् 1676 में उनके स्वास्थ्य में दुर्बलता के ह्रास के कारण गिरावट आ गई और वे बीमार हो गए। यद्यपि थोड़े दिनों में पुनः स्वस्थ हो गए, किंतु उनमें संन्यास के उनके नैसर्गिक लक्षण अब दिखाई देने लगे। उन्होंने अपनी इच्छा घोषित कर दी कि वे राज-काज छोड़कर संन्यास लेना चाहते हैं और शेष जीवन धर्म की साधना में बिताना चाहते हैं। यह इच्छा वे पहले भी कई बार चुके थे और अब अकसर वे राजमहल से चुपचाप निकल जाते और वन में घूमते अथवा किसी तालाब के निकट या वृक्ष के नीचे बैठे पाए जाते। उन्होंने वैभव और विलासितापूर्ण जीवन त्याग दिया और एक कृषक की साधारण चारपाई पर सोने लगे।

उनकी माँ की मृत्यु के पश्चात् उनका निजी जीवन व्याकुलता और दुःख से ग्रस्त हो गया। उनकी पहली स्त्री साईबाई की मृत्यु बहुत पहले हो चुकी थी और उनके उत्तराधिकारी के रूप में उनके पुत्र संभाजी, जो उनके साथ दिल्ली गए थे, अब एक उतावले, अभिलाषी और अक्खड़ युवक के रूप में अपने पिता के अधिकारों को प्राप्त करने के लिए उत्सुक दिखाई दे रहे थे। वर्तमान रानी साहिबा अर्थात् उनकी पत्नी सोयरा अपने आपमें एक अभिलाषी महिला थीं। वह चाहती थीं कि शिवाजी के उत्तराधिकारी के रूप में उसका पुत्र राजाराम गद्दी पर बैठे और इसके लिए वे अपनी मंत्रणाओं और षड्यंत्रों से शिवाजी को जरा भी आराम

नहीं देती थीं। वह अपनी मान्यता को सही मानती थीं कि संभाजी के मुकाबले राजाराम शिवाजी का सही उत्तराधिकारी साबित होगा और दरअसल हुआ भी ऐसा ही, क्योंकि कुछ समय पश्चात् संभाजी अचानक औरंगजेब द्वारा पकड़े गए और औरंगजेब के हाथों मारे गए। अब स्वाभाविक रूप से राजाराम ने उत्तराधिकारी के रूप में मराठा राज्य की गद्दी सँभाल ली और बड़ी शान से राज्य भी किया। लेकिन रानी की इस अभिलाषा ने शिवाजी और उनके पुत्र संभाजी के संबंधों में दरार पैदा कर दी।

सन् 1676 के अंत तक शिवाजी अपनी लंबी बीमारी से पूर्णतः स्वस्थ हो गए और अचानक अपने में एक नई ऊर्जा और स्फूर्ति महसूस करने लगे। उन्होंने अब जीवन के सबसे बड़े युद्ध के लिए अपने को तैयार करना शुरू कर दिया।

उनका यह निर्णय क्षणिक कहा जा सकता है या फिर लंबी बीमारी के दिनों में उनमें जनमी कल्पना थी, जिसमें उन्होंने भारत के दक्षिण-पश्चिमी भाग में एक नए शक्तिशाली मराठा प्रदेश की नींव रखने का निर्णय लिया था। संभवतः उनके इस निर्णय की पृष्ठभूमि में जयसिंह के युद्ध की स्मृतियाँ थीं, जिन्हें याद करके उन्होंने सोचा कि यदि भविष्य में मुगल दरबार जयसिंह की क्षमतावाले किसी नए कमांडर को तैयार कर लेता है और उस समय यदि मराठों के पास कोई शिवाजी नहीं होगा तो वे हारते जाएँगे और आज तक उन्होंने अपने बलबूते पर जो हासिल किया है, उस पर क्या पानी नहीं फिर जाएगा? इसमें संदेह नहीं कि आज मराठों की सफलताओं ने मुगल साम्राज्य के हौसलों को पस्त करके उसे पंगु बना दिया है, यद्यपि शक्ति और साधनों को देखते हुए दोनों में कोई जोड़ नहीं है। जहाँ तक सेना का प्रश्न है, तो समूचे उत्तर भारत की सेना को लेकर मुगलों की ताकत का अंदाजा लगाना मुश्किल हैं। औरंगजेब ने दक्षिण भारत पर जब अंतिम चढ़ाई की थी तो उसके सैनिकों की संख्या पाँच लाख थी और जहाँ तक तोपखाने का प्रश्न है, मुगल साम्राज्य के पतन तक मराठों के तोपखानों का स्तर बहुत ही घटिया था। उसमें इजाफा तो बाद में शुरू हुआ, जब उत्तर भारत की संपत्ति दक्षिण की ओर आने लगी और मुगल सेना के विदेशी तोपची अपनी रक्षा के लिए भागकर मराठी सेना में जुड़ने लगे।

भौगोलिक रूप से एक हिंदू राज्य तीनों ओर से मुसलिम सीमाओं से घिरा

हुआ है। एक ओर मुगलिया सल्तनत और दूसरी तथा तीसरी ओर बीजापुर और गोलकुंडा मुसलिम राज्य हैं। ये दो राज्य यद्यपि सैनिक रूप से कमजोर हैं, मुगलों को नाममात्र का लगान वगैरह देते हैं, किंतु संपत्ति और दौलत में, विशेष रूप से गोलकुंडा, उनकी बराबरी शायद ही कोई अन्य राज्य कर सकता हो। ऐसी स्थिति में दोनों राज्य यदि मुगल साम्राज्य के नियंत्रण में आ जाएँ (जिनका विरोध करते हुए मराठों ने अपनी शक्ति बढ़ाई और इन राज्यों को स्थायी रूप से दूसरों पर आश्रित बनाया) तो उनके क्षेत्र मराठों पर आक्रमण में मोरचों का काम करेंगे। दरअसल औरंगजेब की अंतिम चढ़ाई का उद्देश्य गोलकुंडा और बीजापुर को पूर्ण समर्पण के लिए मजबूर करना, उसकी पूरे दक्षिण भारत को अपने अधीन करने की विशाल योजना का ही एक अंग था। यह तो शिवाजी की सैनिक योग्यता का ही परिणाम था, जो आज अपनी सफलता की घड़ी में भी मराठा राज्य की भावी चुनौतियों को देखकर एक बार फिर से अपने जीवन की सबसे बड़ी और अंतिम लड़ाई की तैयारियों में जुटे हुए थे।

भारत के दक्षिण-पूर्वी तट से जुड़ा बहुत ही संपन्न, सुसंस्कृत और सुंदर कर्नाटक राज्य है, जो आज और शिवाजी काल में भी अपने मंदिरों, धन-धान्य से पूर्ण खेत-खलिहानों और अक्षुण्ण तथा मुसलिम प्रभाव से वंचित हिंदू जीवन-शैली के लिए दुनिया में प्रसिद्ध था। काले पत्थर से निर्मित अपने विशाल तीर्थस्थलों, लंबे-चौड़े खुले आँगनों तथा अपनी स्थापत्य कला के लिए कर्नाटक भारत में अपना विशेष महत्त्व रखता आया है। चौड़े मस्तक और स्थिर आकृतिवाले श्वेत वस्त्रधारी कर्नाटक के ब्राह्मण विष्णु-पूजक हैं, जो इन विशाल मंदिरों और उनके दालानों में अपनी धीमी चाल से चलते हुए मिल जाएँगे। दूर-दूर तक फैले धान के खेतों के अतिरिक्त यहाँ खजूर और ताड़ के पेड़ों की बहुतायत है, जो अपनी देशी मदिरा (ताड़ी) के लिए मशहूर हैं। कर्नाटक नाममात्र के लिए बीजापुर के शासन में आता है। तंजावुर का राजा सुल्तान को मामूली शुल्क भरता है, किंतु इसका प्रभाव राज्य में कहीं दिखाई नहीं देता और इसके लिए बीजापुर को कभी-कभार सैनिकों को भेजना पड़ता है, ताकि नाममात्र का नियत्रंण भी समाप्त न हो जाए।

शिवाजी के पिता शाहजी जब बीजापुर की सेवा में थे, तब कई बार उन्हें ऐसे अभियानों पर भेजा जाता था और इसके पुरस्कारस्वरूप उन्हें कर्नाटक

के राज्यपाल का पद सौंप दिया गया था। जब शिवाजी अपनी युवावस्था में अपने पिता को छोड़कर चले गए और बीजापुर में पुनः शांति स्थापित हो गई तो बीजापुर ने शाहजी को उनके विप्लवी पुत्र के चले जाने के पुरस्कारस्वरूप उन्हें स्थायी रूप से कर्नाटक का राज्यपाल नियुक्त कर दिया था। शाहजी की मृत्यु के पश्चात् उनके पुत्र अर्थात् शिवाजी के दत्तक भाई व्यंकोजी को कर्नाटक का राज्यपाल घोषित कर दिया गया। व्यंकोजी में कोई विशिष्टता नहीं थी। वह साधारण क्षमता का व्यक्ति था। शिवाजी को उसकी याद कभी नहीं आई, लेकिन जब उन्होंने कर्नाटक पर चढ़ाई के बारे में सोचना शुरू किया, तब उन्हें खयाल आया कि व्यंकोजी वहाँ का राज्यपाल है और उसे राज्यपाल पद का आधा भाग उन्हें देना चाहिए, क्योंकि हिंदू धर्म के कानून के मुताबिक पिता की संपत्ति पर उसके बेटों का बराबर का अधिकार होता है, किंतु व्यंकोजी[1] ने यह देखकर कि तंजावुर शिवाजी के राज्य से बहुत दूर है और उन दोनों के बीच बीजापुर और गोलकुंडा दोनों इलाके पड़ते हैं, शिवाजी की माँग को मानने से इनकार कर दिया। शिवाजी ने क्रोधित होकर अपने अधिकारों को बलपूर्वक प्राप्त करने का फैसला किया।

चढ़ाई का समय भी उपयुक्त था। मुगल दरबार की सेनाएँ पश्चिम-उत्तर की सीमांत पर पठानों की बगावत को कुचलने में उलझी हुई थीं।

इधर औरंगजेब भी राजपूताना में शुरू हुए एक विद्रोह को दबाने में व्यस्त था। उसके बढ़ते धार्मिक कट्टरपन से सभी राजपूत राजा उसके विरुद्ध हो गए थे। यहाँ तक कि जसवंत सिंह जैसा विनम्र राजपूत राजा भी अपने अंतिम समय में औरंगजेब का विरोधी हो गया था। सन् 1678 में अपनी मृत्यु के समय उसने औरंगजेब को एक खत भिजवाया था, जिसमें उसने कहा था, 'ईश्वर समस्त मानवजाति का है, केवल मुसलमानों का नहीं है। दूसरों के धर्म या उनके रीति-रिवाजों को नीचा दिखाना सर्वशक्तिमान ईश्वर का निरादर करना है।'[2] हिंदू राजाओं का प्रमुख, जिसे हिंदू सूर्यवंश का उत्तराधिकारी भी मानते थे, उदयपुर का राणा भी अब विद्रोहियों में शामिल हो गया था।

---

1. शिवाजी का पुत्र। पाठक कृपया याद करें, उन्होंने बीजापुर में दूसरी शादी की थी।
2. ओर्मे।

वैसे सभी राजपूत राजा, जो मुगल सेना में रहकर लड़ाइयाँ लड़ते रहे हैं, उन्हें हमेशा से अपने प्राचीन और पुश्तैनी क्षत्रिय शौर्य की बलि देनी पड़ती थी। औरंगजेब की सेना में जहाँ तक राशन और साधन के वितरण का प्रश्न था, बहुत संकुचित दृष्टिकोण से भेदभाव किया जाता था। उनके लिए हमेशा राशन और साधनों की कमी पड़ जाती थी और जब तक वे अपने दुश्मन को जीत नहीं लेते थे, तब तक उन्हें यह सब मुहैया नहीं किया जाता था। लेकिन इस बार राणा ने विनम्र संदेश भेजकर अपनी सेना को वापस बुला लिया और औरंगजेब को वापस लौट जाने दिया।

लेकिन एक-दूसरे अवसर पर राजपूतों ने शाही शिविर पर छापा मारकर औरंगजेब की चहेती पत्नी जार्जिया की उदेपुरी को उठा लाए। पाठकों को याद होगा कि यह वही उदेपुरी थी, जिसकी शराब पीने की आदत से औरंगजेब सदा दुःखी रहता था। 'राणा ने उदेपुरी से बड़े आदर और सम्मान का व्यवहार किया' और 'जल्दी ही उसे रक्षकों के साथ वापस औरंगजेब को लौटा दिया, किंतु औरंगजेब के जेहन में किसी के उदार विचारों या गुणों का कोई आदर नहीं था। वह केवल अपना स्वार्थ देखता था। उसने राणा की उदारता और मैत्री स्वभाव को अपना अपमान समझकर उसका बदला लेने के लिए राणा के विरुद्ध युद्ध को जारी रखने का ऐलान किया' और 'सभी हिंदू मंदिरों, देवालयों और घरों को नष्ट करना शुरू कर दिया।' मुगल सेना के दक्षिण के सेना कमांडर अब तक मराठे हमलों के विरुद्ध केवल रक्षात्मक काररवाई कर रहे थे। जब उन्होंने शिवाजी के कर्नाटक के नए सैनिक अभियान के बारे में सुना तो राहत की साँस ली। वे खुश हो गए कि दो मराठे जब आपस में लड़ेंगे, तब तक वे चैन से दिन काट सकेंगे। शिवाजी ने मुगल सेना प्रमुख सेना के कमांडर को रिश्वत की एक बड़ी खेप भेजकर इस उदासीनता को परोपकारी तटस्थता में बदल दिया।

सन् 1676 की पूरी शरद् ऋतु शिवाजी ने अपनी तैयारियों में लगाई। सभी किलों की छावनियों को सैनिकों और शस्त्रादि से मजबूत कर दिया गया और शिवाजी की अनुपस्थिति के दौरान शासन की देख-रेख करने के लिए तीन मंत्रियों की परिषद् को भी नामांकित कर दिया गया।

नववर्ष के प्रारंभ में शिवाजी सत्तर हजार सैनिकों के साथ रायगढ़ से

निकल पड़े। यह मराठों की अब तक की सबसे बड़ी सेना थी। बीजापुर के क्षेत्र को बिना किसी रुकावट के पार करने के बाद शिवाजी गोलकुंडा की सीमा पर पहुँचे। उन्होंने अपने दूत को गोलकुंडा दरबार भेजा और सरकार से उनके क्षेत्र से निकलने की अनुमति माँगी। गोलकुंडा का राजा शिवाजी की माँग को लेकर घबरा गया, लेकिन कमजोर होने के कारण चाहकर भी वह विरोध नहीं कर सकता था, क्योंकि अपने भव्य दरबार और शानदार राजधानी तथा अपने जनता में सम्मान के बावजूद गोलकुंडा एक बहुत ही कमजोर राज्य था। मुगल दरबार समय-समय पर बड़े चाव से उसकी इस कमजोरी का फायदा उठाया करता था। वह जब-तब हमले की घुड़की देकर गोलकुंडा की बढ़िया-से-बढ़िया कीमती वस्तुओं को हड़प लेता था। एक बार मुगल शहंशाह ने गोलकुंडा का वह मशहूर हाथी माँग लिया, जिसके बारे में कहा जाता था कि उसका प्रेम एक लड़की से हो गया है।[1] और इस बारे में मोनसियोर बर्नियर ने लिखा, 'औरंगजेब का एक मामूली राजदूत गोलकुंडा दरबार में अपने फरमान जारी करता है, पासपोर्ट को मंजूरी देता है, तरह-तरह के आदेश और फरमान जारी करके लोगों को दहशत में रखता है। उसी प्रकार डच और पुर्तगाली भी गोलकुंडा दरबार में अपनी धौंस जमाए रखते हैं, जैसे—डच अधिकारियों ने गोलकुंडा के सभी सौदागरों पर टैक्स लगा दिया, सिर्फ इसलिए कि गोलकुंडा के राजा ने उन्हें अंग्रेजों के जहाजों पर कब्जा करने से रोका था और पुर्तगाली भी अपनी दीन-हीन हालत के बावजूद राजा को डराते रहते थे और युद्ध न करने के लिए रिश्वत का माल हड़पते रहते थे।'

गोलकुंडा के वैभव और संपत्ति का स्रोत बड़े पैमाने पर कुल्लूर स्थित विश्वप्रसिद्ध हीरों की खदानें थीं। ये खदानें भी राज्य के अन्य प्रशासन की तरह अनियमित और घिसे-पिटे पुराने ढर्रे पर चलाई जाती थीं। सत्रहवीं शताब्दी के प्रारंभ में एक अंग्रेज यात्री विलियम मेथोल्ड ने इन खदानों का दौरा किया था। उसने लिखा है, 'हीरे की खदानों में तीस हजार मजदूर काम करते हैं, इनमें से कुछ मिट्टी खोदते हैं; कुछ उस मिट्टी को सिर पर ढोहकर बाहर लाते हैं; अन्य मजदूर पुराने तरीके से पानी निकालते हैं, क्योंकि इन जंगली लोगों को नहीं पता

1. मानूसी।

कि पानी निकालने की मशीनें भी होती हैं। वे बाल्टी भर-भरकर पानी लाते हैं··· मिट्टी आमतौर पर लाल रंग की निकलती है, जिसमें पीली और सफेद चूने की लाइनें स्पष्ट दिखाई देती हैं। जब वह मिट्टी सूर्य की धूप में सूखकर सख्त हो जाती है, तब उसे तोड़कर चूरा बनाया जाता, जिसे चलनी से छाना जाता है और इस क्रिया में वे हीरे के अंश, कभी ज्यादा, कभी कम पाए जाते हैं और कभी-कभी तो इस संपूर्ण क्रिया के बाद हीरे का एक दाना भी नहीं मिलता और सारी मेहनत व्यर्थ हो जाती है।"[1]

राज्य के राजस्व का एक दूसरा प्रमुख स्रोत शराब थी, जिसका उत्पादन राज्य के अधीन था। शराब में प्रमुख रूप से, जिसका उत्पादन अधिक था, वह ताड़ के वृक्ष से निकलनेवाली ताड़ी थी। शराब के वितरण का केंद्र गोलकुंडा के समस्त वेश्यालय थे, जिनकी संख्या हिंदुस्तान के किसी भी नगर से ज्यादा थी। वेश्यालयों की वेश्याओं को अपने व्यवसाय चलाने का लाइसेंस इस शर्त पर दिया जाता था कि वे अपने ग्राहकों को शराब पीने पर जोर देंगी, ताकि सरकार को ज्यादा राजस्व मिले।[2] गोलकुंडा में उस समय बीस हजार से ज्यादा वेश्याएँ थीं।

प्रत्येक वेश्या को अपने व्यवसाय चलाने के लिए दरोगा के खाते में अपना नाम और पता लिखना पड़ता था। एक के बाद एक सड़कों पर व अपने घरों के दरवाजों पर खड़ी दिखाई देती थीं और रात में दीपकों की रोशनी में उनके मांसल बदन और भी आकर्षक लगते थे। वे सभी शासन के प्रति वफादार थीं और अपनी वफादारी के प्रतीकस्वरूप अकसर शाही दरबार के बाहर निःशुल्क नृत्य और गीत का प्रदर्शन करती रहती थीं। एक बार एक समारोह के अवसर पर जब राजा ने नगर में प्रवेश किया तो उसका स्वागत परंपरागत शाही हाथियों के स्थान पर नौ वेश्याओं ने सर्कस के एक नकली हाथी में नृत्य प्रस्तुत करके किया। उनके नृत्य और संगीतज्ञों की अद्भुत जुगलबंदी ने जनता का मन मोह लिया था।

राज्य का शासन अपनी हीरों की खदानों और शराब के एकल अधिकार से बड़े पैमाने पर राजस्व की प्राप्ति करता था, जिसका परिणाम राजधानी की वैभवपूर्ण शान-ओ-शौकत में प्रदर्शित होता था। विदेशों में गोलकुंडा का नाम

---

1. डी. लेयट।
2. टेवरनियर से प्राप्त विवरण।

उसकी अकूत संपदा के लिए प्रख्यात था और इसी आकर्षण में यूरोप के अनेक यायावर गोलकुंडा में दिखाई देते थे। गोलकुंडा की मुगलों जैसी कोई सेना तो थी नहीं, अलबत्ता दिखावे के लिए इसलाम में धर्म परिवर्तन कराके पर्याप्त कर्तव्य की इति समझ ली जाती थी। रॉबर्ट जॉनसन नामक एक अंग्रेज ने धर्म परिवर्तन के नाम पर 'खतना' भी कराया, जिसके लिए उसे प्रतिदिन सात शिलिंग और सात पेंस मिलते थे। इसके अलावा उसे राजा के साथ उसकी मेज पर खाना खाने का सम्मान भी दिया गया, लेकिन 'खतना' कराने के छह दिन बाद ही उसकी मृत्यु हो गई।[1] एक अन्य अंग्रेज रॉबर्ट टूली ने, जो आगरा की एक अंग्रेज फैक्टरी का काम छोड़कर आया था, पहले केस की असफलता की परवाह नहीं की और खुद को तथा अपने जर्मन साथी को, जो उसके लिए दुभाषिए का काम कर रहा था, धर्म परिवर्तन के लिए प्रस्तुत किया। उसके बाद उसे नया नाम दिया गया और राजा की ओर से पुरस्कारस्वरूप धन की एक बड़ी रकम भेंट की गई, किंतु उसके जर्मन सहयोगी को राजा ने निम्न स्तर का मानकर यह सम्मान नहीं दिया। परिणामस्वरूप वह आगरा लौट गया और दोबारा गिरजाघर जाने लगा।[2]

गोलकुंडा राज्य की जनता पूर्णत: खेतिहर थी। ये लोग निम्न जाति के हिंदू थे और स्वभाव से विनम्र तथा शांतिप्रिय थे। इसलिए उन पर शासन करना आसान था, किंतु राज्य में विदेशी आक्रमण से सुरक्षा प्रदान करने के लिए सैनिक शक्ति का कोई अवलंब नहीं था। इसलिए गोलकुंडा के राजाओं की स्थायी विदेशी नीति केवल यही थी कि वे अपने पड़ोसियों को संतुष्ट रखने के लिए उन्हें नियमित रूप धन देते रहें। कुछ वर्षों से गोलकुंडा मुगलों और मराठों को धन भेंट करता रहा था। भाग्यवश गोलकुंडा की संपत्ति इतनी विराट् थी कि इस धन वितरण का उस पर कोई प्रभाव नहीं पड़ा और गोलकुंडा के वैभवशाली महलों की शोभा बरकरार रही। गोलकुंडा उन्नत फसलों, फलों के बागों और मछलियों से भरी-पूरी झीलोंवाला संपन्न राज्य था। मछलियों की चर्चा करते हुए एक यात्री ने लिखा है, 'यहाँ की मछलियों में केवल एक ही हड्डी होती है और खाने में अति स्वादिष्ट होती हैं। यहाँ के नागरिक सवा गज सूती कपड़ों के

---

1. विथिंगटन द्वारा लिखित 'ट्रैक्टेट'।
2. इदम।

तीन तहवाले जामे पहनते हैं। उनके बाल लंबे होते हैं, जिन्हें वे सिर के ऊपर ले जाकर स्त्रियों की भाँति मकुट बना देते है।' स्त्रियाँ अपने केशों में रेशम के तीन मुँहवाले क्लिप लगाती हैं। कुलीन वर्ग फारसियों की तरह कटार नहीं रखते थे, बल्कि कमरबंध में छोटा फलक लटकाए रहते थे, जो आवश्यकता पड़ने पर प्रहार करने का काम करता था।

गोलकुंडा स्वतंत्र राज्य था और वर्तमान राजा अबू हसन अपने वंश का अंतिम उत्तराधिकारी था। वह मृदुल स्वभाव का सभ्य और कलाप्रेमी सज्जन पुरुष था। वह अपने जीवन में अपने पड़ोसी राज्यों से शांतिमय वातावरण और अपने सुखमय जीवन के अतिरिक्त और कुछ नहीं चाहता था। उसके निराश और निर्बल जीवन में एक अन्य दुखदायी घटना ने उसे विचलित कर दिया था। एक दिन जब वह जंगल में शिकार करने गया हुआ था तो एक तालाब के किनारे उसे एक सुंदर गड़रिया युवती दिखाई दी। उस पर मोहित होकर उसने उसके घर तक पीछा किया और युवती के माँ-बाप को अनेक गाँव देकर युवती को खरीद लिया। मानूसी के शब्दों में, 'युवती यद्यपि गड़रिया जैसी निम्न जाति की थी, किंतु शरीर-सौष्ठव और तीखे नैन-नक्श में अद्भुत सुंदरी थी।' लेकिन गोलकुंडा की बेगम साहिबा हरम में नवागंतुक युवती को देखकर आग-बबूला हो गईं और वह उससे बदला लेने के अवसर का इंतजार करने लगीं। एक बार जब राजा राजधानी से बाहर गया हुआ था, उन्होंने गड़रिया युवती को पेड़ से बाँध देने का हुक्म दिया। फिर जब उसके कपड़ों पर तेल छिड़ककर आग लगा दी गई तो बेगम साहिबा उसको जलता देखने पहुँची। वे उसे जलता देखकर, उसकी चीख-पुकार सुनकर खुश होना चाहती थी, किंतु हुआ इसके विपरीत। आग में झुलसती युवती की वेदना और उसके अंग-अंग को जलता देखकर बेगम का दिल दहल गया। उसकी आँखों में दिन-रात उस जलती युवती की चीख-पुकार, उसके झुलसते अंगों की तसवीरें नाचती रहीं और वह पागल हो गई। जिंदगी भर वह खाली आँखों से बैठी रहती और युवती के शरीर की तसवीरों की कल्पना में चीखती-चिल्लाती रहती।'

शिवाजी की राज्य से गुजरने की माँग से अबू हसन घबरा गया, क्योंकि बात केवल मराठा सेना के राज्य से होकर गुजरने की नहीं थी (यद्यपि मराठों

का इतिहास देखते हुए उनका राज्य से होकर गुजर जाना खतरे से खाली नहीं था), बल्कि मुगलों के नाराज हो जाने का भय कहीं ज्यादा था। कहीं मुगल यह न समझ बैठें कि गोलकुंडा ने मराठों से संधि कर ली है या उसके अधीन होना स्वीकार कर लिया है! ऐसी स्थिति में गोलकुंडा, जिसके पास आत्मरक्षा के लिए पर्याप्त सेना भी नहीं है, मुगलों का क्रोध कैसे सहेगा? और सच मानें तो शिवाजी ने भी इस पहलू पर विचार किया था और इसीलिए उन्होंने गोलकुंडा की सीमा पर आकर राजा से उसके क्षेत्र से गुजर जाने की आज्ञा माँगी थी, क्योंकि वे उससे मैत्री संबंध रखना चाहते थे। अन्यथा अपनी सैन्यशक्ति से वे आसानी से गोलकुंडा को पार करके अपनी चढ़ाई जारी रख सकते थे। उनके भविष्य की योजना में अपनी सीमा से सटा शत्रु अथवा निर्बल राज्य खतरनाक साबित हो सकता था। इसलिए उन्होंने धीरज धरकर गोलकुंडा राजा के आदेश की प्रतीक्षा की, जो अंततः स्वीकार कर ली गई।

गोलकुंडा दरबार में शिवाजी का राजदूत हनुमंते नामक एक विद्वान् ब्राह्मण था। वह संस्कृत के अतिरिक्त अध्यात्म विद्या और फारसी दरबार के कायदे-कानूनों का ज्ञाता था। अपनी योजना पर चर्चा करने से पहले हनुमंते ने गोलकुंडा के प्रधानमंत्री को, जो मदन्ना नाम का एक दूसरा ब्राह्मण था, अपने पांडित्यपूर्ण ज्ञान से प्रभावित कर लिया। दोनों विद्वानों ने संस्कृत के प्राचीन ग्रंथों और हिंदू दर्शन पर दीर्घकालीन चर्चा करके विचारों का आदान-प्रदान किया और ज्यादा समय नहीं लगा, जब प्रधानमंत्री मदन्ना अपने राजा अबू हसन के समक्ष हनुमंते के गुणों का बखान करने लगा। अब जब हसन ने उसे बुलाया तो हनुमंते ने जिस खूबी से फारसी भाषा में अबू हसन का सम्मान किया, उससे गद्गद होकर अबू हसन उसका मुरीद हो गया और उसे अपने दरबार में बार-बार बुलाने लगा।

हनुमंते गोलकुंडा के राजा से एक पुख्ता संधि की शर्त मनवाने से ज्यादा उस पर शिवाजी की उदारता, उनके शौर्य और उनके मृदुल व्यवहार की छवि का सम्मोहन कर देना चाहता था और वह अपने प्रयास में इतना सफल हुआ कि अबू हसन शिवाजी से मिलने के लिए आतुर हो गया। उसने शिवाजी को संदेश भिजवाया कि वह स्वयं सीमा पर आकर उनका स्वागत करेगा और उन्हें एक राजा के सम्मान सहित राजधानी लाएगा। शिवाजी ने विनम्रता से उत्तर दिया, 'मैंने

सदा आपको अपना बड़ा भाई माना है। आप मुझ जैसे तुच्छ व्यक्ति के लिए अपने सम्मान में क्षति न पहुँचाएँ।' लेकिन प्रधानमंत्री ने सीमा पर जाकर शिवाजी का स्वागत किया और मराठों की विशाल सेना ने हैदराबाद[1] तक शान से मार्च किया, जो उस समय दरबार का केंद्रस्थल था।

मराठों के अनुशासन को देखकर गोलकुंडा का प्रशासन आश्चर्यचकित रह गया। शिवाजी ने अपनी सेना को सख्त आदेश दिया था कि जो कुछ जरूरी सामान बाजार से खरीदा जाए, उसका भुगतान तुरंत किया जाए और सामान भी उन्हीं दुकानदारों से खरीदा जाए, जो देने के लिए राजी हों। यदि किसी भी सैनिक ने इन आदेशों का उल्लंघन किया तो उसे तुरंत सजा दी जाएगी और अंत में आदेश के उल्लंघन की बहुत ही कम घटनाएँ पाई गईं, जिन पर फौरन काररवाई की गई। इसे आश्चर्य नहीं तो क्या कहा जाए कि सत्रह हजार पहाड़ी आदिवासियों की विशाल सेना गोलकुंडा जैसे अनारक्षित धन-धान्य से संपन्न ऐसे राज्य (जो एक विधर्मी, राजा के अधीन हो) के मार्गों से मार्च करती हुई गुजर जाए और कहीं कोई लूट-पाट की घटना न हो और वह भी तब, जबकि हिंदुस्तान के अंग्रेज और मुगल शहंशाह के अलावा अन्य सभी राजा यही मानते आए हैं कि शिवाजी एक डाकू और लुटेरे के सिवाय कुछ नहीं हैं?

हैदराबाद पहुँचने पर शिवाजी का भारी उत्साह से स्वागत किया गया। नगर की सड़कों पर केसर और कुमकुम का छिड़काव किया गया। जगह-जगह वंदनवार सजाए गए। नगरवासियों ने अपने घरों को दीपकों और पताकाओं से सुसज्जित किया। खिड़कियों और छज्जों से लोगों ने राजा के स्वागत में पुष्पों के साथ स्वर्ण भस्म की वर्षा की। हिंदू स्त्रियों ने दीपदानों से मराठा राजा की आरती उतारी। शिवाजी ने पूर्ण विनम्रता और सादगी से जनता के सत्कार को सिर नवाकर स्वीकार किया। नगर में प्रवेश से पहले उन्होंने रेशम और स्वर्ण से निर्मित अपने राजकीय वस्त्र धारण कर लिये थे और अपने अधिकारियों को कंगन और सोने के कवच के अतिरिक्त तलवार तथा उनके साफों पर मोतियों

---

1. वर्तमान निजाम गोलकुंडा राजा का उत्तराधिकारी है। गोलकुंडा राज्य का क्षेत्र मुगल शासन के अधीन हो गया था, किंतु अठारहवीं शताब्दी में दोबारा टुकड़ों में बँट गया था। ठीक वैसे, जैसे तुगलक वंश की अराजकता में बहमनी राष्ट्र टुकड़ों में बँट गया था।

की लड़ियाँ लगवा दी थीं। जैसे ही उन्होंने नगर के मुख्य द्वार में प्रवेश किया, जनता ने जयघोष करके स्वागत किया और शिवाजी ने अपने दाएँ और बाएँ खड़ी जनता पर स्वर्ण मुद्राओं और मोतियों की वर्षा की। उन्होंने अपने कोषाध्यक्ष से उनके घोड़े के आस-पास खड़े अनेक नागरिकों को सम्मान के वस्त्र भेंट करने को कहा, लेकिन गोलकुंडा के अभिजात वर्ग के कुलीन व्यक्तियों को मुसलिम ऐश्वर्य के समक्ष शिवाजी द्वारा वैभव का प्रदर्शन प्रभावित नहीं कर पाया। उनका शान-ओ-शौकत का साधारण जीवन भी बीजापुर अथवा आगरा के कुलीन वर्ग से कम नहीं था। अभिजात वर्ग का कोई भी व्यक्ति घर के बाहर पैर नहीं रखता था, जब तक कि उसके आगे एक या दो हाथी न हों, जिनके हौदों पर लहराती पताकाएँ न हों और साथ में पचास-साठ घुड़सवारों के अतिरिक्त बिगुल वादक, शहनाई बजानेवालों की फौज के साथ-साथ मक्खियों को उड़ानेवाले अनुचर न हों।[1] कुलीन व्यक्ति चाँदी से बनी पालकी में बैठा हाथ में फूलों का गुलदस्ता लिये आराम से हुक्का गुड़गुड़ाता रहता था और पालकी के दोनों ओर ऊँटों पर बैठे संगीतज्ञ अपने संगीत से उसे प्रसन्न रखने की चेष्टा करते रहते थे।

राजमहल में बैठा अबू हसन अपने मनमोहक और खतरनाक मेहमान का इंतजार कर रहा था। राजमहल आकार में विराट् था। मुख्य द्वार के सामने ऊँचाई पर बनी बरसाती थी, जिसमें राजा के मनोरंजन का दल आकर बैठा करता था।[2] राजमहल की सभी वीथिकाओं में फव्वारे लगे हुए थे और सभी कमरों में हमेशा ताजा पानी मिलता था; लेकिन जैसा कि अंग्रेज संवाददाता थेवेनॉट ने, जिसने शिवाजी के आगमन से पहले ही राजमहल का दौरा किया, लिखा, 'राजमहल के चारों ओर जो बदसूरत दुकानें दिखाई दे रही हैं, वे लकड़ी की बनी हुई हैं।' बहरहाल हरे भरे बाग-बगीचों से उसका मन खुश हो गया। वे मुसलिम बगीचों की तरह सुंदर और सुहावने थे। मुसलमानों में यह खूबी है कि वे अपने आरामगाह पुश्तैनी रेगिस्तानी आरामगाहों की तर्ज पर शहर से दूर खुली हवा में हरे-भरे छायादार बगीचों के बीच में बड़ी शिद्दत से बनवाते हैं और हमेशा हरा-भरा रखने के पुख्ता इंतजाम भी करते हैं। इन बगीचों में घनी छायावाले पेड़ों के अलावा उस

1. थेवेनॉट।
2. इदम।

इलाके की आबोहवा के मुताबिक फलों के पेड़ और फूलों के पौधे और लताएँ हमेशा फलती-फूलती रहती हैं।

राजमहल में शिवाजी के आगमन के पश्चात् दोनों राजाओं ने सिंहासन पर बैठकर आपस में लंबी बातचीत की। इस दौरान शिवाजी ने अपनी व्यवहार-कुशलता से इस डरपोक राजा को प्रभावित करने का पूरा प्रयास किया और अबू हसन, जो अब तक शिवाजी को इसलाम को नष्ट करनेवाला खूँखार डाकू समझता था, शिवाजी के आकर्षक व्यक्तित्व के सम्मोहन में अपनी बड़ी-बड़ी उदास आँखों से शिवाजी के चेहरे पर शैतान की छाया ढूँढ़ता रहा, जिससे वह हमेशा आतंकित रहता था। लेकिन जब शिवाजी अपने व्यवस्थित निवास पर जाने के लिए विदा लेने लगे तो अबू हसन ने उठकर उन्हें गले लगाया। उनकी कलाई पर चाँदी के चम्मच से गुलाब का इत्र लगाया और मन ताजा रखने के लिए एक लिफाफा पेश किया, जिसमें सुपारी, इलायची से बने पान रखे थे, जो उसने स्वयं बनाए थे। एक लंबे समय तक दावतों और प्रीतिभोजों का दौर चला। प्रत्येक अवसर पर अबू हसन शिवाजी और उसके सरदारों को जवाहरात, कीमती वस्त्र, घोड़ों और युद्ध-हाथियों के तोहफे देता रहा। पहाड़ी राजा के समक्ष अपने वैभव और ऐश्वर्य का प्रदर्शन करके वह खुश होता था। यदि वह शिवाजी के शौर्य और पराक्रम की बराबरी नहीं कर सकता तो मराठों को ऐश-ओ-आराम की चकाचौंध से आश्चर्यचकित तो कर ही रह सकता है। वह शिवाजी को राजधानी की सैर कराने ले गया, जहाँ उसने अपने पुरखों के शानदार मकबरे और कब्रगाह दिखाए, जिनकी दीवारें काले पत्थर की और गुंबद हरे पत्थरों से बने हुए थे। प्रत्येक मकबरे में गलीचे और रेशम के गद्दे लगे हुए थे। चारों ओर सफेद फूलों की कतारों के बीच दीपदानों की रोशनी से मकबरों और कब्रों की रूहानी खूबसूरती की गूँज अंधकार में भी महसूस होती थी।[1]

एक दिन जब शिवाजी ने गोलकुंडा के प्रमुख युद्ध-हाथी के भारी-भरकम अलंकरण पर आश्चर्य प्रकट किया तो अबू हसन ने प्रश्न किया, 'तो क्या आपके पास कोई युद्ध-हाथी नहीं है?' शिवाजी ने घूमकर अपने पीछे खड़े हुए अपने

1. यह विवरण ऑक्सफोर्ड यूनिवर्सिटी में फारसी विभाग के रीडर श्री सेडन के संकलित प्रकाशन 'कुतुबशाही मिनिएचर्स' से लिया गया है।

निजी सहायकों की ओर इशारा करते हुए कहा, 'ये मेरे युद्ध-हाथी हैं।'[1]

अबू हसन मुसकराया और तिरस्कृत मुद्रा में अपने युद्ध-हाथियों की कहानियाँ सुनाने लगा कि कैसे हर कोई इन हाथियों के आतंक से भयभीत रहता है। शिवाजी ने एक निजी सेनाधिकारी येसाजी की ओर इशारा करके कहा, 'यह आपके युद्ध-हाथी को हरा सकता है।'

'तो आइए देखते हैं!' अबू हसन ने कहा। युद्ध-हाथी का महावत हाथी को संकेत देकर हौदे से फिसलकर उतर गया। उसके उतरते ही हाथी क्रोध में मतवाला होकर येसाजी की ओर लपका। येसाजी बिजली की गति से उछलकर उसके सामने तलवार लेकर खड़ा हो गया और जैसे ही हाथी उस तक पहुँचा, उसने अपनी तलवार से हाथी की सूँड़ काट डाली और हाथी, जिसने भारी अलंकरण पहनकर युद्ध में हिस्सा लेने के बजाय अब तक राजकीय बगीचों में परेड की थी, चिंघाड़ता हुआ एक ओर भागा। येसाजी ने अपनी तलवार म्यान में रखी और वापस शिवाजी के पीछे जाकर खड़ा हो गया। अबू हसन के सम्मान में अब अतिशयोक्ति दिखाई देने लगी। उसने शिवाजी और उनके निजी सहायकों को नए पुरस्कारों से लाद दिया और शिवाजी को एक घोड़ा भेंट किया, जिसके गले में हीरे-जवाहरात की माला थी।

दरअसल शिवाजी मैत्री के रूप में उपहारों और दावतों से ज्यादा कोई ठोस सबूत चाहते थे। वे मुगल अथवा बीजापुर के हमले की स्थिति में मदद के अलावा उसकी सीमा को लेकर कर्नाटक के झगड़ों को सुलझाने में भी सहायता के लिए तैयार थे, बशर्ते गोलकुंडा अपना तोपखाना रियायती दर पर उन्हें उधार देने को तैयार हो जाए। गोलकुंडा दरबार की दर प्रतिदिन तीन हजार हूण थी, जिसे मराठों ने अस्वीकार कर दिया। काफी वाद-विवाद के बाद किराए की दर कम की गई और समझौता हो गया।

इसके बाद शिवाजी ने कर्नाटक की ओर कूच कर दिया। कृष्णा नदी पार करने के बाद उन्होंने अपने सेनाधिकारियों को दक्षिण की ओर मार्च जारी रखने को कहा और अपने साथ हनुमंते को लेकर निकटवर्ती श्री शैला स्थित शिवमंदिर के तीर्थ की ओर निकल गए। संभवतः गोलकुंडा के विलासमय और ऐश्वर्ययुक्त

1. थेवेनॉट।

जीवन से वे उकता गए थे और मोह-माया के त्याग और संन्यास की उनकी मौलिक इच्छा ने फिर से जन्म ले लिया था। मंदिर में जाकर शांत वातावरण में शिवाजी मूर्ति के समक्ष साष्टांग मुद्रा में लेटकर मन-ही-मन आसुओं से रोते रहे और पश्चात्ताप करते रहे कि इतने दिनों तक उन्होंने राजप्रासाद और विलास में जीवन बिताना पड़ा, जबकि उनका मन सदैव शांतिमय प्रार्थना के लिए तरसता रहता था। दस दिनों तक उन्होंने उपवास रखकर अपनी आत्मा को शुद्ध किया। हनुमंते को चिंता सताने लगी। उसने अपने स्वामी से सेना के पास लौट चलने की प्रार्थना की।

कर्नाटक का युद्ध प्रतीक्षा कर रहा है। समय बीतता जा रहा है। शिवाजी दु:खी होकर रो पड़े। 'लेकिन मुझे यहीं खुशी मिलती है,' कहकर उन्होंने अपनी तलवार निकालते हुए कहा, 'यदि मैं यहाँ नहीं जी सकता तो कम-से-कम मुझे मरने तो दो', और उन्होंने तलवार पर गिर जाने का प्रयास किया, लेकिन हनुमंते ने उन्हें पकड़ लिया और प्रार्थना करने लगे कि वे अपने राज्य को किसके बल पर छोड़ रहे हैं? सैनिकों को किसके ऊपर छोड़ रहे हैं? कौन सँभालेगा रायगढ़? अधूरा काम कौन पूरा करेगा? शिवाजी ने गहरी साँस ली। कुछ क्षण तक शांत खड़े रहे और तब अपनी तलवार उठाकर अपनी म्यान में रख ली। उसी दिन वे मंदिर से निकल गए, लेकिन जाने से पूर्व उन्होंने मंदिर के पुरोहित को अपने प्रवास की स्मृति में काफी दौलत दान में दी।

वे अनंतपुर में जाकर अपनी सेना से मिल गए और आनन-फानन में उन्होंने कर्नाटक पर विजय हासिल कर ली। बीजापुर की केंद्र सरकार ने शिवाजी की सेना का कोई विरोध नहीं किया और अब पूर्वी तट पर स्थित किलों और नगरों पर मराठों का आधिपत्य स्वीकार कर लिया गया। दो-एक छावनियों ने छोटा-मोटा अवरोध जरूर किया, लेकिन उन्होंने दो-एक दिन में हथियार डाल दिए। जिंजी का विशाल दुर्ग, जो बाद में चलकर मुगलों के विरुद्ध मराठों का अभेद्य दुर्ग साबित हुआ, बड़ी आसानी से मराठों के कब्जे में आ गया। मदुरा के ईसाई मिशन के पादरी ने, जो भारतीय वेदांत के सर्वेश्वरवाद और ईसाई धर्म के बीच के विवादों को बड़े धैर्य और उदारतापूर्वक सुलझाने में लगे हुए थे, घबराकर लिखा कि 'शिवाजी ने आँधी की तरह आक्रमण करके एक ही झटके

में दुर्ग पर कब्जा कर लिया।' और उसके बाद पुनर्निर्माण में प्राचीरों, नए बुर्जों और गलियारों को बनाने में शिवाजी ने 'जिस श्रम और प्रवीणता का परिचय दिया, वह भले ही यूरोपीय दक्षता के बराबर न मानी गई हो, किंतु व्यक्तिगत रूप से शिवाजी को भी संतुष्ट नहीं कर पाई है।'

शिवाजी ने वेलोर की घेराबंदी के लिए सेना की एक टुकड़ी छोड़ दी और शेष सेना को लेकर दक्षिण की ओर कूच कर गए। वेलोर की सुरक्षा में अफगान सेना की एक छावनी थी और दूसरी समस्या वहाँ के घड़ियाल थे, जिन्होंने नगर के चारों ओर फैले दलदलों में डेरा डाला हुआ था। जून में शिवाजी बीजापुर के राज्यपाल से मुठभेड़ के लिए तैयार थे, लेकिन उसने अक्लमंदी दिखाई और अपनी सारी सेना, तोपखाना और घुड़सवारों को वहाँ छोड़कर अपने सौ साथियों के साथ वह जंगलों में छिपकर भाग निकला। शिवाजी जब तंजावुर से दस मील दूर रह गए, तब शिवाजी के दत्तक भाई व्यंकोजी ने घबराकर शिवाजी से दोस्ती का हाथ बढ़ाया। शिवाजी ने उसे अपने शिविर में बुलाया, लेकिन उसकी मंशा पर भरोसा न करके उससे कहा कि वह अपने पाँच सैनिकों को उनके पास बंधक के रूप में सौंप दे। उससे पहले शिवाजी ने मद्रास स्थित अंग्रेज सौदागरों से कुछ 'जहर मारने की दवाओं को खरीदने के लिए पत्र लिखा था।'

व्यंकोजी बदतमीज और विद्रोही किस्म का व्यक्ति था। वह एक सप्ताह तक रोता रहा और झगड़ा करता रहा। बाद में एक रात वह अपने भाई के शिविर से भाग निकला और मुगल समेत भारत के सभी राजाओं से सहायता की अपील करने लगा। शिवाजी को व्यंकोजी के बंधकों से उसकी इस दोबारा की गई गद्दारी का कारण पता करना चाहिए था, किंतु उन्होंने उसके इस बचकाने व्यवहार पर केवल आश्चर्य से कंधा झटकते हुए कहा, 'उसे भागने की क्या जरूरत थी? वह अभी नादान है, बच्चों जैसी हरकतें करता है।' उसके बाद उन्होंने भय से काँपते उसके बंधकों को देखा और उन्हें भेंट देकर आजाद कर दिया।

अगले पूरे वर्ष व्यंकोजी कर्नाटक तट पर भटकता रहा, किंतु शिवाजी का मुकाबला करने के लिए उसके पास कोई सेना नहीं थी। इसलिए हताशा में दिन काटने लगा। उसके पिता से उत्तराधिकार में जो क्षेत्र मिला था, वह अब विशाल मराठा देश का अंग बन चुका था और अंततः जब व्यंकोजी ने आत्मसमर्पण कर

दिया तो शिवाजी ने उसे तंजावुर और नगर के समीप के कुछ क्षेत्र सौंप दिए, ताकि वह अपना जीवन-यापन कर सके; किंतु उस पर नियंत्रण रखने के लिए उसके राज्य में अपने विश्वस्त ब्राह्मण हनुमंते को मंत्री के रूप में तैनात कर दिया। अपनी हार से त्रस्त होकर वह निराशा में डूब गया और धीरे-धीरे वैराग्य की ओर बढ़कर संन्यासी का जीवन बिताने लगा।

सन् 1678 तक शिवाजी ने न केवल कर्नाटक, बल्कि संपूर्ण मैसूर और उसके आगे के क्षेत्र भी जीत लिये। उन्होंने विजित सैनिकों की एक बड़ी फौज को अपनी नई छावनियों में छोड़ दिया और वे लूट के एक बड़े खजाने को लेकर अपनी राजधानी लौट आए, जैसा कि उस वर्ष जनवरी में बंबई के संवाददाता गेरी ने लिखा, 'यूरोप में जिस प्रकार सीजर ने अपनी सफलता से ख़ुश होकर स्वर्ण, हीरों, मणियों, मूँगों और पन्ना को देखा था, उसी प्रकार शिवाजी अकूत खजाने को देखने लगा कि उसके भविष्य के विजयी अभियानों को सफल बनाने में वह एक स्थायी संबल की भूमिका निभाएगा।'

शिवाजी के इस विजय अभियान को यदि प्रत्यक्षतः देखा ज़ाए तो लगेगा कि शुरू से अंत तक वह बड़ी आसानी से समाप्त हो गया, लेकिन वस्तुतः देखा जाए तो लगेगा कि वह शिवाजी का सबसे कठोर सैनिक अभियान था, जिसको उन्होंने अपनी सैन्य दक्षता और दृढ़ विश्वास से सफल बनाया। संपूर्ण अभियान अपने इलाके से दूर अनजान क्षेत्रों में लड़ा गया था। इस अभियान में यह जरूरी था कि किसी भी कीमत पर शुरू की गई सभी लड़ाइयों में विजय प्राप्त की जाए, क्योंकि यदि शुरू के युद्धों में असफलता मिलती तो शिवाजी के राज्य के लिए घातक सिद्ध हो सकती थी। इन परिस्थितियों का फायदा उठाकर मुगल कमांडर उनके प्रदेश पर फिर से हमला कर सकते थे। इतना ही नहीं, शुरू की हारों से उत्साहित होकर बीजापुर और गोलकुंडा भी शिवाजी की अपनी राजधानी में अनुपस्थिति का फायदा उठाकर अपने इलाकों को आजाद करने का प्रयास कर सकते थे।

शिवाजी के मन में हरदम यह शंका उठती थी कि मुगल दरबार समय का फायदा उठाकर अपनी विशाल सेना के बल पर बीजापुर और गोलकुंडा पर आसानी से कब्जा कर सकता है और फिर शिवाजी के राज्य पर धावा बोल सकता है, लेकिन शिवाजी के दृढ़ विश्वास ने तमाम शंकाओं को अपने ऊपर

हावी नहीं होने दिया। साहस और धैर्य ने उन्हें अडिग रखा। यहाँ तक कि उस आपातकाल के दौरान जब एक छोटा सा दुर्ग अप्रत्याशित रूप से छब्बीस दिनों तक शिवाजी के आक्रमण को झेलता रहा, तब भी शिवाजी ने धैर्य नहीं खोया। जब दुर्ग का राजा युद्ध में खेत रहा तो उसकी रानी छब्बीस दिनों तक अद्भुत शौर्य और दक्षता के साथ शिवाजी की सेना का मुकाबला करती रही और अंततः हथियार डालने के बाद जब वह शिवाजी के समक्ष लाई गई तो शिवाजी ने अपनी स्वाभाविक विनम्रता से उसका स्वागत किया और उसे स्वतंत्र कर दिया।

अठारह महीने के युद्ध अभियान में शिवाजी ने कर्नाटक और मैसूर पर अपना कब्जा कर लिया। राजधानी में लौटने के बाद उन्होंने बीजापुर के उन क्षेत्रों पर भी अपने शासन की घोषणा कर दी, जिन्हें उन्होंने इस युद्ध के दौरान अपने अधीन बनाया था। शिवाजी का लक्ष्य इस सैनिक अभियान से विशाल क्षेत्रों पर मात्र कब्जा कर लेना नहीं था, बल्कि भविष्य में उन क्षेत्रों को प्रतिरक्षा के रूप में इस्तेमाल करने का था। मुगलों के विरुद्ध कर्नाटक मराठों के लिए अब प्रतिरक्षा सीमा बन गया था और जिस प्रकार यूरोप में ऐंथेनिया प्रतिरक्षा के लिए अपना देश छोड़कर एक द्वीप और उसके जहाजों की शरण में चले गए थे, वैसे ही जरूरत पड़ने पर मराठा सरकार भी दूर-दराज के पूर्वी तट पर स्थित अपने दुर्गों में जाकर आश्रय ले सकेगी और मराठा प्रदेश को जीत लेने के बाद भी मुगल लश्कर के लिए सात सौ मील का लंबा सफर तय करना, वह भी दुश्मन के इलाके से होकर जाना, जहाँ किसी प्रकार की सहायता की उम्मीद न हो, जाहिर है, मुगल साम्राज्य के लिए आत्मघाती सौदा होगा।

अंततः शिवाजी की यह सामरिक योजना भविष्य में फलीभूत हुई। शिवाजी की मृत्यु के पश्चात् औरंगजेब ने अपने जीवन के अंतिम युद्ध में मराठों को नष्ट करने के लिए अपने साम्राज्य की पूरी दौलत और सेना को झोंक दिया और मुगल सेनाएँ मार्ग में पड़नेवाले अवरोधों को कुचलते हुए आगे बढ़ने लगीं तो गोलकुंडा और बीजापुर सेना के सैलाब में छोटे-मोटे पुल की तरह बह गए। मराठों के दुर्ग एक के बाद एक गिरने लगे। अंत में वह जिंजी दुर्ग ही था, जिसने मुगल के लश्कर के खिलाफ जबरदस्त मोरचा सँभाला था। वहाँ शिवाजी के दूसरे पुत्र राजाराम ने मराठों के अवरोध को जीवित रखा था। मदुरा के ईसाई पादरियों ने

शिवाजी के दुर्ग निर्माण की जो प्रशंसा की थी, वह जिंजी दुर्ग की ऐतिहासिक प्रतिरक्षा के दौरान सही साबित हुई। मुगलों ने महीनों तक घेराबंदी की, बार-बार हमले किए, लेकिन दुर्ग अभेद्य बना रहा। शाही लश्कर विफलताओं से थककर निराश हो गया। सेना में रसद का अभाव हो गया। सैनिक बीमार पड़ने लगे। घायलों की दशा मरणासन्न हो गई। औरंगजेब के अरमान धराशायी हो गए। हारकर वह उत्तर की ओर लौट पड़ा, क्योंकि मुगलिया सल्तनत के पाए अब हिलने लगे थे। पूरा मुल्क पतन की ओर बढ़ रहा था। औरंगजेब ने दुःख और निराशा में अपना चेहरा दीवार में छिपा लिया और अपनी दुर्गति पर पश्चात्ताप करता रहा। उसके तकिए के नीचे से एक चिट मिली, जिसमें उसने लिखा था—'अपने बेटों पर कभी यकीन नहीं करना चाहिए और हमेशा याद रखना चाहिए कि बादशाह की तलवार बेकार होती है।'

उसकी अर्थी को सूने मार्गों से गुजरते हुए कब्रिस्तान ले जाया गया, जहाँ किसी संस्कार के बिना उसकी लाश को रंजा नामक एक छोटे शहर के साधारण कब्रिस्तान में दफना दिया गया। उसके मरने पर किसी ने शोक नहीं मनाया, लेकिन एक व्यक्ति अभी मौजूद था, जिसे अब भी औरंगजेब की दरियादिली की घटना याद थी और वह शिवाजी का पोता था, जो अब मराठा राज्य का राजा था। वह औरंगजेब की कब्र पर श्रद्धांजलि अर्पित करने आया। इस मौके पर वह औरंगजेब को शुक्रिया अदा करना चाहता था, जिसने अपनी बेटी जीनत-उन-निसा की दरख्वास्त पर बचपन में उसे धर्म परिवर्तन से मुसलमान बनाने पर रोक लगा दी थी।

औरंगजेब के पतन के बाद मराठे भी अपनी ताकत को संचित कर अब भारत में एक जबरदस्त सैनिक शक्ति के रूप में उभरकर आए थे। औरंगजेब की मृत्यु के बाद मुगल शहंशाह नाममात्र का सम्राट् रह गया था। मराठे घुड़सवार खुलेआम दिल्ली में घूमते नजर आते थे और शाही महलों तक में बेरोक-टोक आना-जाना करते थे।

और अंततः वे अंग्रेज ही थे, जिन्होंने लुटे-पिटे मुगलों को मराठों के शिकंजे से मुक्ति दिलाई थी।

□

इक्कीसवाँ अध्याय

शिवाजी को अपने विजय अभियान से जो थोड़ा बहुत संतोष मिला था, वह जल्द ही घरेलू कठिनाइयों की भेंट चढ़ गया।

उनका लौटकर रायगढ़ आने का मतलब महारानी सोयरा के अपने पुत्र राजाराम को राजगद्दी पर बिठाने के लिए षड्यंत्रों की शुरुआत थी और इनके दत्तक पुत्र संभाजी ने भी अपनी स्वार्थी आसक्ति और छिछोरेपन के लक्षण प्रकट कर दिए थे। संभाजी एक ब्राह्मण स्त्री के साथ मिलकर एक तुच्छ षड्यंत्र रचते हुए पकड़ा गया। शिवाजी ने उसे गिरफ्तार करके पन्हाला दुर्ग में नजरबंद कर दिया। संभाजी के मन में न तो अपने पिता की कर्मठ ऊर्जा के लिए और न ही अपने पिता की उदार जनता के प्रति कोई सहानुभूति थी। जब उसने औरंगाबाद जाकर मुगल शिविर का दौरा किया था तो उसने मुगल सेनाधिकारियों की अलंकृत वेशभूषा और विलासमय जीवन को देखा था और उसकी तुलना अपने पिता के राज्य में सेनाधिकारियों के जीवन से की थी। मुगलों के हरम और गुलामों की कतारों के मुकाबले उसके पिता, जो अपने को राजा कहते हैं, की शान 'न' के बराबर थी। उसने दिल्ली के दरबारियों की नकल करनी शुरू कर दी। उसने अपने लिए शाही दरबारियों की तरह सफेद मलमल के कुरते सिलवाए, जिनमें अंदर के किमखाब और कढ़ाईदार रेशमी वस्त्र साफ दिखाई देते हैं। गले में रेशमी दुपट्टा और सिर पर मोतियों की झालर में लिपटा साफा। मुसलिम दरबारियों की तरह वह भी हाथ में फूल रखने लगा, जिसे वह नाक से लगाए रहता।[1] उसकी बड़ी-बड़ी आँखों में शिवाजी की ऊर्जा की जगह अपनी

---

1. विस्तृत विवरण पारसनिस संग्रह में प्रकाशित सूक्ष्म चित्रों से लिया गया है।

माँ साईबाई की आँखों की उदासी और खालीपन तैरता दिखाई देता था।

अपने स्वभाव के अनुकूल वह कैदी जीवन को धैयपूर्वक स्वीकार कर लेनेवाला व्यक्ति नहीं था। उसने मुगलों के प्रमुख कमांडर दिलिर खाँ को चिट्ठी लिखी। यह वही दिलिर खाँ था, जो सन् 1665 के सैनिक अभियान में जयसिंह के अधीनस्थ सेनाधिकारी था और जिसने संधि में शिवाजी को दी गई उदार शर्तों पर क्रोध में आकर अपनी कलाई को अपने दाँतों से काट लिया था। चिट्ठी के जवाब में दिलिर खाँ ने संभाजी को मित्र के रूप में आमंत्रित किया। संभाजी पन्हाला दुर्ग से भागकर मुगल क्षेत्र में पहुँच गया और दिलिर खाँ से मिला। दिलिर ने उसे सम्मान की वेशभूषा दी और सात घुड़सवारों की सेना की कमान सौंप दी। दिलिर खाँ ने दिल्ली दरबार को लिखकर शहंशाह से संभाजी को मराठों का राजा का खिताब देने की सिफारिश की, क्योंकि उसे उम्मीद थी कि यह कदम मराठों को दो धड़ों में विभक्त कर देगा।

लेकिन शिवाजी की लोकप्रियता और मराठा जनपद में जिस प्रकार उन्हें पूजा जाता है, उसे देखते हुए दिलिर खाँ की उम्मीद कोरी कल्पना के अतिरिक्त कुछ नहीं थी। लेकिन जहाँ तक दिलिर खाँ के सुझाव का प्रश्न था, यदि उसे साम्राज्यवादी शक्तियों द्वारा सीमांत प्रदेशों में अपनाई गई कूटनीति के परिप्रेक्ष्य में देखा जाए तो मुगल दरबार के समक्ष वह एक न्यायोचित सुझाव माना जाना चाहिए था, लेकिन औरंगजेब जैसे शक्की मिजाजवाले बादशाह को वह रास नहीं आया। वह हमेशा अपनी रियाया के सद्व्यवहार पर भी शक करता था। उसके दिमाग में फितूर उठने लगा। दिलिर खाँ संभाजी को यह लाभ क्यों दिलाना चाहता है? और संभाजी भी तो वही संभाजी है, जो अपने बाप के साथ आगरा में बंदी था और अपने बाप की तरह भाग गया था। इसलिए औरंगजेब ने दिलिर खाँ को हुक्म दिया कि वह संभाजी को गिरफ्तार करके उसे दिल्ली लाए। दिलिर खाँ असमंजस में पड़ गया। उसने सोचा कि यदि संभाजी को वह दिल्ली ले जाता है तो औरंगजेब के हाथों उसकी मृत्यु से पूरा माहौल एक लंबे समय तक संदेह और अनिश्चय में डूबा रहेगा और यदि संभाजी को वह दिल्ली पहुँचा भी दे और वह एक बार फिर से भाग जाए तो औरंगजेब की नजर में दिलिर खाँ ही दोषी होगा। इसलिए उसने दिखावे के लिए संभाजी को गिरफ्तार करने का शोरगुल

करना शुरू किया। वह संभाजी का अपमान करने लगा। उससे ऐसा व्यवहार करना शुरू किया, जैसे जेलर कैदी के साथ करता है। संभाजी इस संकेत को समझ गया और भागकर वापस शिवाजी के पास चला गया। अब दिलिर खाँ कह सकता था कि संभाजी गिरफ्तारी के डर से भाग गया। शिवाजी ने बड़ी आत्मीयता से अपने बेटे का स्वागत किया और उसे गले लगाया तथा पुरानी बातों की शिकायत नहीं की, लेकिन उसे कोई राजकीय पद नहीं दिया और न ही दरबार में प्रवेश की छूट प्रदान की।

बाप-बेटे में यह खाई कभी दूर नहीं हुई, क्योंकि जब शिवाजी मृत्यु-शय्या पर थे, तो भी उसके बेटे को सूचित नहीं किया गया था। लेकिन जब उसने सुना तो उसने सबसे तेज भागनेवाले ऊँट पर बैठकर पन्हाला से रायगढ़ तक का सफर बिना किसी विश्राम के तय किया और रायगढ़ के पहाड़ी दुर्ग तक पहुँचा था। तब तक उसके पिता की मृत्यु हो चुकी थी। उसने क्रोध में ऊँट से उतरकर तलवार से उसी ऊँट को काट डाला था। उसके बाद अपनी निराशा के नाटकीय प्रदर्शन के लिए उसने उसी स्थान पर एक गरदनविहीन ऊँट की प्रतिभा बनवाई थी। यह निरर्थक स्मारक आज भी दुर्ग में मौजूद है।

यद्यपि संभाजी का चरित्र अपने पिता के चरित्र की तुलना में एक दुखांत चित्र प्रस्तुत करता है, फिर भी उसकी वीभत्स मृत्यु और अपने धर्म के प्रति उसकी आस्था को देखते हुए मराठों ने अपने पिता से गद्दारी के आरोप से बरी करके उसे माफ कर दिया। औरंगजेब ने उसे इसलाम धर्म कबूल करने का हुक्म दिया। उसके इनकार करने पर उसे पूरी शाही सेना के लोहे के भारी दस्तानों को ढोने का काम दिया गया। हार से थककर और खून से लथपथ जब उसे औरंगजेब के सामने लाया गया तो उसने दोबारा इनकार किया। उसकी जीभ को काट डाला गया और पूछा गया कि मुसलमान बनना स्वीकार है ? तो उसने इशारे से कागज और कलम मँगवाई और लिखा, 'यदि शहंशाह रिश्वत में अपनी बेटी भी दे देगा, तो भी वह अपना धर्म नहीं छोड़ेगा। उसके बाद अनेक अत्याचार करके उसे मार डाला गया। इस शाही बदले ने संभाजी को अनेक दोषों से मुक्त कर दिया।'

शिवाजी अपने जीवन के अंतिम वर्ष में बीजापुर के रक्षक की भूमिका में दिखाई दिए।

आंतरिक क्लेश से दु:खी बीजापुर अराजकता का गढ़ बन गया था। सुल्तान नाबालिग था और शाही माँ बेगम पहले जैसी दृढ़प्रतिज्ञ और चरित्रवान् महिला नहीं थी, जिसने शिवाजी को मारने के लिए अफजल खाँ को भेजा था। ये बेगम एक खास किस्म की ऐयाश और दिलफेंक मोहतरमा थी, जिसकी निंदा उसका नाबालिग बेटा तक करता था। वह अपना अधिक समय अरब सागर में जहाजों में सैर करने और डच युवा नाविकों से दोस्ती करने में बिताती थी, जिनके लिए इस बुढ़ापे में उसे एक नया आकर्षण पैदा हो गया था।[1] इसी बीच बीजापुर की शहजादी का औरंगजेब के एक शहजादे से निकाह के तथाकथित वायदे को लेकर बीजापुर और मुगल दरबार में झगड़ा हो गया। बात युद्ध तक पहुँच गई। दिलिर खाँ शाही फौज लेकर बढ़ा और उसने बीजापुर नगर पर घेरा डाल दिया, फिर किले की दीवारों के बाहरी क्षेत्र को बरबाद करने पर तुल गया और इस प्रकार दरकते हुए शाही सम्मान और रुतबे को थोपकर भारत में उसके पटाक्षेप और मराठों के वर्चस्व की कहानी लिखने लगा।

इस घेराबंदी की एक दिलचस्प घटना मुगल डॉक्टरों के प्लास्टिक सर्जरी के प्रयोगों से जुड़ी है। बीजापुर के नागरिकों ने जिन मुगल सैनिकों को पकड़ा था, उन्होंने उनकी नाकों को काट दिया और मुगल सेना के कुछ डॉक्टरों ने शल्यक्रिया से उन सैनिकों की नाकों को उनके माथे से चमड़ा काटकर फिर से जोड़ दिया था। मानूसी ने लिखा, 'मैंने शल्यक्रिया से जुड़े सैनिकों को देखा है। वे इतने कुरूप तो नहीं लग रहे थे, जितने वे नाक बिना लगते, फिर भी उनकी भँवों के बीच कटाव दिखाई देता है।'

लड़ाई बड़ी भयंकर थी। बीजापुरी मरने-मारने पर तुल गए। अंत में बीजापुर के नाबालिग सुल्तान ने शिवाजी से सहायता माँगी। उस माँग में सहायता की चीत्कार थी, जिसकी तुलना कुछ वर्ष पूर्व के शिवाजी के लिए अमानुष हत्यारे जैसे बयानों से की जा रही थी। सहायता की गुहार में लिखा गया, 'आप इस राज्य की स्थिति भली-भाँति जानते हैं', नाबालिग सुल्तान ने लिखा था, 'हमारे पास कोई सेना नहीं, कोई पैसा नहीं, कोई मददगार नहीं। हमारा दुश्मन विशाल और युद्ध में निपुण है...जब तक आप हमारी मदद नहीं करेंगे, हम अपनी

1. बर्नियर।

सहायता नहीं कर सकते। हमारी ओर दयादृष्टि कीजिए। हमें बचाइए और यह बताइए कि हम क्या करें? हम वही करेंगे।'

शिवाजी ने पहली शर्त यह रखी कि उनकी संपूर्ण दक्षिण भारत की विजय को मान्यता दी जाए और जो भी जिले उन्होंने बीजापुर में जीते हैं, उन्हें मराठा राज्य का अंग मान लिया जाए। जब ये शर्तें मंजूर हो गईं, तब शिवाजी ने अपने दो कमांडरों को सेना लेकर भेजा, जिन्होंने पहले तो दिलिर खाँ की मदद को आती हुई सेना को रास्ते में घेरकर वापस भागने पर मजबूर कर दिया। दूसरे कमांडर ने दिलिर खाँ की घेराबंदी को एक जबरदस्त टक्कर देकर खत्म कर दिया और दिलिर खाँ भागकर मुगल क्षेत्र में घुस गया। दिलिर खाँ ने एक बार जयसिंह के मातहत के रूप में शिवाजी को अपमान सहते देखा था, लेकिन अब मुगलों के प्रति मराठों के उग्र रूप को इस घटना से समझा जा सकता है कि किस आसानी से शिवाजी के सहायक ने उस खूँखार आततायी को मार भगाया था। मराठों के इस व्यवहार में परिवर्तन शिवाजी के सहायक द्वारा कहे गए शब्दों में देखा जा सकता है, जिसमें उसने कहा था, 'मैं दिलिर खाँ को इतनी सजा दूँगा, जिसके वह लायक है।'

बीजापुर गोलकुंडा की तरह एक गुलाम राज्य नहीं रहा था, लेकिन बीजापुर की जनता उसके शासन के विपरीत, यही सोचती थी कि इस घेराबंदी से केवल शिवाजी ही उन्हें मुक्ति दिला सकते हैं और जब शिवाजी अपनी विजय-यात्रा में बीजापुर की सड़कों से निकले थे, जिन पर कभी वे एक शंकित, अकेले, एक गँवार युवक के रूप में भटका करते थे, तो जनता ने उनका स्वागत एक देवता की तरह अपार उत्साह से करके उस याद को हमेशा के लिए भुला दिया। उधर हजरतबल के तीर्थस्थलों में कामदेवों और सौंदर्य की देवियों की मुसकान की चित्रकारियों के तहत बीजापुर के इमामों के दल पहले की तरह शिवाजी को शाप और निंदा के स्थान पर अब उनकी सुरक्षा और संपन्नता की दुआएँ माँग रहे थे। स्वर्ण वस्त्रों से बने पैरों तक लटकनेवाले लबादों और स्वर्ण टोपियाँ पहने अमीरजादे, जो कभी उनके कारवाँ के लुटेरे शिवाजी को कोसा करते थे, आज अपने छज्जों में बैठे शिवाजी के जुलूस का इस्तकबाल कर रहे थे और शिवाजी अपनी विजय-यात्रा में जैसे ही राजमहल

की ड्योढ़ी में पहुँचे तो नाबालिग सुल्तान उनकी शान में उठ गया और उनका स्वागत कर उन्हें उनके सम्मान में आयोजित प्रीतिभोज में ले गया। शिवाजी को इस समय याद आया होगा कि बयालीस साल पहले जब उनके पिता सुल्तान से मिलवाने के लिए उन्हें इसी राजमहल में लाए थे तो किस प्रकार सुल्तान एक गँवार छोकरे से उसके सिंहासन के सामने लेटकर सलाम करने का इंतजार कर रहा था और वही मराठा, जिसने उस समय लेटकर सलाम करने से इनकार कर दिया था, आज बड़ी शान से बैठा सुल्तान के सलाम का इंतजार कर रहा था! और उधर, उत्तर-भारत के एक दूसरे सिंहासन के सामने जब इस मराठे ने इसी प्रकार सलाम करने से इनकार कर दिया था, वहीं एक दिन एक दूसरा मराठा[1] इसी प्रकार शान से बैठा रहा था और दिल्ली का पतनोन्मुख शहंशाह विनयपूर्वक उसकी आवभगत में लगा हुआ था।

प्रीतिभोजों का लंबा दौर चला, लेकिन लोगों ने देखा कि विजय-यात्रा और स्वागत-समाराहों के बीच भी शिवाजी का चेहरा उदास और चिंतामग्न बना रहा। उनका मन उचट गया। उन्होंने अपने मेजबान से विनम्रता से रुखसत माँगी और बीजापुर से निकल आए। बहुत लोगों को भाग्य के इस विचित्र परिवर्तन से खुशी हुई होगी—एक उपेक्षित बालक, एक सिरफिरा और बाँका विद्रोही, जीवन भर का 'दुश्मन' अंत में विनम्र प्रशंसा के बीच खड़ा अपने समारोह को देख रहा है—लेकिन उस भव्य समारोह की चमक-दमक में शिवाजी का मन एक अनजान दुविधा में लीन था। परिग्रह! यह सब शानो-शौकत, ऐश्वर्य, राजप्रासाद, यह सबकुछ नश्वर है, परिवर्तन!...और अंत में सबकुछ शेष हो जाता है!

उनके अंतिम साहसिक अभियान ने साबित कर दिया कि शिवाजी की पुरानी ऊर्जा अब भी बरकरार है। वलीअहद मुअज्जम ने निराशा में अपने पिता की लगातार झिड़कियों से परेशान होकर दगाबाजी के प्रति अपने पुराने विरोधों को त्याग दिया और पिता के कहे अनुसार उसने शिवाजी को पकड़ने की एक लंबी-चौड़ी योजना बनाई। उसने सोचा कि यदि शिवाजी मुगल सल्तनत के खिलाफ बीजापुर की सहायता कर सकता है तो वह मुगल सल्तनत के खिलाफ विद्रोह करनेवाले मुगल सल्तनत के एक वलीअहद की सहायता को

1. सिंधिया, जो ग्वालियर के वर्तमान महाराजा के पुरखे थे।

कैसे इनकार कर सकता है? लिहाजा, उसने विद्रोह की एक नकली योजना बनाकर शिवाजी को अपने पास बुलाया और औरंगजेब के खिलाफ सहायता करने का अनुरोध किया; एक बार वह मुगल शिविर में आ जाए तो वह आसानी से पकड़ा जा सकता है। उसकी योजना में कोई दम नहीं था, क्योंकि शिवाजी के जासूसों को बहुत जल्द इस छल का पता लग गया। एक दिन जब वलीअहद शिकार के बाद अपने शिविर लौट रहा था तो रास्ते में खड़े एक वृद्ध किसान ने विनयपूर्वक सलाम किया और वलीअहद को ताजे दूध से भरा जार पेश किया। मुअज्जम प्यासा था। उसने वह जार स्वीकार करके किसान को धन्यवाद दिया। जब उसने जार का दूध पी लिया तो उसे जार के पेंदे में एक कागज मिला। 'मैं शिवाजी दूध से भरा यह जार पेश करता हूँ। यदि आपको और कुछ चाहिए तो मैं सेवा में हाजिर हूँ।' मुअज्जम ने सिर उठाकर देखा। तब तक वह वृद्ध किसान गायब हो चुका था। यह शिवाजी का मुअज्जम को बताने का तरीका था कि उनको उसकी छद्म योजना का पता लग चुका है।[1]

शिवाजी जब लौटकर राजधानी आए तो उनके मित्रों को उनकी आवाज में सौम्यता और समर्पण का भाव दिखाई दिया। कभी किसी से अचानक वे किसी भूल के लिए क्षमा माँगने लगते और किसी दूसरी जगह वे बड़े गंभीर होकर अपनी मृत्यु के बाद अपने देश के भविष्य की चर्चा करते। कभी अपने मूर्ख बेटे संभाजी के भविष्य के बारे में बातें करते और कभी अपनी मूर्ख पत्नी सोयरा की चर्चा करके पश्चात्ताप करते। उसके अपने बेटे संभाजी को गद्दी दिलानेवाले षड्यंत्रों के बावजूद शिवाजी ने उसे अपना उत्तराधिकारी नामित नहीं किया। इन झगड़ों से दुःखी होकर उन्होंने अपनी महिलाओं के महलों में जाना छोड़ दिया। सोयरा ने कुपित होकर कहना शुरू कर दिया, 'मैंने बचपन से श्रद्धा के साथ उनसे अच्छा व्यवहार किया और आज उनके मन में मेरे लिए कोई प्यार नहीं है, इसीलिए उन्होंने यहाँ आना छोड़ दिया है।'[2] उसने शिवाजी का प्यार जीतने के लिए घोषणा की कि यदि कोई उन्हें उनका मन जीतने का नुस्खा बता दे तो वह उसे पुरस्कार देगी; किंतु शिवाजी की उदासी ने उन्हें आगोश में लेना शुरू कर

1. मानूसी।
2. 'शिवादिग्विजय', एस.ए.एन. द्वारा अनुवादित।

दिया। उन्होंने रामदास को लिखा, 'अच्छा होता कि ईश्वर मुझे अपने पास बुला लेता! मैं अब ज्यादा दिन माँ से दूर नहीं रह सकता।'[1]

मृत्यृ की आहट होने लगी थी। सन् 1680 के मार्च महीने में उनके घुटनों में दर्दनाक सूजन आ गई, उनका चलना-फिरना रुक गया और हारकर वे शय्या पर लेट गए। उनके घुटनों में सूजन और दर्द बढ़ता गया और जल्द ही उनको तेज बुखार ने जकड़ लिया।

3 अप्रैल तक यह स्पष्ट हो गया कि मृत्यु उन्हें अपने आगोश में लेने जा रही है। उनके सैनिक कमांडर और मंत्री उनकी शय्या के निकट घोर निराशा में खड़े उन्हें देख रहे थे। उनकी तंद्रा टूटी तो आँख खोलकर उन्होंने सभी को रोता पाया। वे दु:खी मन से प्रार्थना करने लगे कि वे रोएँ नहीं, क्योंकि एक-न-एक दिन सभी को जाना है और फिर हमारा धर्म तो मुक्ति का मार्ग प्रशस्त करता है।

महारानी के महलों में अफवाहों का बाजार गरम था—धमकियाँ, भय, कल क्या होगा? कैसे काम चलेगा? इसी पर चर्चा पर चर्चा; लेकिन शिवाजी का आवास शांत था, जहाँ ब्राह्मण उन्हें अंतिम श्रद्धांजलियाँ अर्पित कर रहे थे। उन्होंने अंतिम क्रिया की प्रणाली के अनुकूल उनसे प्रश्न किया कि 'आपने हमें क्यों बुलाया है? तो मृत्यु शय्या पर लेटे शिवाजी ने कहा, 'अपने जन्म से आज तक मैं पापों से मुक्त नहीं हो पाया हूँ। क्या आप मुझे अपने पापों के भार से मुक्त करते हैं?' एक ब्राह्मण ने, जो बेहया किस्म का व्यक्ति था, उसने प्रार्थना के पश्चात् कहा, 'हत्या और परस्त्रीगमन जैसे भयंकर पापों को छोड़कर मैं आपके सभी पापों को अपने सिर लेता हूँ और पापों से मुक्त करता हूँ।' उन्होंने फिर प्रार्थना की। उन पर पवित्र गंगा जल के छींटे दिए गए और उनसे हिंदू धर्म के अनुसार, अंतिम बार पाप-मुक्ति का प्रायश्चित्त करने को कहा गया। इसके बाद उन्होंने 'उनकी शय्या पर तुलसी[2] के पत्ते छिटक दिए।' उनका देहावसान हो गया।

उसके बाद ब्राह्मणों ने उनकी तलवार निकालकर सतारा स्थित देवी माँ के मंदिर में रख दी, जहाँ आज भी उसे देखा जा सकता है। मंदिर जाने पर मंदिर के

1. ईदम।
2. मराठों की अंत्येष्टि की प्रक्रिया के लिए "ट्राइब्स एंड कास्ट्स ऑफ दि बांबे प्रेसीडेंसी" (बंबई गर्वनमेंट प्रेस और बांबे गजेटियर) देखें।

पुरोहित उसे मंदिर के भीतरी प्रकोष्ठ से निकालकर दिखाते हैं। तलवार को म्यान से बाहर निकालकर देखा जाए तो वह असाधारण रूप से विशाल और भारी है। ऐसी ऐतिहासिक तलवार को एक आडंबरी और कृत्रिम सजावट के मंदिर में रखा जाना विरोधाभास पैदा करता है। मंदिर में कागज के फूल हैं और सस्ते किस्म के मटमैले झाड़-फानूस लगे हैं। मराठा चारणों ने अपने हीरो के गुणगान में वही किया, जो यूरोप के चारणों ने किया था। फिजूल की चीजों को छोड़कर वास्तविक वस्तुओं के वीरोचित संदर्भों को उन्होंने अपनी परंपरागत जनपद शैली में गाँव-गाँव में प्रचारित किया।[1]

मृत्यु का समाचार जब औरंगजेब को मिला तो स्वाभाविक रूप से उसका चेहरा खिल उठा, किंतु उस प्रसन्नता में भी उसके होंठ शिवाजी की अद्भुत बहादुरी की प्रशंसा में रुक नहीं पाए, 'वह एक महान् सेनाधिकारी था...एक ऐसा आलीशान शख्स था, जिसमें एक सल्तनत बनाने की कूव्वत थी। मेरी फौजें उन्नीस बरस तक उससे लड़ती रहीं, पर उसकी सल्तनत बढ़ती ही गई।'

मुगलों की आमतौर पर प्रतिक्रिया इतिहासकार खफी खाँ के शब्दों से पता चलती है, उसने लिखा, 'काफिर दोजख की आग में चला गया।'[2]

बहरहाल अंग्रेज लोगों को यकीन करने में बहुत समय लगा कि वह अद्भुत मराठा वास्तव में मर भी सकता है। बंबई के कार्यालय ने सूरत कार्यालय को लिखा, 'हमें यह समाचार मिला है कि सेवाजी राजा की मृत्यु हो गई है।' किंतु सूरत कार्यालय ने 7 मई के जवाब में सावधानी बरतते हुए लिखा, 'सेवाजी की मृत्यु का समाचार सभी जगहों से निश्चित हो गया है, पर कुछ लोग अभी समाचार की सच्चाई पर संदेह कर रहे हैं। ऐसी खबरें पहले भी उसके आगामी हमलों से पूर्व उड़ा करती थीं। इसलिए बेहतर यह होगा कि अभी पूरा यकीन करने की जरूरत नहीं, जब तक कि हम पूरी तरह से आश्वस्त न हो जाएँ।'

शिवाजी की मृत्यु के आठ महीने बाद तक बंबई कार्यालय लिखता रहा, 'सेवाजी इतनी बार मर चुका है कि कुछ लोगों ने सोच लिया है कि वह अमर है।

---

1. सुल्लीवन, संदर्भ पारसनिस का महाबलेश्वर देखें।
2. यह विवरण न केवल शिवाजी की मृत्यु की तिथि पर संक्षिप्त विशिष्टता प्रस्तुत करता है, बल्कि तिथि के वर्ण विपर्यास के लाभ को भी अपने में जोड़ता है।

जब तक कि उसकी मिल्कियत ढहती दिखाई नहीं देती, तब तक इस खबर पर ज्यादा यकीन करने की जरूरत नहीं, क्योंकि जब वह वास्तव में मरेगा तो जाहिर है कि उसके बाद उसके जैसे किसी उत्तराधिकारी की संभावना नहीं है, जो उसके राज्य को उसकी तरह निरंतर बढ़ाता जाए।'

लेकिन राजा की मृत्यु हो चुकी थी, वहीं रायगढ़ के राजमहल में, भटकती आत्मा, लेकिन बरकरार थी।

मुक्तिदायक! विजेता की अंतिम यात्रा में अपार जनसमूह का शोर, पुरोहितों के समवेत स्वर में मंत्रोच्चारण की गूँज और महल के शोक-संतप्त कर्मियों की शांत प्रार्थनाओं के बीच दुरात्माओं को दूर भगाने के लिए उनके दरबारी सरसों के दानों को शव पर छिटक रहे थे और जैसे ही शव राजमहल के बाहर निर्मित चबूतरे पर दाह-संस्कार के लिए लाया गया तो चारों ओर का वातावरण कोलाहल की गूँज से व्याप्त हो गया। पूरा आकाश विजयघोष से गुंजायमान होने लगा; किंतु ये सभी ध्वनियाँ उस प्रकोष्ठ में प्रवेश न कर पाईं, जहाँ शिवाजी बिल्व पत्तियों से बने बिछौने पर लेटे थे, जिसके चारों ओर गुलाब की पत्तियाँ बिखरी थीं। आँखें जिनकी चमकदार, जागरूक, बंद होने से पहले देखी गईं। मुँह, जो अकसर हँसते हुए खुलता था, अब पतला और सिकुड़ गया था। जो जिह्वा अकसर खुश करती थी, उत्साहित करती थी, उसके नीचे एक मणि रख दी गई थी।

श्रद्धापूर्वक उनके चेहरे को सफेद कपड़े से ढक दिया गया, किंतु उनके मुख के ऊपर के कपड़े में सूराख बना दिया गया, ताकि पवित्र गंगाजल की बूँदें उनके मुख में प्रवेश कर सकें। शोक-संतप्त लोगों ने श्रद्धा में सिर के बालों का मुंडन करा लिया और अपने नाखूनों को काट दिया। उनके चरणों में उनके राजमहल की स्त्रियों के बालों को रखकर उन पर गुलाब की पँखुड़ियाँ रखी गईं। उसके बाद उनके शव को एक विशाल राजकीय पालकी में रखकर अँधेरे बंद कमरों तथा महिलाओं के क्रंदन से दूर राजमहल के बाहर दोपहर के चमकते प्रकाश में लाया गया। बाहर अप्रैल की तेज धूप में घास सूखकर बर्छी की तरह खड़ी थी, पेड़ सख्त और झुलसे नजर आ रहे थे। राजमहल की प्राचीरों से उभरी चट्टानों को शिखाओं, नीली खाइयों और कंदराओं के खालीपन का सन्नाटा

भाँय-भाँय करता हुआ दूर समुद्र की झिलमिलाती लहरों में व्याप्त हो गया। जैसे ही उनके शव को हजारों शोक-संतप्त विलापियों के बीच से उठाया गया तो उनका विलाप हिंदू रीति के अनुकूल जंगल की तेज हवाओं की सनसनाट की तरह चारों ओर गूँजने लगा।

उन्होंने शव को चिता पर लिटा दिया। सिर पूर्व हिमालय की ओर, जहाँ शिवजी अपनी भार्या हिम की पुत्री के साथ अपने राज्य के साथ महिमामंडित हैं। उसके बाद शव के चारों ओर चावल के दाने और नारियल की जटाएँ बिखेरते हुए उन्होंने परिक्रमा की। उसके बाद उन्होंने चिता को अग्नि दी और जब शव पूर्णतः अग्नि में समाकर राख हो गया, तब उनका विलाप एक शोर के मानिंद उठता हुआ आकाश में लीन होने लगा। वे अपने हाथों से अपने खुले मुखों को पीट रहे थे। शाम उतर चुकी थी और आकाश में तारे झिलमिलाने लगे थे।

□

प्राधिकार

ओर्मे : हिस्टोरिकल फ्रैगमेंट्स ऑफ दी मोगल एंपायर एंड ऑफ दि मोराटोज

बर्नियर : ट्रेविल्स इन दि मोगल एंपायर

मानूसी : स्टोरिया दि मोगुल

इर्विन : आर्मी ऑफ दि इंडियन मोगल्स

फ्रॉयर : न्यू एकाउंट ऑफ इंडिया

डे लेयर : ट्रोपोग्राफी ऑफ मोगल एंपायर

रॉललिंसन : शिवाजी दि मराठा; इंग्लिश बिगनिंग्स इन वेस्टर्न इंडिया

सरकार : हिस्टोरिकल एसेज; हिस्टरी ऑफ औरंगजेब, अनेकडोट्स ऑफ औरंगजेब

किनसैड एंड पारसनिस : हिस्टरी ऑफ मराठा पीपल

खफी खाँज हिस्टरी : (ट्रांसलेटिड इलियट एंड डॉसन)

गजेटियर ऑफ बांबे प्रेसीडेंसी एंड गजेटियर ऑफ इंडिया : ट्राइब्स एंड कास्ट्स ऑफ दि बांबे प्रेसीडेंसी (बांबे गवर्नमेंट प्रेस)

रानाडे : राइज ऑफ दि मराठा पावर

ग्रांट ड्रफ : हिस्टरी ऑफ दि मराठाज ऑक्सफोर्ड ऑफ इंडिया (विंसेंट स्मिथ)

थांपसन एंड गैरेट : राइज एंड फुलफिलमेंट ऑफ ब्रिटिश टाइज इन इंडिया

पीट्रो डेला वेल : ट्रेवल्स

कुजेंन्स : 'इंग्लिश फैक्टरीज इन इंडिया' आर्कियोलॉजिकल सर्वे ऑफ इंडिया वॉल्यूम XXX VII और XXI

डी.बी. पारसनिस : महाबलेश्वर; पनहाला; पूना। हेजेस डायरी (स. यूल)

यूरोपियन ट्रेवलर्स टू इंडिया : ई.ई. ओट्स (मेक्लोहोज)

पुरस्कार : हाकलुटस : मरणोपरांत

ब्राउटन : लेटर्स रिटिन इन ए मराठा कैंप

ट्रेवरनियर : ट्रेवल्स

थेवेनॉट : ट्रेवल्स

कीने : आगरा

हॉवेल : आगरा

स्कॉट वेरिंग : हिस्टरी ऑफ मराठाज

मोरलैंड : फ्रॉम अकबर टू औरंगजेब

करकरिया : डेथ ऑफ शिवाजी; एपीसोड ऑफ शिवाजी एंड अफजल खाँ

लेने पूल : मीडिवियल इंडिया; औरंगजेब

एक वार्थ : बैलेड्स ऑफ दि मराठाज

डेलोन : ट्रेवल्स इन ईस्ट इंडिया एंड मेडागास्कर

सुरेंद्र नाथ सेन : एडमिनिस्ट्रेटिव सिस्टम ऑफ दि मराठाज; लेटर्स ऑफ औरंगजेब (स. तथा अ.टी. बिलीमोरिया)

गेमेली कैटीयर : वायेज अतूर-द-मोंद

एनन : प्रेजेंट स्टेट ऑफ नेटिव पावर्स इन इंडिया

एंथोवेन : फॉकलोर ऑफ दि बांबे प्रेसीडेंसी

□□□